# LE LANGAGE CINÉMATOGRAPHIQUE

DU MÊME AUTEUR

*Panorama du cinéma soviétique* (Club du Livre de Cinéma, Bruxelles, 1960).

*Robert Flaherty* (L'Avant-Scène Cinéma, 1965).

*Jean Vigo* (L'Avant-Scène Cinéma, 1966).

*Charlie Chaplin* (Seghers, 1966 — Réédition Veyrier, 1984).

*Le cinéma soviétique par ceux qui l'ont fait* (en collaboration avec Luda et Jean Schnitzer, Éditeurs Français Réunis, 1966).

*Dictionary of French Cinema* (Zwemmer, London-Barnes, New York, 1971).

*Le cinéma français depuis la guerre* (Edilig, 1984).

MARCEL MARTIN

# LE LANGAGE CINÉMATOGRAPHIQUE

*Quatrième édition*
*revue et augmentée*

LES ÉDITIONS DU CERF
29, bd Latour-Maubourg, Paris

1985

*Photo de couverture : Comment épouser un millionnaire* (Jean Negulesco, 1953)

*Au dos : Mort d'un commis voyageur* (Laslo Benedek, 1952)


ISBN 2-204-02398-1
ISSN 0768-1496

# AVERTISSEMENT DE L'AUTEUR

Cette réédition s'accompagne d'un retour au bercail puisque les deux premières éditions (1955 et 1962) ont été publiées par les Éditions du Cerf alors que la troisième (1977) a paru chez les Éditeurs français réunis. Ce livre a connu un succès constant parce qu'il répond aux besoins de ceux pour lesquels il a été conçu et écrit, les cinéphiles et tous les amateurs de cinéma qui tiennent à motiver leur intérêt et à approfondir leurs connaissances. Il a été traduit à ce jour en douze langues (espagnol, portugais, finnois, russe, bulgare, roumain, serbo-croate, slovène, grec, arabe, chinois et japonais) et a servi de manuel dans plusieurs écoles de cinéma à l'étranger.

Écrit à l'origine pour le diplôme d'études supérieures de philosophie sous la direction du professeur Étienne Souriau — pionnier de l'introduction des études cinématographiques en Sorbonne — et publié aussitôt grâce à Henri Agel, alors animateur de la collection Septième Art, il est aujourd'hui le bilan de plus de trente années de fréquentation assidue de la Cinémathèque française, des ciné-clubs, des salles publiques et de la télévision et le produit d'innombrables notes prises au cours des projections : ayant « appris » le cinéma uniquement en voyant des films, j'ai voulu faire de ce livre la synthèse d'une expérience pratique de cinéphile et un instrument de travail pour tous ceux qui veulent s'initier à l'esthétique du cinéma en même temps qu'à son histoire.

Sans fausse modestie, je puis dire que cet ouvrage s'adresse avant tout aux amateurs, dans les deux sens du terme, et particulièrement aux élèves des classes terminales du secondaire tentés par les options cinéma qui commencent à leur être proposées. Appliquant le judicieux principe de Pierre Larousse, pour qui « un dictionnaire sans exemples est un squelette », j'ai illustré le discours « pédagogique » de très nombreuses citations de films précisément décrites afin d'en mettre en évidence la signification et de compenser une iconographie nécessairement limitée et d'ailleurs souvent impossible à constituer.

Quand j'ai élaboré cette étude, la *filmologie* avait conquis droit de cité à la Sorbonne mais la *sémiologie* filmique n'existait pas encore comme discipline spécifique. Les recherches effectuées par la suite en ce domaine — essentiellement par Christian Metz — sont l'approfondissement et la systématisation des analyses que j'ai proposées ici, à la suite d'autres théoriciens, dans une perspective esthétique qui fut, notamment, celle d'André Bazin, que je considère comme l'un de mes maîtres spirituels, l'autre étant Georges Sadoul en ce qui concerne la méthode historiographique.

Mettre mon travail au goût du jour, pour cette quatrième édition, voudrait dire le poursuivre dans une voie qui a été largement ouverte et minutieusement explorée et je n'ai donc pas cru devoir répéter ici des conclusions parfaitement formulées par les sémiologues. Par ailleurs, la tentative d'application d'une discipline scientifique, la linguistique, à une activité de création artistique s'est révélée une tâche captivante mais hasardeuse, dans la mesure où la formulation des lois de la production et de la transmission du sens n'élimine pas le mystère et le miracle de la création individuelle : Christian Metz a lui-même reconnu les limites de la recherche sémiologique en ce domaine. C'est pourquoi je me borne à fournir au lecteur, en annexe, une brève mise au point sur la question.

D'autre part, j'avoue ne pas avoir été obsédé par le souci de mettre à jour mon travail en y ajoutant systématiquement des exemples empruntés aux films de la dernière décennie. Mon propos est en effet d'illustrer l'histoire du cinéma bien plus que son actualité. Je pense que l'essentiel des procédés d'expression filmiques a été découvert et mis en œuvre depuis longtemps, disons dès avant le milieu des années 30. Par ailleurs, les films des dernières décennies fournissent de moins en moins d'exemples d'application de la plupart des procédés étudiés ici. Dans la perspective qui est la mienne, il me paraît en tout cas plus utile de chercher à préciser, autant que possible, l'origine et le premier emploi de tel ou tel effet de langage visuel ou sonore et d'en donner des exemples choisis dans les « classiques » du cinéma.

Constatant l'abandon progressif de bon nombre de procédés de langage cinématographique, on est d'abord tenté de penser que leur catalogue consituerait le diagnostic d'une sorte de maladie infantile correspondant aux balbutiements du septième art avant que celui-ci ne parvienne à se libérer de ces moyens d'expression dont certains peuvent en effet sembler quelque peu scolaires dans leur volonté d'appliquer au cinéma des effets de langage qui ne sont souvent que des équivalents plus ou moins approximatifs de procédés oraux ou écrits : le terme de *grammaire*[1], parfois appliqué à un tel catalogue, traduit la naïve préoccupation de prouver que le cinéma est bien un langage puisqu'il recourt aux mêmes procédés d'écriture que le roman ou la poésie. Il faut d'ailleurs noter que certains grands cinéastes se sont rarement souciés de recherche au plan du langage et se trouvent donc fort peu cités ici : c'est le cas de John Ford, en particulier mais aussi de Stroheim, Bunuel et Kurosawa.

Mais je crois que la désaffection progressive pour la spécificité du langage filmique a reçu une accélération évidente de l'influence de la télévision, qui représente ce que je suis tenté d'appeler, en paraphrasant Roland Barthes, le degré zéro de l'écriture filmique. Cette contamination entraîne une banalisation et une standardisation qui traduisent la négation du langage plus que son dépassement : le cinéma commercial est en général une simple photocopie de la réalité plus que la création originale d'un univers spécifique.

Bien entendu, tous les procédés répertoriés ici n'ont pas le même caractère d'originalité ou de nécessité : ils vont, comme le montrera leur étude menée selon une progression logique, du plus simple au plus complexe et du plus élémentaire au plus élaboré. Alors que certains (le montage, l'expression de la durée et de l'espace, en particulier) constituent des éléments fondamentaux et inaliénables du langage filmique et peuvent être mis en œuvre avec une grande subtilité et une remarquable efficacité, d'autres ne font que traduire, je le répète, l'espèce de mimétisme pratiqué par des cinéastes désireux d'élaborer leur langage propre à partir des « grammaires » constituées au cours des siècles par les disciplines narratives et figuratives préexistantes. C'est la volonté de se libérer des clichés stylistiques et dramaturgiques que traduit la grande explosion du début des années 60, celle des diverses *nouvelles vagues* et du *cinéma direct*, mouvements constitutifs d'un nouveau cinéma caractérisé par l'abandon de la plupart des « trucs » traditionnels de l'écriture. Ainsi, le langage cinématographique moderne, nourri par l'apport du réalisme en général et du néoréalisme en particulier, est-il parvenu à un style débarrassé de toutes les limitations que pouvaient constituer les composantes de l'arsenal expressif du langage traditionnel.

C'est pourquoi mon travail, au-delà de son propos premier de répertorier tous les procédés d'écriture filmique, débou-

1. Cf. André BERTHOMIEU, *Essai de grammaire cinématographique*, La Nouvelle Édition, Paris, 1946.

che sur une analyse historique des déterminations techniques, économiques et idéologiques de l'évolution du langage : si les phénomènes linguistiques fonctionnent, dans une certaine mesure, indépendamment des circonstances matérielles et temporelles de la réalisation des films, ils n'en peuvent être séparés sous peine d'arbitraire formaliste. Car le *réel du cinéma*, qui est l'objet essentiel de cette étude, s'inscrit dans le *cinéma du réel*, c'est-à-dire dans l'ensemble des déterminismes historiques et idéologiques dont les films sont le miroir ou le reflet.

Tel est le cadre intellectuel dans lequel se situe mon travail, qui se propose avant tout de fournir aux cinéphiles une analyse systématique et normative des procédés d'expression du langage cinématographique.

*Juillet* 1985.

# INTRODUCTION

Quatre-vingt dix ans après la découverte des frères Lumière[1], il n'est plus sérieusement contesté que le cinéma est un art. Est-il alors présomptueux de penser qu'il y a bien, dans l'histoire du cinéma, une cinquantaine de films qui sont aussi précieux que l'Iliade, le Parthénon, la Sixtine, la Joconde ou la Neuvième et dont la destruction appauvrirait tout autant le patrimoine artistique et culturel de l'humanité ? Oui, peut-être, car une telle affirmation paraîtra bien audacieuse à ceux qui persistent à tenir le cinéma pour un « divertissement d'ilotes » (Georges Duhamel) : il est facile de répondre que si certains méprisent le cinéma, c'est en fait parce qu'ils en ignorent les beautés et qu'en tout cas il est absolument irrationnel de tenir pour négligeable un art qui est, socialement parlant, le plus important et le plus influent de notre époque.

Mais il faut reconnaître que la nature même du cinéma fournit bien des armes contre lui.

---

1. Est-il besoin de rappeler cependant que le cinéma n'est pas sorti tout armé du cerveau des frères Lumière en 1895 ? Georges Sadoul commence à juste titre son *Histoire générale* par un volume consacré à « l'Invention du Cinéma » et qui débute en 1832. Mais il est évident, sans remonter au mythe de la Caverne, que les ombres chinoises et les lanternes magiques ont préparé, bien antérieurement, la voie au cinéma (voir la séance d'ombres chinoises dans *Le Montreur d'Ombres* et dans *La Marseillaise).* La découverte fondamentale des Lumière consiste dans la mise au point du dispositif d'entraînement intermittent de la pellicule, qui devait rendre possible le *Cinématographe* à partir des inventions des pionniers, en particulier Étienne Jules Marey *(Chronophotographe,* 1888) et Thomas Edison *(Kinetoscope,* 1891).

Il est *fragilité,* parce que lié à un support matériel extrêmement délicat et guetté par les outrages des ans ; parce qu'il n'est l'objet du dépôt légal que depuis peu et que le droit moral des créateurs y est à peine reconnu ; parce qu'il est considéré avant tout comme une marchandise et parce que le posseseur a le droit de détruire les films comme bon lui semble ; parce qu'il est soumis aux impératifs des commanditaires et parce que dans aucun autre art les contingences matérielles n'ont autant d'influence sur la liberté des créateurs.

Il est *futilité,* parce qu'il est le plus jeune de tous les arts, né d'une vulgaire technique de reproduction mécanique de la réalité ; parce qu'il est considéré par l'immense majorité du public comme un simple divertissement où l'on se rend sans cérémonie ; parce que censure, producteurs, distributeurs et exploitants coupent à leur guise dans les films ; parce que les conditions du spectacle sont si lamentables que le « permanent » permet de voir la fin avant le commencement, le tout sur un écran qui ne correspond pas au format du film ; parce que dans aucun autre art l'accord critique n'est aussi difficile à réaliser et parce que tout le monde se croit autorisé, lorsqu'il s'agit de cinéma, à s'ériger en juge.

Il est *facilité,* parce qu'il se présente le plus souvent sous les dehors du mélodrame, de l'érotisme ou de la violence ; parce qu'il consacre, dans une grande partie de sa production, le triomphe de la sottise ; parce qu'il est, entre les mains des puissances d'argent qui le dominent, un instrument d'abêtissement, « usine de rêves » (Ilya Ehrenbourg), « fleuve fugace débobinant à foison des kilomètres d'opium optique » (Audiberti).

Ainsi des tares profondes handicapent l'épanouissement esthétique du cinéma ; en outre un lourd péché originel pèse sur son destin.

1. *Le Cri* (Michelangelo Antonioni, 1957).

2. *Voyage à Tokyo* (Yasujiro Ozu, 1953).

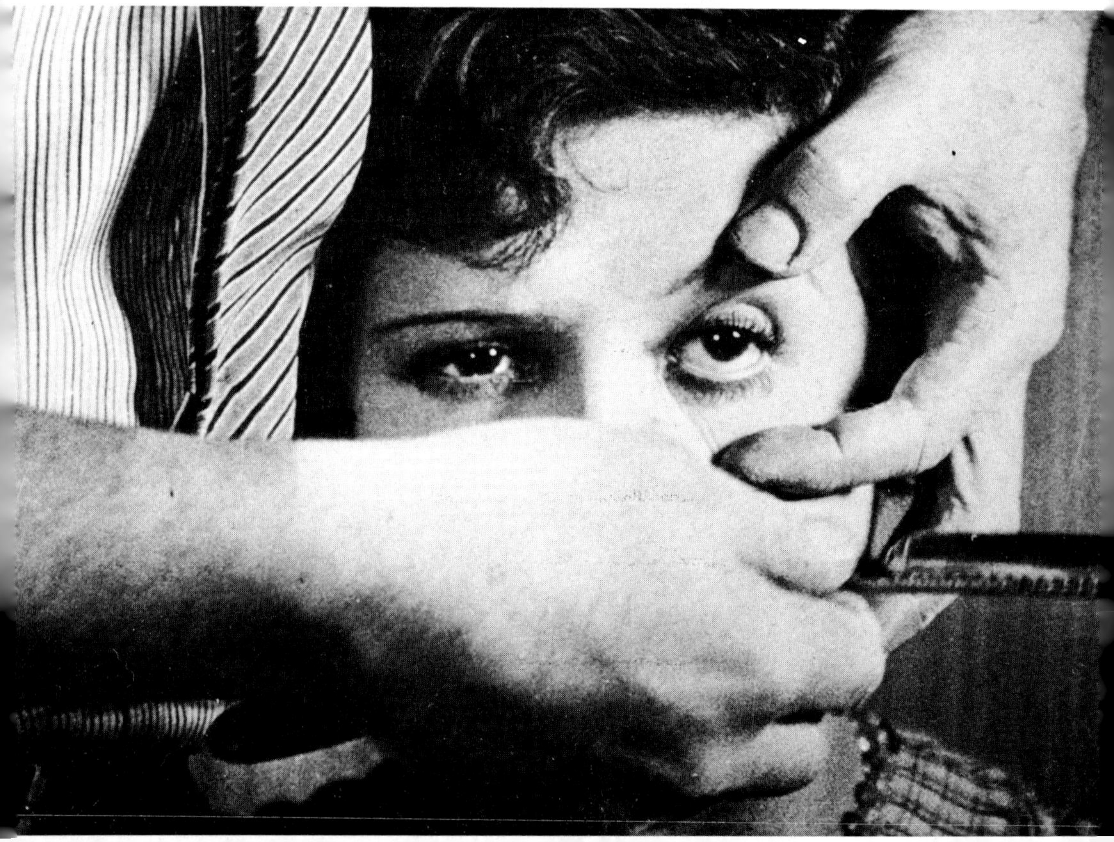

## UNE INDUSTRIE ET UN ART

On connaît la célèbre formule finale de l'*Esquisse d'une psychologie du cinéma* d'André Malraux : « Par ailleurs, le cinéma est une industrie. » Ce qui n'est apparemment pour André Malraux que la constatation d'une évidence devient, dans l'esprit de certains, l'affirmation d'un vice rédhibitoire.

Certes, le cinéma est une industrie mais on conviendra que la construction des cathédrales fut elle aussi, avant la lettre et matériellement parlant, une industrie, de par l'ampleur des moyens techniques, financiers et humains qu'elle exigeait et que cela n'entrava point l'envol de ces édifices vers la beauté. Plus que son caractère industriel, c'est son caractère commercial qui constitue un grave handicap pour le cinéma parce que l'importance des investissements financiers qu'il nécessite le rend tributaire des puissances d'argent dont la seule règle d'action est celle de la rentabilité et qui croient pouvoir parler au nom du goût du public en vertu d'une soi-disant loi de l'offre et de la demande dont le jeu est faussé parce que l'offre modèle la demande selon son bon plaisir. Bref, si le fait d'être une industrie pèse gravement sur le cinéma, ce sont plutôt les implications morales que matérielles de ce concept d'industrie qui en sont responsables.

Heureusement, cela n'empêche pas son instauration esthétique et la courte vie du cinéma a produit assez de chefs-d'œuvre pour qu'on puisse affirmer que le cinéma est un art, un art qui a conquis ses moyens d'expression spécifiques et qui s'est pleinement dégagé de l'influence des autres arts (en particulier le théâtre) pour épanouir ses possibilités propres en toute autonomie.

3. *La Pointe courte* (Agnès Varda, 1954).

4. *Un chien andalou* (Luis Bunuel, 1928).

## UN ART ET UN LANGAGE

A vrai dire, le cinéma fut un art dès ses origines. Cela est évident dans l'œuvre de Méliès, pour qui le cinéma fut le moyen, aux ressources prodigieusement illimitées, de poursuivre ses expériences d'illusionnisme et de prestidigitation du Théâtre Robert-Houdin : il y a art dès qu'il y a création originale (même instinctive) à partir d'éléments premiers non spécifiques et Méliès, en tant qu'inventeur du spectacle cinématographique, a droit au titre de créateur du Septième Art.

Dans le cas de Lumière, l'autre pôle originel du cinéma, l'évidence est moins nette mais peut-être plus démonstrative. En filmant l'*Entrée d'un train en gare de La Ciotat* ou *La Sortie des usines,* Lumière n'avait pas conscience de faire œuvre artistique mais simplement de reproduire la réalité : pourtant, à les voir de nos jours, ses petits films sont étonnamment photogéniques. Le caractère quasi magique de l'image filmique apparaît ainsi en pleine clarté : la caméra crée tout autre chose qu'un simple double de la réalité. Il en fut de même aux origines de l'humanité : les hommes qui exécutèrent les gravures rupestres d'Altamira et de Lascaux n'avaient pas conscience de faire de l'art et leur but était purement utilitaire puisqu'il s'agissait pour eux de s'assurer une sorte de domination magique sur les bêtes sauvages qui constituaient leur subsistance : pourtant leurs créations font aujourd'hui partie du patrimoine artistique le plus précieux de l'humanité.

L'art fut donc initialement au service de la magie et de la religion avant de devenir une activité spécifique créatrice de beauté. D'abord spectacle filmé ou simple reproduction du réel, le cinéma est devenu peu à peu un langage, c'est-à-dire le moyen de conduire un récit et de véhiculer des idées : les noms de Griffith et d'Eisenstein sont les principaux jalons de cette évolution qui s'est faite par la découverte progressive de procédés d'expression filmiques de plus en plus élaborés et surtout par le perfectionnement du plus spécifique d'entre eux : le montage.

## UN LANGAGE ET UN ÊTRE

Devenu langage grâce à une *écriture* propre qui s'incarne en chaque réalisateur sous la forme d'un *style*, le cinéma est par là même devenu un moyen de communication, d'information, de propagande, ce qui n'est pas, bien sûr, contradictoire avec sa qualité d'art.

Que le cinéma soit un langage, c'est ce que cet ouvrage prétend démontrer en analysant les innombrables moyens d'expression qui ont été utilisés par lui avec une souplesse et une efficacité comparables à celles du langage verbal. Pourtant, cette affirmation ne laisse pas de prêter à la controverse. Certes, de nombreux auteurs y ont souscrit sous des formes diverses. Ainsi pour Jean Cocteau « un film est une écriture en images », cependant qu'Alexandre Arnoux considère que « le cinéma est un langage d'images avec son vocabulaire, sa syntaxe, ses flexions, ses ellipses, ses conventions, sa grammaire » ; Jean Epstein y voit « la langue universelle » et Louis Delluc affirme qu' « un bon film est un bon théorème ». D'autre part, nombre d'ouvrages ont été consacrés, sous des titres explicites ou non, au langage filmique.

Mais peut-on vraiment considérer que le cinéma soit un langage doué de la souplesse et du symbolisme que cette notion implique ? Gilbert Cohen-Séat n'en semblait pas convaincu : « Dès qu'il s'agit de retrouver la trace des disciplines du langage conventionnel dans l'agitation débordante des images filmiques, et surtout si l'on envisage de rechercher quelque moyen de souligner ces disciplines, d'en seconder l'établissement, il faut évidemment admettre, tout d'abord, que la filmographie n'a pas encore dépassé une ère d'harmonies imitatives. Nos films seraient de l'âge, pour ainsi dire, des onomatopées visuelles et sonores, des primitives évocations directes. Ces signes naïfs seraient appelés à une organisation plus savante, et par conséquent à accueillir ou à instituer en eux-mêmes une sorte de conventionalisme... Il convient d'entendre, assurément, que le caractère primitif de l'expression filmique ne nous ferait point considérer le film comme représentant « la mentalité du sauvage épanouie dans une langue civilisée ». Nous le verrions plutôt comme une forme de langage non encore évoluée, s'insérant dans une civilisation avancée, et peut-être capable, en conséquence, d'emprunter une voie d'évolution originale[1]... » A ces restrictions sans aucun doute trop sévères encore que fort pertinentes, Gabriel Audisio en ajoutait d'autres, au plan historique : « On dit aussi que le cinéma est un langage, et c'est parler bien imprudemment. Qui confondrait langage avec moyen d'expression s'exposerait à de graves mécomptes. L'imprimerie est un moyen d'expression : elle pouvait attendre qu'on l'inventât. Car l'homme a toujours eu divers moyens de s'exprimer, ne fût-ce qu'avec les gestes... Mais la musique, mais la poésie, mais la peinture sont des langages : je ne vois pas qu'on les ait inventés hier, ni qu'on en puisse inventer d'autres jamais. Tout langage est né avec l'homme[2]. »

Peut-être. Mais alors on admettra que le cinéma est la forme la plus récente du langage défini comme « système de signes destinés à la communication ». Pourtant le sémiologue Christian Metz, qui donne cette définition, précise qu'elle ne peut rendre compte de la souplesse et de la richesse du langage cinématographique : « *Reproduction* ou *création,* le film, toujours, serait en deça ou au-delà du langage » par suite de « ce qu'il y a de foisonnant dans ce langage si différent

1. *Essai sur les principes d'une philosophie du cinéma,* pp. 129-131.
2. *L'Ecran français,* n° 74, 26 nov. 1946.

d'une langue, si immédiatement soumis aux innovations de l'art comme aux apparences perceptives des objets représentés ». C'est son aspect fort peu *systématique* qui différencie le *langage* cinématographique de la *langue :* les « diverses unités significatives minimales » n'y ont pas de « signifié stable et universel » et c'est ce qui conduit à classer le cinéma parmi d'autres « ensembles-signifiants » tels que « ceux que forment les arts ou les grand moyens d'expression culturels[1] ».

Mais ce qui distingue le cinéma de tous les autres moyens d'expression culturels, c'est la puissance exceptionnelle qu'il tient du fait que son langage fonctionne à partir de la reproduction photographique de la réalité. Avec lui en effet, ce sont les êtres et les choses mêmes qui paraissent et parlent, s'adressent aux sens et parlent à l'imagination : au premier abord, il semble que toute représentation *(signifiant)* coïncide de manière exacte et univoque avec l'information conceptuelle qu'elle véhicule *(signifié).*

En réalité, la représentation est toujours *médiatisée* par le traitement filmique, comme le souligne Christian Metz : « Si le cinéma est langage, c'est parce qu'il opère avec l'image des objets, non avec les objets mêmes. La duplication photographique (...) arrache au mutisme du monde un fragment de quasi-réalité pour en faire l'élément d'un discours. Disposées autrement que dans la vie, brassées et restructurées au fil d'une intention narrative, les effigies du monde deviennent les éléments d'un énoncé[2]. »

C'est dire que la réalité qui apparaît sur l'écran n'est jamais totalement *neutre* mais toujours *signe* de quelque chose de plus, à quelque degré. Cette dialectique signifiant-signifié, Bernard Pingaud l'a commentée ainsi : « A la différence de leurs analogues réels, on voit toujours ce que (les objets) veulent dire, et plus ce savoir est évident, plus l'objet s'y dilue, perd sa valeur

1. *Langage et cinéma,* pp. 216-217 et 99.
2. *Communications,* n° 5, avril 1965.

particulière. En sorte que le film semble condamné soit à l'opacité d'un sens riche, soit à la clarté d'un sens pauvre. Ou bien symbole ou bien énigme[1]. » Cette ambiguïté de la relation entre le réel objectif et son image filmique est l'un des caractères fondamentaux de l'expression cinématographique et elle détermine en grande partie le rapport du spectateur avec le film, rapport qui va de la croyance naïve à la réalité du réel représenté à la perception intuitive ou intellectuelle des *signes* implicites comme éléments d'un *langage.*

Cette constatation conduit à rapprocher le langage filmique du langage poétique où les mots du langage prosaïque s'enrichissent de multiples signifiants potentiels. Et l'on peut penser que le langage filmique ordinaire, devenant un *moyen* qui ne porte plus sa *fin* en lui-même parce qu'il se borne à être un simple véhicule de sentiments ou d'idées, constitue une sorte de *maladie infantile* du cinéma en se limitant à mettre en œuvre un catalogue de recettes, de procédés et de trucs linguistiques prétendument producteurs de « signifiés stables et universels ».

Car on peut constater que tant de films, parfaitement efficaces au plan du langage, s'avèrent nuls du point de vue esthétique, du point de vue de l'*être filmique :* ils n'ont pas d'existence artistique. « Il y a des films, écrit Lucien Wahl, dont le scénario est suffisant, la mise en scène sans erreur, dont les acteurs ont du talent et ces films ne valent rien. On ne voit pas ce qui leur manque, mais on sait bien que c'est le principal. » Ce qui leur manque, c'est ce que d'aucuns appellent l'*âme,* ou la *grâce,* ce que j'appelle l'*être.* « Ce ne sont pas les images qui font un film, a écrit Abel Gance, mais l'âme des images. »

Cette révolution du langage, ce dépassement du *cinéma-langage* vers le *cinéma-être,* Griffith, Gance, Eisenstein puis Ozu, Mizoguchi, Antonioni, Resnais et

1. *Alain Resnais,* Premier Plan n° 18, p. 18.

Godard, entre autres, ont puissamment contribué à le réaliser.

On aura évidemment noté que les trois étapes que je viens de définir ne se placent pas (ou pas d'abord) dans une perspective historique, mais correspondent plutôt à une démarche conceptuelle et idéale qui exprime ce qui paraît être l'évolution à la fois réelle et rationnelle du cinéma vers son instauration esthétique parfaite.

L'objet précis de cet ouvrage est de procéder à un recensement méthodique et à une étude détaillée de tous les procédés d'expression et de langage utilisés par le cinéma : ceci, bien entendu, dans une perspective avant tout esthétique, mon point de vue étant toujours celui du spectateur-critique jugeant les œuvres a posteriori. Il est bon de préciser que je me garderai de tout parallélisme systématique avec le langage verbal et que je ne recourrai aux termes de la syntaxe et de la stylistique que par commodité ou lorsque le rapprochement s'imposera avec trop d'évidence pour pouvoir être négligé. Il est possible en effet d'étudier le langage filmique à partir des catégories du langage verbal mais toute assimilation de principe serait à la fois absurde et vaine. Je crois qu'il faut affirmer dès l'abord l'originalité absolue du langage cinématographique.

Et son originalité vient essentiellement de sa toute-puissance figurative et évocatrice, de sa capacité unique et infinie à montrer l'invisible tout aussi bien que le visible, à visualiser la pensée en même temps que le vécu, à réussir la compénétration du rêve et du réel, de l'envolée imaginative et du constat documentaire, à ressusciter le passé et à actualiser le futur, à conférer à une fugitive image plus de prégnance convaincante que n'en offre le spectacle du quotidien.

Paul Valéry a naguère très bien dit l'émerveillement et la surprise que lui causait cette toute-puissance du cinéma : « Sur la toile tendue, sur le plan toujours pur où la vie ni le sang même ne laissent point de traces, les événements les plus complexes se reproduisent autant de fois que l'on veut. Les actions sont hâtées, ou sont ralenties. L'ordre des faits peut être renversé. Les morts revivent et rient. (...) On voit la précision du réel revêtir tous les attributs du rêve. C'est un rêve artificiel. C'est aussi une mémoire extérieure, et douée d'une perfection mécanique. Enfin, par le moyen des arrêts et des grossissements, l'attention elle-même est figée. Mon âme est divisée par ces prestiges. Elle vit sur la toile toute-puissante et mouvementée ; elle participe aux passions des fantômes qui s'y produisent. (...) Mais l'autre effet de ces images est plus étrange. Cette facilité critique la vie. Que valent désormais ces actions et ces émotions dont je vois les échanges, et la monotone diversité ? Je n'ai plus envie de vivre, car ce n'est plus que ressembler. Je sais l'avenir par cœur. [1] »

1. Cité dans la revue *Film,* nº 1, Printemps 1957.

# I

# LES CARACTÈRES FONDAMENTAUX DE L'IMAGE FILMIQUE

L'image constitue l'élément de base du langage cinématographique. Elle est la matière première filmique et déjà cependant une réalité particulièrement complexe. Sa genèse est en effet marquée par une ambivalence profonde : elle est le produit de l'activité automatique d'un appareil technique capable de reproduire exactement et objectivement la réalité qui lui est présentée, mais en même temps cette activité est dirigée dans le sens précis voulu par le réalisateur. L'image ainsi obtenue est une donnée dont l'existence se place simultanément à plusieurs niveaux de réalité, ceci en vertu d'un certain nombre de caractères fondamentaux que je vais tenter de définir.

## UNE RÉALITÉ MATÉRIELLE A VALEUR FIGURATIVE

En tant que produit brut d'un appareil d'enregistrement mécanique, elle est une donnée matérielle dont l'objectivité reproductrice est indiscutable, tout comme celle d'une bande de magnétophone ou de baromètre enregistreur.

L'image filmique restitue exactement, totalement ce qui est offert à la caméra et l'enregistrement qu'elle fait de la réalité est, par définition, une perception *objective :* la valeur probante du document photographique ou filmé est en principe irréfutable, encore que les trucages soient possibles, comme le prouve l'exemple de *Lambeth Walk* cité plus loin (p. 249) et comme l'a montré André Cayatte quand il en a fait l'argument de son film *Il n'y a pas de fumée sans feu.*

L'image filmique est donc avant tout *réaliste* ou, pour mieux dire, douée de toutes les apparences (ou presque) de la réalité. En premier lieu, bien entendu, le *mouvement,* qui suscita jadis l'étonnement admiratif des premiers spectateurs bouleversés de voir les feuilles des arbres palpiter sous la brise ou un train foncer vers eux : à ce titre, le *mouvement* est bien le caractère le plus spécifique et le plus important de l'image filmique. Le *son* est lui aussi un constituant décisif de l'image par la dimension qu'il lui ajoute en restituant l'environnement des êtres et des choses que nous ressentons dans la vie réelle : notre champ auditif englobe en effet à tout moment la totalité de l'espace ambiant, alors que notre regard n'en peut guère couvrir à la fois plus de soixante degrés et même trente degrés à peine de manière attentive. En ce qui concerne la *couleur,* on verra plus loin les problèmes que pose sa présence : il faut souligner d'ailleurs qu'elle n'est pas indispensable au « réalisme » de l'image ; quant au *relief,* il existe déjà suffisamment dans l'image traditionnelle, et avec les *odeurs,* bien que des essais (peu concluants) aient été réalisés, nous sommes encore en pleine fantaisie spéculative.

L'image filmique suscite donc chez le spectateur un *sentiment de réalité* assez fort en certains cas pour entraîner la croyance à l'existence objective de ce qui apparaît sur l'écran. Cette croyance, cette adhésion vont des réactions les plus élémentaires chez les spectateurs vierges ou peu évolués, cinématographiquement parlant (les exemples en sont nombreux [1]), aux phénomènes bien connus de participation (les spectateurs qui avertissent l'héroïne des dangers qui la menacent) et d'identification aux personnages (d'où découle toute la mythologie de la star [2]).

Deux caractères fondamentaux de l'image résultent de sa nature de reproduction objective du réel. Elle est d'abord une *représentation univoque :* du fait de son réalisme instinctif, elle ne saisit en effet que des aspects précis et déterminés, uniques dans l'espace et dans le temps, de la réalité. « C'est, a écrit Jean Epstein, parce qu'elle reste toujours précisément et richement concrète que l'image cinématographique se prête mal à la schématisation qui permettrait la classification rigoureuse nécessaire à une architecture logique un peu compliquée [3]. » Il convient ici de parler des rapports de l'image avec le mot, à qui elle a été souvent assimilée. Or cette comparaison apparaît évidemment fausse si l'on songe que le mot, comme le concept qu'il désigne, est une notion générale et générique alors que l'image a une signification précise et limitée : le cinéma ne nous montre jamais « la maison » ou « l'arbre », mais « telle maison » particulière, « tel arbre » déterminé. Ainsi le langage des images se rapprocherait de celui de certains peuples non parvenu à un degré suffisant d'abstraction rationnelle dans la pensée. « Les Esquimaux, par exemple, écrit encore Epstein, emploient une bonne douzaine de mots différents pour signifier la neige selon qu'elle est fondante, poudreuse, glacée, etc [4]. » Il y a donc un décalage important entre le mot et l'image. On peut se demander alors comment

1. En 1897, à Nijni-Novgorod, la baraque de projection du célèbre cinéaste globe-trotter Félix Mesguich est incendiée par des paysans russes persuadés de sa sorcellerie parce qu'ils ont vu le Tzar apparaître sur la toile blanche. Peu après la guerre, dans un petit cinéma de campagne italien, des plâtras étant tombés du plafond pendant que l'écran montrait une éruption volcanique, les spectateurs pris de panique se ruèrent vers la sortie.

2. Voir Edgar Morin, *Les Stars.*

3. *Le cinéma du diable,* p. 56.

4. *Idem,* p. 54.

le cinéma parvient à exprimer des idées générales et abstraites. C'est d'abord parce que toute image est plus ou moins symbolique : tel homme sur l'écran peut facilement représenter l'humanité tout entière. Mais c'est surtout parce que la généralisation s'opère dans la conscience du spectateur à qui les idées sont suggérées avec une force singulière et une précision sans équivoque par le choc des images entre elles : c'est ce qu'on appelle le montage idéologique.

En second lieu, elle est *toujours au présent*. En tant que fragment de la réalité extérieure, elle s'offre au présent de notre perception et s'inscrit dans le présent de notre conscience : le décalage temporel ne se fait que par l'intervention du jugement, seul capable de poser les événements comme passés par rapport à nous ou de déterminer plusieurs plans temporels dans l'action du film. On en a la preuve immédiate lorsqu'on arrive au cinéma en cours de séance : si l'action qui s'offre alors à nos yeux constitue un *retour en arrière* par rapport à l'action principale, nous ne la percevons évidemment pas comme telle et il s'ensuit une gêne dans la compréhension. Toute image filmique est donc au présent : le passé défini, l'imparfait, le futur éventuellement, ne sont que le produit de notre jugement placé devant certains moyens d'expression filmiques dont nous avons appris à *lire* la signification. C'est là un fait particulièrement important si l'on songe que tout le contenu de notre conscience est toujours au présent, aussi bien nos souvenirs que nos rêves : on sait en effet que le principal travail de la mémoire réside dans la localisation précise, dans le temps et dans l'espace, des schèmes dynamiques que sont les souvenirs ; d'autre part, les rêves sont étroitement déterminés (dans leur surgissement mais non dans leur contenu) par l'actualité de notre être physique et psychique et le cas des cauchemars montre bien que le contenu de nos rêves est d'abord perçu comme *présent*. Cela permet de comprendre la facilité avec laquelle le cinéma peut exprimer le rêve, mais surtout le prodigieux aliment que constitue le film pour le rêve et, plus encore, la rêverie éveillée : il est certain que les « intoxiqués » de cinéma peuvent finir par ne plus distinguer, dans leur mémoire, les images filmiques des souvenirs de perception réelle, tant est grande l'identité structurale de ces deux phénomènes psychiques.

### UNE RÉALITÉ ESTHÉTIQUE A VALEUR AFFECTIVE

On conçoit bien que l'image n'a que rarement cette seule valeur figurative de reproduction strictement objective du réel : ce n'est guère le cas que dans les films scientifiques ou techniques et dans les documentaires les plus impersonnels, c'est-à-dire dans tout le secteur du cinéma où la caméra est un simple appareil d'enregistrement au service de ce qu'elle est chargée de fixer sur la pellicule.

Dès qu'intervient l'homme, il se pose, si peu que ce soit, le problème de ce que les savants appellent *l'équation personnelle* de l'observateur, c'est-à-dire la vision particulière de chacun, les déformations et les interprétations, même inconscientes.

A plus forte raison lorsque le réalisateur prétend faire œuvre d'art, son influence sur la chose filmée est déterminante et, à travers lui, le rôle créateur de la caméra, on le verra au chapitre suivant, est fondamental.

Choisie, composée, la réalité qui apparaît alors dans l'image est le résultat d'une perception subjective du monde, celle du réalisateur. Le cinéma nous donne de la réalité une *image artistique* c'est-à-dire, si l'on réfléchit bien, totalement *non réaliste* (qu'on songe au rôle des gros plans et de la musique, par exemple) et *reconstruite* en fonction de ce que le réalisateur prétend lui faire exprimer, sensoriellement et intellectuellement.

Sensoriellement d'abord, c'est-à-dire *esthétiquement* selon l'étymologie (puisque *aisthésis* signifie en grec *sensation*), l'image filmique agit avec une force considérable qui est due à tous les traitements purificateurs et intensificateurs à la fois que la caméra peut faire subir au réel brut : la mutité du cinéma naguère, le rôle non réaliste de la musique et des éclairages artificiels, les diverses sortes de plans et de cadrages, les mouvements d'appareil, le ralenti, l'accéléré, tous aspects du langage filmique sur lesquels je vais revenir, sont autant de facteurs décisifs d'esthétisation.

Fondé donc, comme tout art et parce qu'il est un art, sur un *choix* et une *mise en ordre,* le cinéma dispose d'une prodigieuse possibilité de densification du réel qui est sans doute sa force spécifique et le secret de la fascination qu'il exerce.

Comme l'a bien dit Henri Agel [1], le cinéma est *intensité, intimité, ubiquité* : intensité parce que l'image filmique, en particulier le gros plan, a une force quasi magique qui donne du réel une vision absolument spécifique et parce que la musique, de par son rôle sensoriel et lyrique à la fois, renforce la puissance de pénétration de l'image [2] ; intimité parce que l'image (par le gros plan encore) nous fait littéralement pénétrer dans les êtres (par l'intermédiaire des visages, livres ouverts sur les âmes) et dans les choses ; ubiquité parce que le cinéma nous transporte librement à travers l'espace et le temps, parce qu'il densifie le temps (tout paraît plus long, à l'écran) et surtout parce qu'il recrée la *durée* même, permettant au film de se couler sans heurt dans notre courant de conscience personnel.

L'image filmique nous donne donc une reproduction du réel dont le réalisme apparent est en fait dynamisé par la vision artistique du réalisateur. La perception

1. *Le cinéma a-t-il une âme ?*, p. 7.

2. « C'est parce qu'elle leur donne un supplément de vie *subjective* qu'elle fortifie la vie *réelle*, la vérité convaincante, objective des images du film » (E. MORIN, *Le cinéma ou l'homme imaginaire*, p. 136).

du spectateur devient peu à peu affective dans la mesure où le cinéma lui fournit une image subjective, densifiée et donc passionnelle de la réalité : au cinéma, le public verse des larmes devant des spectacles qui, au naturel, ne le toucheraient sans doute que médiocrement.

L'image se trouve donc affectée d'un coefficient sensoriel et émotif qui naît des conditions mêmes dans lesquelles elle transcrit la réalité. A ce niveau, elle appelle le jugement de valeur et non plus le jugement de fait, elle est vraiment quelque chose de plus qu'une simple représentation.

Est-ce le concept de *photogénie* qui définit ce que le cinéma ajoute au réel dans l'image qu'il en donne ? Louis Delluc a défini la photogénie comme « cet aspect poétique extrême des êtres et des choses susceptible de nous être révélé exclusivement par le cinéma ». Est-ce celui de *magie ?* Léon Moussinac a écrit que « l'image cinématographique garde le contact avec le réel et transfigure aussi le réel jusqu'à la magie [1] ».

Ce qui est plus curieux, c'est cette autre définition de la photogénie par Delluc : « Tout aspect des choses, des êtres et des âmes qui accroît sa qualité morale par la reproduction cinématographique. » Cette introduction du qualificatif *moral* révèle bien chez Delluc la perception de quelque chose de spécifique dans la représentation cinématographique du monde : on est ému par la représentation que le film nous donne des événements plus que par ces événements eux-mêmes.

Il resterait à préciser si la photogénie est réellement dans les choses ou bien plutôt dans les vertus spécifiques de l'image filmique : de même qu'une charogne peut être objet de poésie pour Baudelaire, de même

1. Voilà pourquoi l'image est un aliment de choix pour l'imagination et pourquoi le film s'intègre si parfaitement à notre rêverie intérieure. « Le cinéma, écrit Edgar Morin, est l'unité dialectique du réel et de l'irréel » (*Op. cit.*, p. 174). On trouve dans *The Connection* une excellente définition de cette ambivalence profonde du cinéma : « C'est du cinéma, ce n'est pas réel... Du moins, ce n'est *pas réellement* réel. »

la misère ou la laideur peuvent devenir objet de beauté cinématographique (*Terre sans pain, Aubervilliers,* etc.).

## UNE RÉALITÉ INTELLECTUELLE A VALEUR SIGNIFIANTE

On vient de voir comment la photogénie et la magie confèrent à l'image une valeur bien plus efficace que celle de la simple reproduction.

Il en est de même sur le plan de la signification. Bien qu'elle reproduise fidèlement les événements filmés par la caméra, l'image ne nous fournit par elle-même aucune indication quant au sens profond de ces événements : elle affirme seulement la matérialité du fait brut qu'elle reproduit (à condition, bien entendu, qu'elle n'ait pas été truquée) mais elle ne nous donne pas sa signification. Ainsi l'image d'une lutte entre deux hommes n'indique pas forcément s'il s'agit d'une confrontation amicale ou d'une bagarre et, dans ce cas, lequel des deux adversaires est dans son bon droit. Donc l'image, par elle-même, *montre* et ne *démontre* pas.

C'est pourquoi le commentaire a tant d'importance (dans les Actualités, par exemple) et l'on sait qu'on peut faire dire aux images les choses les plus contradictoires.

L'image en elle-même est donc chargée d'*ambiguïté* quant à son sens, de polyvalence signifiante. On a vu d'autre part que l'image seule ne nous permet pas de percevoir le *temps* de l'action qui s'y déroule.

En outre, par suite de la possibilité qu'a le cinéaste de construire le contenu de l'image ou de nous le faire voir sous un angle anormal, il peut faire surgir un *sens* précis de ce qui n'est à première vue qu'une simple reproduction de la réalité : vu entre les jambes de son adversaire, un boxeur apparaît nettement en état d'infériorité (voir *Le Ring* d'Hitchcock), un cadrage penché *signifie* le désarroi moral, l'image d'un mendiant devant la vitrine d'une pâtisserie a une signification qui dépasse la simple représentation.

Il y a donc une *dialectique interne* de l'image : le mendiant et la pâtisserie entrent en relation dialectique, d'où surgit la signification du rapprochement. Il y a aussi une *dialectique externe,* fondée sur les rapports des images entre elles, c'est-à-dire sur le *montage,* notion fondamentale du langage cinématographique ; confronté par le montage à l'image d'une assiette de soupe, du cadavre d'une femme et d'un bébé souriant, le visage impassible de Mosjoukine semble se nuancer tour à tour d'appétit, de douleur et de tendresse : c'est le célèbre *effet Koulechov.* De façon analogue, si l'image d'un troupeau de moutons ne démontre à elle seule rien de plus qu'elle ne montre, elle se charge par contre d'un sens beaucoup plus précis lorsqu'elle est suivie de celle d'une foule sortant du métro (*Les Temps modernes*).

Bien entendu, cette signification de l'image ou du montage peut échapper au spectateur : *il faut apprendre à lire un film,* à déchiffrer le sens des images comme on déchiffre celui des mots et des concepts, à comprendre les subtilités du langage cinématographique. En outre, le sens des images peut être controversé, tout comme celui des mots, et on pourrait dire qu'il y a de chaque film autant d'interprétations que de spectateurs.

Par conséquent, si le sens de l'image est fonction du contexte filmique créé par le montage, il l'est aussi du contexte mental du spectateur, chacun réagissant selon ses goûts, son instruction, sa culture, ses opinions morales, politiques et sociales, ses préjugés et ses ignorances. En outre, le spectateur peut laisser échapper l'essentiel en laissant attirer son attention par un détail pittoresque mais non significatif : on sait par nombre d'expériences que les primitifs peu évolués et les jeunes enfants s'attachent souvent à des détails sans importance qui se trouvaient fortuitement dans le champ de la caméra et négligent l'essentiel.

Tout cela montre que l'image, malgré son exactitude figurative, est extrêmement malléable et ambiguë au niveau de son interprétation. Mais on aurait tort d'en tirer argument pour tomber dans un agnosticisme injustifiable : il est parfaitement possible d'éviter toute erreur d'interprétation en se livrant à une critique interne (référence au film en tant que totalité signifiante qui ne peut jamais être entièrement équivoque) et externe (la personnalité du réalisateur et sa conception du monde peuvent indiquer a priori le sens de son message) du document filmique.

Donc, à ce niveau intellectuel, l'image peut se faire le véhicule de l'éthique et de l'idéologie. Eisenstein, on le sait, avait manifesté son intention de mettre en film *Le Capital* de Marx : ce n'était pas qu'une boutade, car le montage idéologique dont le cinéma lui est redevable est l'une des principales étapes dans l'histoire de la découverte des moyens spécifiques du langage filmique.

A l'issue de cette analyse, je pense avoir mis suffisamment en relief le caractère véritablement original et exceptionnel de la perception filmique, perception qui consiste en un complexe intime d'affectivité et d'intelligibilité et qui permet de comprendre les causes profondes de cette « puissance supérieure de contagion mentale » dont dispose le cinéma, selon l'expression de Jean Epstein.

## L'ATTITUDE ESTHÉTIQUE

Ainsi l'image *reproduit* le réel puis, à un second degré et éventuellement, elle *affecte* nos sentiments et enfin, à un troisième degré et toujours facultativement, elle prend une *signification* idéologique et morale. Ce schéma correspond au rôle de l'image tel que l'a défini Eisenstein pour qui l'*image* nous conduit au *sentiment* (au mouvement affectif) et celui-ci à *l'idée*.

Mais il faut bien admettre que si cette gradation idéale était parfaitement normale dans la perspective du montage idéologique, découverte essentielle d'Eisenstein, par contre, dans le cinéma « habituel », c'est-à-dire non fondé sur le montage, le passage de l'affectivité à l'idée est beaucoup moins certain et beaucoup moins évident. Combien de spectateurs ne restent-ils pas à ce niveau sensoriel et sentimental en face du cinéma ? Le cinéma, je le répète, est un langage qu'il faut déchiffrer et bien des spectateurs, gloutons optiques et passifs, ne parviennent jamais à digérer le sens des images.

D'autre part, cette attitude sensorielle et passive n'est pas une attitude *esthétique*, bien que j'aie défini ce deuxième niveau de réalité de l'image comme étant le degré esthétique de son action. Car l'instauration esthétique suppose conscience claire de la puissance de persuasion affective de l'image. Pour qu'il y ait attitude esthétique, il faut que le spectateur garde un certain recul, qu'il ne croie pas à la réalité matérielle et objective de ce qui apparaît sur l'écran, qu'il sache consciemment qu'il est devant une image, un reflet, un spectacle [1]. Il ne doit pas se laisser entraîner à la passivité totale devant l'envoûtement sensoriel exercé par l'image, il ne doit pas aliéner la conscience qu'il a de se trouver devant une réalité au second degré : à cette seule condition, celle de la sauvegarde de la *liberté* dans la *participation*, l'image est vraiment perçue comme une réalité esthétique et le cinéma est un art et non un opium [2].

---

1. Or il faut souligner qu'au cinéma nous ne sommes plus *dans* le monde, obligés de nous garder de ses atteintes et de ses pièges, mais *devant* lui, protégés, anonymes et disponibles : devant l'écran, nous sommes absolument libres pour une totale participation. C'est pourquoi le recul est d'autant plus difficile à prendre.

2. « L'attitude esthétique se définit exactement par la conjonction du savoir rationnel et de la participation subjective... L'irréel magico-affectif est absorbé dans la réalité perceptive elle-même irréalisée dans la vision esthétique » (Edgar MORIN, *Le cinéma ou l'homme imaginaire*, pp. 161-162).

## II

## LE ROLE CRÉATEUR DE LA CAMÉRA

Après avoir défini les caractères généraux de l'image, il me faut étudier maintenant les modalités de sa création, c'est-à-dire avant tout le rôle de la caméra en tant qu'agent actif d'enregistrement de la réalité matérielle et de création de la réalité filmique.

Alexandre Astruc a écrit à ce propos : « L'histoire de la technique cinématographique peut être considérée dans son ensemble comme l'histoire de la libération de la caméra [1]. » Il est exact en effet que l'émancipation de la caméra a eu une extrême importance dans l'histoire du cinéma. La naissance du cinéma comme art date du jour où les réalisateurs ont eu l'idée de déplacer l'appareil de prises de vues au cours d'une même scène : les changements de plans, dont les mouvements d'appareil ne constituent qu'un cas particulier (notons d'ailleurs qu'à la base de tout changement de plan il y a un mouvement d'appareil, effectif ou resté virtuel), se trouvaient inventés et par là même le montage, fondement de l'art cinématographique.

J'emprunte à Georges Sadoul quelques renseignements techniques pour esquisser une très brève histoire de cette

---

1. *L'Ecran français*, n° 101, 3 juin 1947.

libération. Pendant longtemps la caméra resta figée dans une immobilité qui correspondait au point de vue du « monsieur de l'orchestre » assistant à une représentation théâtrale. Telle est la règle sous-entendue, celle de l'unité de point de vue, qui guida Méliès, par ailleurs créateur si fécond et si génial, tout au long de sa carrière.

Pourtant, dès 1896, le travelling avait été spontanément inventé par un opérateur de Lumière qui avait placé sa caméra sur une gondole à Venise ; dès 1905, dans *La Passion* de Zecca, un panoramique suivait le mouvement des Mages arrivant devant l'étable de Bethléem. Mais c'est à un Anglais, G.-A. Smith, représentant de ce que Sadoul a appelé « l'école de Brighton », que revient le mérite d'avoir, dès 1900, délivré la caméra de son statisme en modifiant le point de vue sur une même scène d'un plan à l'autre. Dans un certain nombre de films réalisés à cette époque, il passe assez librement du plan général au gros plan, ce dernier étant d'ailleurs présenté timidement comme un « truc » : vue à travers une loupe ou une lorgnette. « Smith, écrit Sadoul, fait accomplir une évolution décisive au cinéma. Il a dépassé l'optique d'Edison, qui est celle du Zootrope ou du théâtre de marionnettes, celle de Lumière qui est celle d'un photographe amateur animant une seule de ses épreuves, celle de Méliès qui est celle du « monsieur de l'orchestre ». La caméra est devenue mobile comme l'œil humain, comme l'œil du spectateur ou comme l'œil du héros du film. L'appareil est désormais une créature mouvante, active, un personnage du drame. Le metteur en scène impose ses divers points de vue au spectateur. La scène-écran de Méliès est brisée. Le « monsieur de l'orchestre » s'élève sur un tapis volant [1]. »

Désormais la caméra va devenir le souple appareil d'enregistrement que nous connaissons aujourd'hui. D'abord mise au service d'une étude objective de l'action ou du décor : qu'on se souvienne des travellings explorant les palais de *Cabiria* et du célèbre travelling d'*Intolérance* où la caméra de Griffith, montée sur un ballon captif, parcourt le gigantesque décor de Babylone. Mais elle en viendra bientôt à exprimer des points de vue de plus en plus « subjectifs » par des mouvements de plus en plus audacieux.

1. *Histoire générale du cinéma*, tome II, pp. 172 et 174.

Ainsi dans *Le Dernier des hommes* la caméra, bondissant en un vertigineux travelling avant, matérialise dans l'espace la trajectoire des paroles d'une ménagère criant à une voisine les potins de l'immeuble. Quelques années plus tard, dans *La Chute de la Maison Usher,* la caméra de Jean Epstein semble emportée parmi des feuilles mortes au gré d'un vent furieux, cependant qu'Eisenstein, par un fameux travelling avant, fait prendre à son appareil le point de vue d'un taureau en rut se précipitant vers une vache (*La Ligne générale*). Quant à Abel Gance, non content, pour son *Napoléon,* d'utiliser des caméras miniatures enfermées dans des ballons de football et projetées comme des boulets, mais « voulant le point de vue d'une boule de neige, (il) ordonna, dit-on, de lancer des portables à travers le studio. Les commanditaires, inquiets, voulurent amortir le choc et tendre des filets. Abel Gance protesta : les boules de neige s'écrasent, Messieurs... et les caméras s'écrasèrent [1]... » Mais Paul Léni ne manifesta pas moins d'imagination dans *La Volonté du mort* en faisant donner par sa caméra le point de vue du portrait d'un mort, tout comme Jean Delannoy, dans *La Symphonie pastorale,* donnant le point de vue de la noyée dont s'approche la main du pasteur qui va lui fermer les yeux. Citons enfin, dans la même perspective, le point de vue d'une mouette survolant Stockholm (*Le Rythme de la ville*) et celui de la mouette responsable de l'incendie de la station-service (*Les Oiseaux*), celui d'un chat (*Adorable voisine*) et ceux de loups fantasmatiques (*Wolfen*).

Très tôt donc, la caméra cessa d'être seulement le témoin passif, l'enregistreur objectif des événements pour devenir active et actrice. Il faut cependant attendre *La Dame du lac* (1947) pour voir paraître sur les écrans un film utilisant d'un bout à l'autre la caméra « subjective », c'est-à-dire dont l'œil s'identifie à celui du spectateur par l'intermédiaire de celui du héros. Mais le réalisateur n'a fait que systématiser un effet psychologique utilisé depuis fort longtemps.

Dès 1905, dans sa *Vie du Christ,* Victorin Jasset avait fait prendre à sa caméra un point de vue très original et très audacieux pour montrer *ce que Jésus voyait du haut de sa croix.* Dès 1923, Epstein avait placé sa caméra sur

1. SADOUL, *Histoire du cinéma mondial,* p. 174.

5. *La dame de pique* (Yakov Protazanov, 1916).

6. *Cœur fidèle* (Jean Epstein, 1923).

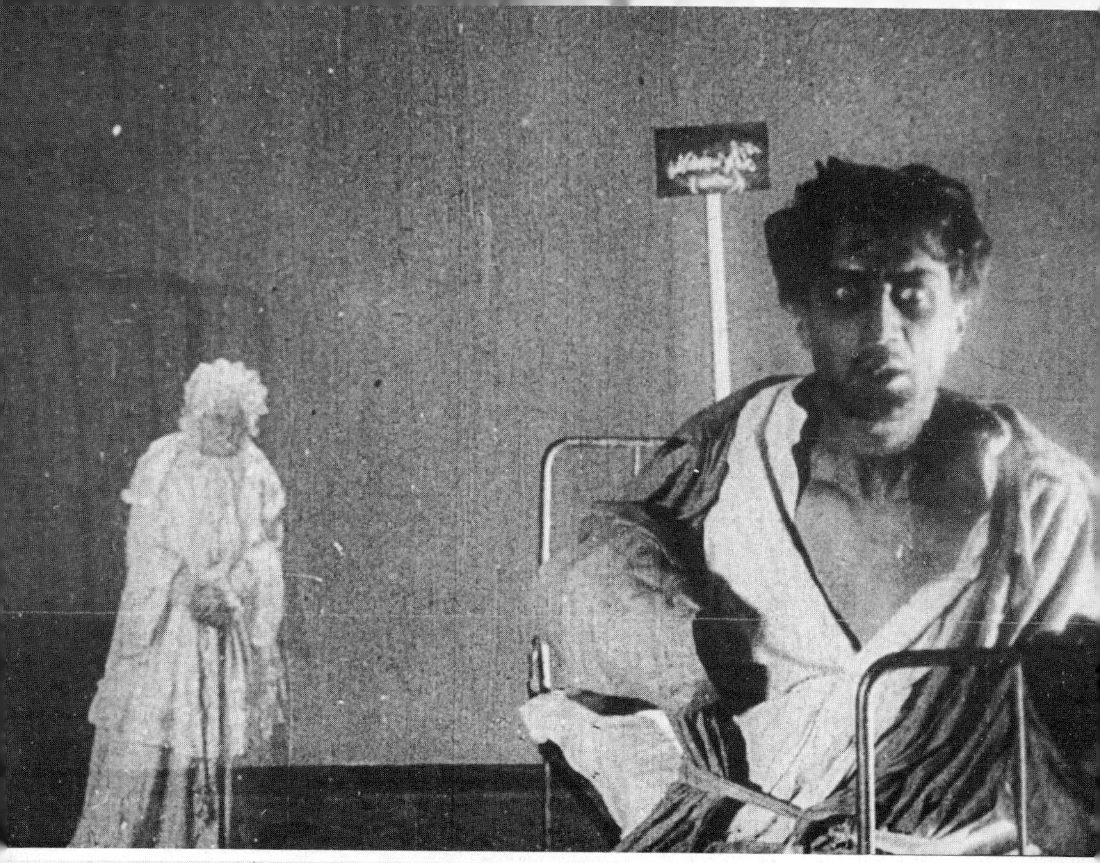

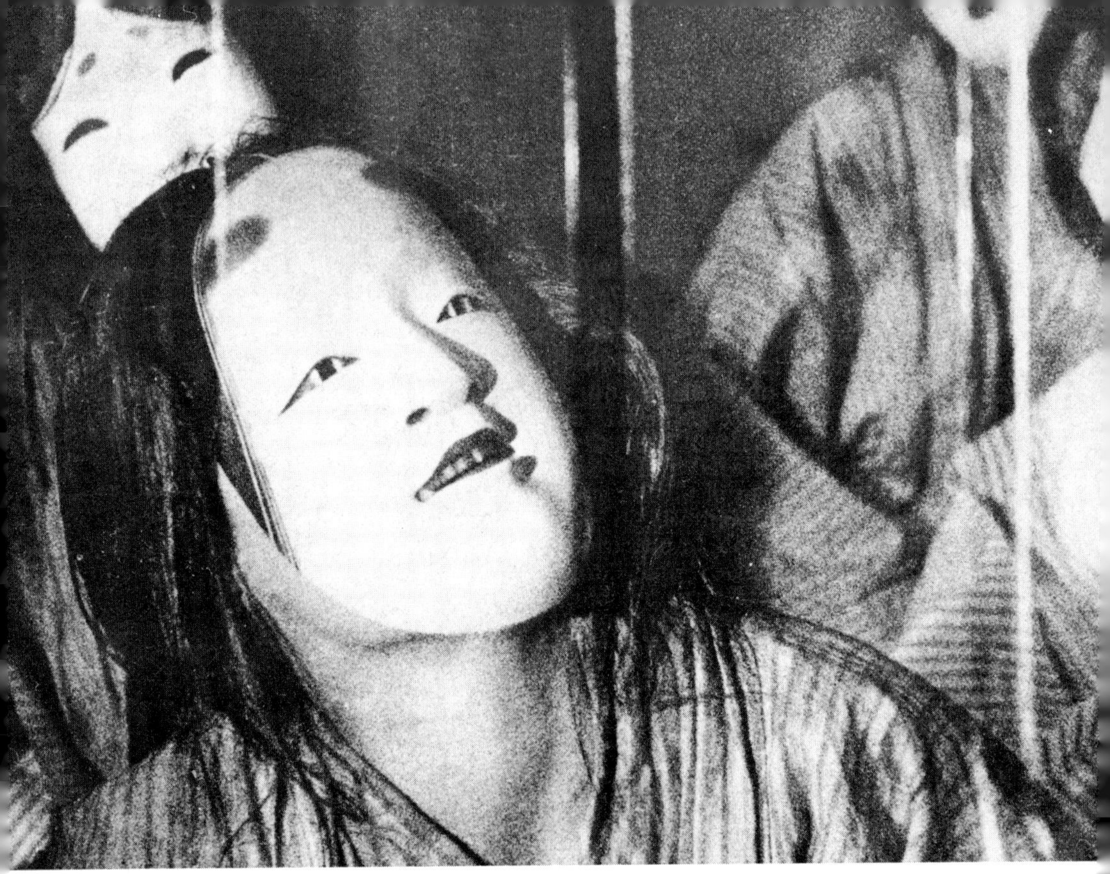

un manège de chevaux de bois et donné le point de vue des gens emportés dans sa ronde folle (*Fièvre*). Puis René Clair avait donné mal au cœur à des milliers de spectateurs en promenant sa caméra dans les montagnes russes de Luna-Park (*Entracte*), cependant que Gance attachait la sienne à la croupe d'un cheval lancé au galop, obtenant ainsi le point de vue de Bonaparte fuyant devant les nationalistes corses. Dans *Le Chemin de la vie*, un panoramique *filé* [1] très rapide rendait les impressions de gens emportés dans une valse endiablée. En 1932, le travelling initial de *Docteur Jekyll et Mister Hyde* identifiait le public au mystérieux meurtrier dont l'identité devait lui rester provisoirement inconnue, tout comme dans la séquence d'ouverture de *L'Assassin habite au 21*.

En 1939, Orson Welles avait entrepris de réaliser *Heart of Darkness* où il pensait utiliser systématiquement le procédé, mais les producteurs reculèrent, effrayés par son audace. Enfin, en 1947, mettant en œuvre une idée qu'il nourrissait depuis 1938, Robert Montgomery réalisa *La Dame du lac*, film intéressant par son parti pris même mais qui est un échec.

La meilleure explication de cet insuccès a été donnée par Albert Laffay qui estime que « l'erreur est d'avoir confondu assimilation fictive et identification perceptive ». Par suite de sa vocation réaliste, « le cinéma nous fait avant tout connaître des hommes ce qu'on peut appeler en langage existentialiste leur manière d'être au monde... Il y a ceci de paradoxal dans *La Dame du lac* que nous nous sentons beaucoup moins « avec » le héros que si nous le voyions sur l'écran à la manière ordinaire. Le film, en poursuivant une impossible assimilation perceptive, empêche précisément l'identification symbolique [2] ».

Cette caméra-acteur qui est censée être « moi », je la perçois en effet comme un « autrui » : plus précisément, je ne perçois pas ce qui se passe sur l'écran comme si j'étais ce témoin-caméra, mais en fait je perçois comme une donnée objective ce qui est censé être la perception de la caméra. Ce n'est pas moi qui reçois le coup de poing adressé à la caméra : je perçois simplement l'image qui

1. C'est-à-dire que l'axe optique de la caméra balaye l'espace trop vite pour que l'image puisse apparaître nette sur l'écran.

2. *Le cinéma subjectif* dans *Les Temps modernes*, n° 34, 1948.

7. *Une page folle* (Teinosuke Kinugasa, 1926).

8. *Napoléon* (Abel Gance, 1927).

m'est donnée par le réalisateur comme correspondant à la sensation de la caméra-acteur à ce moment. C'est dans ce décalage, dans cette *perception au second degré* que réside l'impossibilité psychologique d'une identification avec la caméra. L'effet subjectif voulu par le cinéaste n'est donc pas atteint : *je refuse de me croire caméra-acteur.*

Il est sûr que cet effet subjectif n'atteint son but que s'il est limité dans le temps et justifié par une raison dramatique précise. Ainsi, pendant les vingt premières minutes des *Passagers de la nuit* la caméra est subjective parce que nous ne devons pas voir le visage du personnage incarné par Humphrey Bogart avant qu'il n'ait subi une opération de chirurgie plastique qui lui donne justement le visage de Bogart.

Mais voici des exemples naïfs ou insolites d'effets subjectifs : des larmes (comme la pluie sur une vitre), des paupières qui se ferment (comme un rideau noir qui descend) ; un personnage vu à travers le verre de lait qu'est en train de boire le protagoniste (*La Maison du D^r Edwardes)*[1].

Plus intéressant que la caméra subjective, *le jeu face à la caméra* (les acteurs fixant l'objectif) mérite de retenir un instant notre attention.

A l'époque primitive, les acteurs jouent face à la caméra comme ils joueraient face au spectateur de théâtre : en outre, dans les films comiques, ils prennent souvent le spectateur directement à témoin des bons mots et des situations drôles du film.

Plus tard, quand le cinéma se sera complètement dégagé de l'influence du théâtre, le fait, pour l'acteur, de s'adresser directement au spectateur (par l'intermédiaire de la caméra) prendra un relief dramatique étonnant, parce que le spectateur se sent directement concerné.

Dans *La Mère,* un prisonnier, en train de desceller une pierre du mur de sa cellule, se retourne soudain face au spectateur, comme si celui-ci venait de le surprendre.

1. Avec son humour habituel, Hitchcock est allé jusqu'au bout du procédé en montrant dans *La Maison du Docteur Edwardes un suicide subjectif.* Le meurtrier démasqué retourne son revolver face à la caméra (employée subjectivement à cet instant) et tire ; l'écran devient blanc, puis rouge (au moins dans la copie d'origine), puis noir, mais qui pourra jamais confirmer l'exactitude de ce point de vue ?

Dans *Aérograd,* le traître qu'on mène à la fusillade se voile la face d'un air gêné en s'apercevant que la caméra le dévisage. Lorsque l'oncle assassin de *L'Ombre d'un doute* déclare que les riches veuves sont des être inutiles et nuisibles dont il faut débarrasser la société, sa nièce lui fait remarquer : « Mais ce sont des êtres humains ! » ; se tournant alors (en gros plan) vers la caméra, l'oncle réplique : « Vraiment ? » Au début d'*A bout de souffle,* Godard fait lancer par Belmondo une provocante apostrophe en plein visage du spectateur : « Si vous n'aimez pas la campagne,... la mer,... la montagne, allez vous faire foutre ! » Dans la séquence d'ouverture de *La Femme d'à côté,* un témoin du drame qui va suivre s'adresse directement au spectateur pour lui en fournir les données de départ.

On peut voir ici un équivalent de la *distanciation* brechtienne en vertu de laquelle l'acteur (c'est-à-dire l'auteur) s'adresse directement au spectateur considéré non point comme un témoin passif mais comme un individu capable de prendre parti devant les implications morales du spectacle.

Un certain nombre de facteurs créent et conditionnent l'expressivité de l'image. Ce sont, dans un ordre logique qui va du statisme au dynamisme : les cadrages, les divers types de plans, les angles de prises de vues, les mouvements de caméra.

## LES CADRAGES

Ils constituent le premier aspect de la participation créatrice de la caméra à l'enregistrement qu'elle fait de la réalité extérieure pour la transformer en matière artistique. Il s'agit ici de la composition du contenu de l'image, c'est-à-dire de la façon dont le réalisateur découpe et éventuellement organise le fragment de réalité qu'il présente à l'objectif et qui se retrouvera identique sur l'écran. Le choix de la matière filmée est le stade élémentaire du travail créateur au cinéma : c'est le deuxième point, l'organisation du contenu du cadre qui nous occupe maintenant.

A l'origine, lorsque la caméra était fixe et enregistrait le point de vue du « monsieur de l'orchestre », le cadrage n'avait aucune réalité spécifique puisqu'il se bornait à délimiter un espace correspondant très exactement à l'ouverture d'une scène de théâtre à l'italienne.

Progressivement, on s'est aperçu qu'on pouvait :

1. laisser certains éléments de l'action en dehors du cadre (on découvrait ainsi la notion d'*ellipse*) : c'est sur les visages congestionnés de respectables messieurs que l'on suit les péripéties d'un strip-tease (*L'Opinion publique*) [1] ;

2. montrer seulement un détail significatif ou symbolique (c'est l'équivalent de la synecdoque) : gros plans des bouches de bourgeois gloutons (*Boule de Suif*) ; gros plan des bottes d'un policier pour signifier l'oppression tzariste (*La Mère*) ;

3. composer arbitrairement et de façon peu naturelle le contenu du cadre (d'où *symbole*) : désespérée par l'infidélité de l'homme qu'elle aime, une jeune femme, étendue à plat ventre sur son lit, le visage en larmes, est filmée en un long plan fixe de telle façon que la tige horizontale du chassis lui barre le front, symbolisant avec force le drame qui l'obsède (*Folies de femmes*) ;

4. modifier le point de vue normal du spectateur (d'où *symbole encore*) : un cadrage penché exprime l'inquiétude d'un homme qui surprend une conversation entre sa fiancée et un individu louche (*Feu Mathias Pascal*) ;

5. jouer sur la troisième dimension de l'espace (la *profondeur du champ*) pour en tirer des effets spectaculaires ou dramatiques : un gangster aux aguets

1. A l'arrivée du parlant, on apprendra à laisser en dehors du cadre la source des paroles ou des bruits (*son off*).

s'avance lentement vers la caméra jusqu'à ce que son visage soit en très gros plan (*The Musketeers of Pig Alley*).

On voit, par ces quelques exemples, à quelle extraordinaire transformation et interprétation de la réalité se livre le cinéma au moyen d'un facteur de création aussi élémentaire que le cadrage. Nous retrouverons la notion de cadrage et ses féconds prolongements dans la plupart des chapitres ultérieurs. Mais, dès maintenant, son extrême importance apparaît clairement : il est le plus immédiat et le plus nécessaire moyen de la prise de possession du réel par la caméra.

Le statisme potentiel engendré par le cadrage sera au besoin compensé par son dynamisme interne, celui des mouvements ou des sentiments ; mais le cadre peut être mobile sans pour autant perdre sa valeur de composition plastique. Le Japonais Ozu est peut-être le cinéaste qui s'est le plus attaché à maintenir en toutes circonstances la fixité du cadrage considéré, selon le critique Tadao Sato, comme « une parfaite nature morte » insérée dans « le cadre le plus stable » mais « chargée de tension interne[1] ». Ce statisme est renforcé par l'immobilité absolue de la caméra systématiquement placée, d'autre part, à environ 60 centimètres du sol afin de cadrer de la manière la plus naturelle les personnages assis à la japonaise sur le *tatami*. Cette proximité avec les personnages est accrue par le fait que, dans le champ-contre-champ, les acteurs dirigent toujours leurs regards vers un point situé juste à côté de l'objectif.

### LES DIVERS TYPES DE PLANS

La grosseur du plan (et par suite son nom et sa place dans la nomenclature technique) est déterminée par la distance entre la caméra et le sujet et par la longueur focale de l'objectif utilisé.

Le choix de chaque plan est conditionné par la clarté nécessaire du récit : il doit y avoir adéquation entre la taille du plan et son contenu matériel d'une part (le

1. *Currents in Japanese Cinema*, pp. 188-193.

plan est d'autant plus *gros* ou *rapproché* qu'il y a moins de choses à faire voir) et son contenu dramatique [1] de l'autre (le plan est d'autant plus *gros* que son apport dramatique ou sa signification idéologique sont grands). Signalons que la grosseur du plan détermine en général sa longueur, celle-ci étant conditionnée par l'obligation de laisser au spectateur le temps matériel de percevoir le contenu du plan : ainsi un plan général est d'ordinaire plus long qu'un gros plan ; mais il est évident qu'un gros plan peut être long ou très long si le réalisateur veut exprimer une idée précise : la valeur dramatique prend alors le pas sur la simple description (nous reviendrons sur ce point à propos du montage).

Je n'entreprendrai pas ici une étude des divers types de plans dont la gamme constitue, selon la juste expression d'Henri Agel, « une véritable orchestration de la réalité » ; ils sont nombreux et d'ailleurs rarement univoques : un plan général d'un paysage peut très bien cadrer un personnage en amorce en premier plan et il est possible d'étager des acteurs à diverses distances ; on verra que la profondeur de champ est un élément important de la mise en scène. Il est plus intéressant de rappeler avec Georges Sadoul que tous les types de plans furent utilisés dès avant le cinéma par les arts plastiques et décoratifs et l'orfèvrerie (paysages, portraits en pied et en buste, médaillons, camées, etc.).

La plupart des types de plans n'ont d'autre raison que la commodité de la perception et la clarté du récit. Seuls le *gros plan* (et le *premier plan,* qui lui est, du point de vue psychologique, pratiquement assimilable) et le *plan général* ont le plus souvent une signification psychologique précise et pas seulement un rôle descriptif.

---

1. En français, le mot *dramatique* est fort ambigu car il peut se rapporter à la fois à un concept à peu près contraire de celui de *comique* mais aussi au concept d'*action,* conformément à l'étymologie.

Sauf indication contraire, ce mot sera toujours utilisé ici dans son sens originel et strict, tel que le définit le Dictionnaire de l'Académie française : « Se dit des ouvrages faits pour le théâtre et qui représentent une action tragique ou comique. » Mais le qualificatif *dramaturgique* définirait sans doute plus précisément cette acception du terme.

En faisant de lui une silhouette minuscule, le *plan général* réintègre l'homme dans le monde, en fait la proie des choses, l'« objective » ; de là une tonalité psychologique assez pessimiste, une ambiance morale plutôt négative, mais parfois aussi une dominante dramatique exaltante, lyrique et même épique.

Le plan général exprimera donc : la solitude (Robinson Crusoé hurlant son désespoir face à l'océan dans le film de Bunuel), l'impuissance aux prises avec la fatalité (la misérable silhouette du héros des *Rapaces* enchaîné à un cadavre au milieu de la Vallée de la Mort), le désœuvrement (les *Vitelloni* tuant le temps sur la plage), une sorte de fusion évanescente dans une nature corruptrice (*La Red*), l'intégration des hommes à un paysage qui les protège en les absorbant (l'épisode des marais du Pô dans *Païsa*), l'inscription des protagonistes dans un décor infini et voluptueux à l'image de leur passion (la promenade sur la plage de *Remorques* et d'*Ossessione*), l'inquiétude des fantassins russes tandis que la cavalerie teutonne arrive du fond de l'horizon (*Alexandre Nevsky*), la noblesse de la vie libre et fière dans les grands espaces (les *westerns*).

Mais voici la note humoristique : un troupier de la belle époque, désigné pour la corvée de balayage, est filmé en plongée lointaine avec son balai et sa brouette et apparaît minuscule au milieu de l'immense cour de la caserne, symbole de l'énormité de la tâche à accomplir (*Tire-au-Flanc*).

Quant au *gros plan*, il constitue un des apports spécifiques les plus prestigieux du cinéma et Jean Epstein sut naguère le caractériser d'admirable façon : « Entre le spectacle et le spectateur, aucune rampe. On ne regarde pas la vie, on la pénètre. Cette pénétration permet toutes les intimités. Un visage, sous la loupe, fait la roue, étale sa géographie fervente... C'est le miracle de la présence réelle, la vie manifeste, ouverte comme une belle grenade pelée de son écorce, assimilable, barbare. Théâtre de la peau [1]. » Et encore : « Un gros plan d'œil, ce n'est plus l'œil, c'est UN œil : c'est-à-dire le décor mimétique où apparaît soudain le personnage du regard [2]. »

Il est certain que c'est dans le gros plan du visage humain que se manifeste le mieux la puissance de signification psychologique et dramatique du film et que ce type de plan constitue la première et au fond la plus valable tentative de cinéma intérieur. L'acuité (et la rigueur) de la représentation réaliste du monde par le cinéma est telle que l'écran peut faire *vivre* sous nos yeux les objets inanimés [3] : je pense à tel gros plan de pomme de *La Terre,* dont on peut dire sans paradoxe que quiconque n'a pas vu ce plan n'a jamais *vu* une pomme. Mais surtout la caméra sait fouiller les visages, y faire lire les drames les plus intimes et ce déchiffrement des expressions les plus secrètes et les plus fugaces est l'un des facteurs déterminants de la fascination que le cinéma exerce sur le public : de Lilian Gish à Falconetti, de Louise Brooks à Greta Garbo, de Marlène Dietrich à Lucia Bosè, de Charlot à Bogart, de James Dean à Gérard Philipe, le visage — *masque nu,* selon le mot de Pirandello — a toujours exercé sa magie.

Contrairement à ce que semble croire André Malraux dans son *Esquisse d'une psychologie du cinéma,* ce ne fut pas Griffith qui « inventa » le gros plan, utilisé dès 1900, on l'a vu, par l'Anglais Smith, mais il est de fait que c'est lui qui le premier sut en faire cette prodigieuse ouverture sur l'âme qu'il est devenu par la suite chez Eisenstein, Poudovkine et Dreyer. Mais Malraux a une formule heureuse pour caractériser l'effet produit par le gros plan sur le spectateur de cinéma :

---

1. *La Poésie d'aujourd'hui,* p. 171.
2. *Le Cinématographe vu de l'Etna,* p. 30.
3. « L'une des plus grandes puissances du cinéma est son animisme. A l'écran, il n'y a pas de nature morte » (Jean EPSTEIN, *Le Cinématographe vu de l'Etna,* p. 13). Filmé en premier plan de l'avant d'une locomotive en pleine vitesse, le ruban inerte d'un rail devient un serpent mouvant et fantastique (*La Bête humaine*).

« Un acteur de théâtre, c'est une petite tête dans une grande salle ; un acteur de cinéma, une grande tête dans une petite salle. » Le gros plan, qui nous paraît naturel, fut tenu à l'origine, nous l'avons vu, pour une audace d'expression qui avait quelque chance de rester incomprise du spectateur. Elmer Rice a spirituellement raillé ce caractère « invraisemblable » du gros plan ; les héros de son *Voyage à Purilia* racontent par exemple : « Le nid d'un rouge-gorge, sur un arbre proche, que nous n'avions pas encore remarqué, s'agrandit de telle sorte que nous en reculâmes d'effroi... Quand le rouge-gorge eut diminué de contours, un agneau dans le lointain prit les proportions d'un éléphant [1]... »

Le gros plan correspond (sauf quand il a une valeur simplement descriptive et joue le rôle d'un grossissement explicatif) à un envahissement du champ de la conscience, à une tension mentale considérable, à un mode de pensée obsessionnel. Il est l'aboutissement naturel du travelling avant qui ne fait souvent que renforcer et valoriser l'apport dramatique que constitue le gros plan lui-même. Dans le cas d'un plan d'objet, il exprime en général le point de vue d'un personnage et matérialise la vigueur avec laquelle un sentiment ou une idée s'impose à son esprit : ainsi le gros plan du coupe-papier à l'aide duquel le petit employé bafoué va poignarder *La Chienne* ou le gros plan du verre de lait peut-être empoisonné qui terrorise l'héroïne de *Soupçons*. S'il s'agit d'un plan de visage, il peut évidemment être l'« objet » du regard d'un autre personnage de l'action, mais en général le point de vue est celui du spectateur par le truchement de la caméra. Le gros plan suggère alors une forte tension mentale

1. *Voyage à Purilia*, Gallimard, 1934, p. 29. Voici une anecdote que rapporte Jean R. Debrix : « On projetait à des paysans du bled africain un film d'hygiène élémentaire sur le trachome. A plusieurs reprises le réalisateur était passé au gros plan pour montrer la manière dont une mouche peut transmettre les germes de la maladie. La plupart des spectateurs se récrièrent, déclarant avec conviction qu'il n'y avait jamais eu de mouches de pareille taille dans leur pays. »

chez le personnage: tels les plans du visage douloureux de Laura chaque fois qu'elle plonge dans le passé (*Brève rencontre*) ou ceux de Jeanne d'Arc en proie à la torture morale que lui infligent ses juges dans le film de Dreyer. L'impression de malaise ou d'angoisse peut être renforcée par un cadrage « anormal » (ainsi le fragment du visage d'un personnage de *L'Inondation* songeant au crime qu'il vient de commettre) ou par l'utilisation d'un très gros plan appelé *détail* ou *insert* (l'œil de la jeune femme qui embrasse l'officier blessé de *L'Adieu aux armes* — l'œil de l'ivrogne du *Poison* tiré de son sommeil alcoolique par la sonnerie du téléphone — la bouche du héros d'*Après le crépuscule vient la nuit* lorsqu'au plus fort d'une de ses crises il débite des paroles incohérentes).

## LES ANGLES DE PRISES DE VUES

Quand ils ne sont pas directement justifiés par une situation liée à l'action, des angles de prises de vues exceptionnels peuvent acquérir une signification psychologique particulière.

La *contre-plongée* (le sujet est photographié de bas en haut, l'objectif étant au-dessous du niveau normal du regard) donne en général une impression de supériorité, d'exaltation et de triomphe, car elle grandit les individus et tend à les magnifier en les détachant sur le ciel jusqu'à les auréoler de nuée.

Dans *Le Chemin de la vie,* une vue en contre-plongée des garçons portant des rails symbolise leur joie au travail et la victoire qu'ils ont remportée sur eux-mêmes. Un angle analogue matérialise la puissance du capitaliste Lebedev de *La Fin de Saint-Pétersbourg,* la supériorité morale et le génie militaire d'*Alexandre Nevsky,* la noblesse des trois péons mexicains injustement condamnés à mort (*Que viva Mexico*). Enfin *Le Dernier des hommes,* portier de grand hôtel sanglé dans un rutilant uniforme, est photographié en légère contre-plongée jusqu'au moment où sa déchéance est encore accentuée par l'angle inverse.

La *plongée* en effet (prise de vues de haut en bas) a tendance à rapetisser l'individu, à l'écraser moralement en l'abaissant au niveau du sol, à faire de lui un objet englué dans un déterminisme insurmontable, un jouet de la fatalité.

On trouve un bon exemple de cet effet dans *L'Ombre d'un doute* : au moment où la jeune fille découvre la preuve que son oncle est un assassin, la caméra démarre brusquement en travelling arrière puis grimpe en hauteur et le point de vue ainsi obtenu donne parfaitement l'impression de l'horreur et de l'accablement qui saisissent alors l'héroïne. Bien meilleur exemple, parce que plus naturel, dans *Rome ville ouverte :* la séquence de la mort de Maria est filmée d'un point de vue normal, mais le plan précis au cours duquel elle est tuée par les Allemands est pris de l'étage supérieur d'un immeuble et la jeune femme courant dans la rue semble alors un frêle et minuscule animal aux prises avec un inexorable destin.

Voici enfin, extrait du *Baron de l'Ecluse,* un jeu de scène qui combine les deux angles dans un rapprochement significatif : Jean Gabin, l'air très sûr de soi, téléphone à un ami pour lui emprunter de l'argent (il est cadré en légère contre-plongée) ; malheureusement, l'ami est absent et l'assurance fait soudain place au découragement (un court travelling vertical vers le haut introduit alors une légère plongée très évocatrice : le mouvement de caméra traduit de façon très sensible l'effondrement psychologique du personnage).

Il faut signaler quelques rares exemples de prises de vues verticales : ainsi dans *L'Argent* Marcel L'Herbier a placé sa caméra au zénith de la grande salle de la Bourse et obtenu un point de vue assez original sur le grouillement des affairistes ; même plongée verticale, mais beaucoup plus expressive, dans *Le Procès Paradine* au moment où l'avocat de l'accusée, anéanti par les aveux de sa cliente, vient de reconnaître son incompétence et quitte la salle du tribunal dans un silence de mort. A l'opposé, René Clair a naguère cadré sa caméra dans une contre-plongée verticale assez égrillarde qui nous permet de contempler les dessous désuets d'une danseuse 1925 (*Entracte*) ; point de vue plus intéressant, celui du héros de *Vampyr* transporté (en rêve) dans un cercueil dont le couvercle est muni d'une petite fenêtre ou celui du protagoniste de *L'Adieu aux armes* transporté sur une civière et voyant défiler les voûtes du couvent transformé en hôpital ainsi que les visages qui se penchent sur lui.

Il arrive aussi, beaucoup plus rarement toutefois, que la caméra bascule, non plus autour de son axe transversal, mais autour de son axe optique : on obtient alors ce qu'on appelle des *cadrages penchés,* mais ces effets peuvent rentrer dans la catégorie des angles.

S'ils sont employés subjectivement, ils donnent le point de vue de quelqu'un qui ne se trouve pas en station verticale. Dès 1924, dans un film intitulé *Le Petit Jacques,* un cadrage penché correspondait au point de vue d'un prisonnier couché voyant entrer dans sa cellule le directeur de la prison et un gardien [1] ; on trouve des effets analogues dans plusieurs films d'Hitchcock et en particulier au début des *Enchaînés* lorsque l'image du policier bascule autour de son axe à mesure qu'il s'approche de l'héroïne étendue sur son lit.

Traité objectivement, le procédé peut prendre un sens nettement plus intéressant et plus expressif : dans *Octobre,* des soldats tirant un canon sont pris dans un cadrage légèrement penché (ils semblent être sur une route montante) et en contre-plongée, si bien que le point de vue ainsi obtenu donne une vigoureuse impression d'effort physique et de puissance.

1. *Cinéa-Ciné pour tous* (nos 8 et 9 de mars 1924) parle de cet effet de cadrage penché en insistant sur son originalité, si bien qu'on peut penser qu'il s'agit peut-être de la première utilisation du procédé.

Un cadrage penché peut être le moyen d'un *gag :* un tel effet tend à faire croire au spectateur que Charlot grimpe une côte très raide en traînant une voiture à bras lourdement chargée (*Charlot travaille*).

Enfin, et ceci est le plus intéressant pour notre propos, le cadrage penché peut viser à matérialiser aux yeux des spectateurs une impression ressentie par un personnage : en l'occurrence un trouble, un déséquilibre moral.

On peut distinguer un point de vue subjectif (attribué à un personnage de l'action) et un point de vue objectif (attribué au spectateur) :

Point de vue subjectif : au moment où le meurtrier décide la mort de sa nièce, un cadrage penché exprime le désarroi de l'homme qui va devoir commettre un nouveau crime pour faire disparaître ce témoin gênant (*L'Ombre d'un doute*) ; lorsque l'héroïne songe à se suicider la photo bascule et ne revient à l'horizontale qu'au moment où, la crise surmontée, les reflets du train sous lequel elle voulait se jeter se sont éteints sur son visage hagard (*Brève rencontre*) ; effet semblable pour exprimer l'inquiétude d'un homme qui craint d'être accusé du meurtre de sa femme (*L'Inconnu du Nord-Express*) et celle de la trapéziste au moment de se lancer dans le vide (*Lola Montès*).

Point de vue objectif : un cadrage penché (utilisé en permanence) tend à rendre sensible au spectateur le malaise qui naît du sordide épisode du médecin avorteur (*Carnet de bal*) ou de l'inquiétante présence d'un sorcier qui ne recule pas devant le crime (*Sortilèges*).

Signalons enfin ce qu'on peut appeler *cadrage désordonné,* dû au fait que l'appareil est secoué en tous sens.

Point de vue subjectif : l'agitation de la caméra donne le point de vue subjectif des personnages touchés par la fusillade (*Potemkine*) ; deux hommes atteints par des balles vacillent et tombent à la renverse en voyant le paysage tournoyer (*La Rose et le Réséda*) ;

même effet pour suggérer les impressions du jeune soldat mortellement blessé (*Quand passent les cigognes*).

Point de vue objectif : dans un vieux burlesque américain, la caméra est violemment agitée pour simuler un tremblement de terre (*Harry en mission*) ; voulant montrer la Convention secouée par la tempête des passions politiques, Gance balance sa caméra comme si elle était emportée au gré des vagues déchaînées (*Napoléon*) et Clouzot souligne par un balancement latéral les zigzags euphoriques de Jo au volant de son camion avant sa chute fatale dans un ravin (*Le Salaire de la peur*). C'est aussi en balançant la caméra que l'on suggère le tangage d'un bateau.

Enfin voici des exemples où un point de vue subjectif est en quelque sorte objectivé. Un plan représentant des hommes portant difficilement un lourd cercueil est agité de mouvements désordonnés : tout se passe comme si ces mouvements, qui expriment le point de vue des hommes peinant sous la charge, avaient été tranférés au point de vue du spectateur, le plan représentant non pas le paysage que ces hommes ont sous les yeux mais leur propre image ; l'« objectivation » ainsi réalisée décuple la participation sensible du spectateur au contenu de l'image (*La Chute de la Maison Usher*) ; la caméra, agitée par le souffle de l'explosion, traduit à la fois la panique de la foule et l'impression subjective du spectateur (*Metropolis*).

## LES MOUVEMENTS DE CAMÉRA

Sans distinguer tout d'abord les différents types de mouvements, essayons de préciser leurs diverses fonctions du point de vue de l'expression filmique :

A. *Accompagnement d'un personnage ou d'un objet en mouvement :* la caméra suit la diligence lancée au galop (*La Chevauchée fantastique*) ou le train fonçant dans la nuit (*Vivre pour vivre*) ;

B. *Création de l'illusion du mouvement d'un objet statique* : un travelling avant donne l'impression que la Forteresse Volante s'ébranle sur la piste d'envol (*Les Plus belles années de notre vie*) ;

C. *Description d'un espace ou d'une action* ayant un contenu matériel ou dramatique unique et univoque : un travelling arrière découvre progressivement le bal en plein air (*Quatorze Juillet*) ; un travelling avant (aérien) sur une imposante et luxueuse réception mondaine (*L'Argent*) ; un travelling latéral, puis avant, sur les ruines de Varsovie pendant l'insurrection (*Kanal*).

D. *Définition de relations spatiales entre deux éléments de l'action* (entre deux personnages ou entre un personnage et un objet) : il peut y avoir simple relation de coexistence spatiale mais aussi introduction d'une impression de menace ou de danger au moyen d'un mouvement d'appareil allant d'un personnage menaçant vers un personnage menacé — mais plus souvent d'un personnage impuissant ou désarmé vers un personnage qui est en état de supériorité tactique, qui voit sans être vu, etc. (la jeune fille révèle à Charlot qu'il est le clou du spectacle, puis la caméra montre que le patron est en train de les épier — *Le Cirque*) ou vers un objet source ou symbole de danger (deux jeunes mariés heureux accoudés à la passerelle d'un paquebot : la caméra recule et fait entrer dans le champ une bouée portant le nom *Titanic* — *Cavalcade* [1]) ou pour établir un lien topographique entre deux éléments de l'action : les deux fuyards se croient perdus dans la végétation aquatique mais un travelling vertical nous montre qu'ils sont à proximité de l'eau libre — (*African Queen*).

E. *Mise en relief dramatique d'un personnage ou d'un objet* destinés à jouer un rôle important dans la

1. Les mouvements d'appareil sont un des procédés de création du *suspense* parce qu'ils suscitent un sentiment d'attente (plus ou moins inquiète) de ce que la caméra va découvrir au bout de sa course.

suite de l'action (travelling venant cadrer en premier plan le visage d'Harry Lime que tout le monde croit mort — *Le Troisième homme ;* même mouvement sur la bougie qui va mettre le feu à la cabane de l'aveugle — *Les Enfants d'Hiroshima*) ou constituant une image choc (court et rapide travelling découvrant une tête de mort naturalisée — *Les Chasses du Comte Zaroff*) ;

F. *Expression subjective du point de vue d'un personnage en mouvement* (l'entrée dans le misérable camp de passage vue depuis le camion des émigrants — *Les Raisins de la colère* ; la marche inquiète des personnages vers le portique de gymnastique couvert de corbeaux — *Les Oiseaux*) ;

G. *Expression de la tension mentale d'un personnage* : point de vue *subjectif* (travelling avant très rapide exprimant l'effroi de l'oncle assassin au moment où il s'aperçoit que sa nièce porte au doigt la bague qui fait la preuve de son crime — *L'Ombre d'un doute*) et point de vue *objectif* (travelling avant sur le visage de Laura chaque fois qu'elle revit un épisode du passé — *Brève rencontre*).

Les trois premières sortes de fonctions sont purement « descriptives », c'est-à-dire que le mouvement de la caméra n'a pas de valeur en tant que tel mais seulement par ce qu'il permet de faire voir au spectateur (ce mouvement est purement virtuel dans le cas de A et de B et il pourrait être remplacé par une série de plans séparés dans le cas de C). Par contre les quatre derniers types ont une valeur « dramatique », c'est-à-dire que le mouvement lui-même a une signification en tant que tel et qu'il vise à exprimer en le soulignant un élément matériel ou psychologique appelé à jouer un rôle décisif dans le déroulement de l'action.

A côté de ces fonctions descriptive et dramatique, on peut en définir une troisième, mise en évidence par les films d'Alain Resnais et de Jean-Luc Godard et qu'on pourrait qualifier de *fonction rythmique.* Dans

*A bout de souffle,* la caméra perpétuellement mobile crée une sorte de dynamisation de l'espace, lequel, au lieu de rester cadre rigide, devient fluide et vivant : les personnages y ont l'air d'être emportés dans un ballet (on pourrait presque parler d'une *fonction chorégraphique* de la caméra dans la mesure où c'est elle qui *danse*) ; d'autre part, les mouvements d'appareil incessants, en modifiant à chaque instant le point de vue du spectateur sur la scène, remplissent un rôle un peu analogue à celui du montage et finissent par conférer au film un rythme propre qui est un des éléments essentiels de son style [1].

Chez Resnais, dans *Hiroshima mon amour, L'Année dernière à Marienbad* comme dans ses courts métrages, les mouvements d'appareil (le *travelling avant* surtout) n'ont pas à proprement parler (ou du moins pas essentiellement) un rôle descriptif mais une *fonction de pénétration,* soit dans l'univers d'un peintre (*Van Gogh*), soit dans le souvenir, dans les arcanes de la mémoire (*Nuit et Brouillard,* les travellings de Nevers dans *Hiroshima*) : par son caractère irréaliste et quasi onirique (il est fort proche des mouvements que nous effectuons dans nos rêves), le travelling complète et renforce le rôle (analogue, sur d'autres plans) de la musique et du commentaire parlé *au présent ;* enfin les mouvements d'appareil valent parfois tout simplement par leur beauté pure, par la vivante et enveloppante présence qu'ils confèrent au monde matériel et par l'intensité irrésistible de leur lent et long déroulement (les travellings dans les rues d'Hiroshima).

On peut dire qu'il y a une *fonction incantatoire* des mouvements d'appareil qui correspond, sur le plan sensoriel (sensuel), aux effets du montage rapide sur le plan intellectuel (cérébral).

On peut distinguer trois sortes de mouvements d'appareil : travelling, panoramique et trajectoire.

---

1. Mais n'oublions pas qu'Ophuls affectionnait depuis déjà longtemps les mouvements enveloppants d'une caméra féline lancée dans une ronde incessante autour des personnages (*Madame de...*).

*Le travelling* consiste en un déplacement de la caméra pendant lequel reste constant l'angle entre l'axe optique et la trajectoire du déplacement.

Le *travelling vertical* est assez rare et n'a le plus souvent d'autre rôle que d'accompagner un personnage en mouvement : ainsi dans *Riz amer* la caméra suit-elle la « mondina » escaladant l'échafaudage du haut duquel elle va se précipiter ; on trouve un mouvement plus expressif dans *Citizen Kane :* la caméra s'élevant vers les cintres au moment où Susan chante, l'éloignement progressif révèle cruellement les faiblesses vocales de la cantatrice ; puis l'appareil vient cadrer deux machinistes qui expriment d'un geste sans équivoque le peu d'admiration que leur inspire la talent de l'épouse de Kane.

Plus intéressants (et plus rares) sont les travellings verticaux où l'axe optique de la caméra est non plus horizontal mais lui-même vertical. Dans le cas du travelling avant, la caméra semble donc descendre en chute libre pour exprimer le point de vue subjectif d'un personnage qui tombe dans le vide : un homme qui tombe du haut d'un phare (*Gardiens de phare*), une trapéziste au cours d'un saut de la mort (*Lola Montès*). Voici un cas où un mouvement semblable (mais virtuel) exprime un contenu mental : un vieil homme, accablé par la misère, pense au suicide et, comme il regarde par la fenêtre, un très rapide travelling avant en plongée vient montrer en premier plan le pavé de la rue (*Umberto D*).

Le travelling arrière (de bas en haut) est assimilable à un effet de plongée exprimant l'anéantissement moral du personnage : un adolescent se précipite au-devant de sa fiancée mais son frère, resté au sommet de l'escalier, lui annonce qu'elle est morte et un très rapide travelling semble l'écraser contre le sol (*La Maison où je vis*).

Le *travelling latéral* a le plus souvent un rôle descriptif : dans *Les Joyeux garçons* l'appareil parcourt une plage surchargée d'estivants et découvre des scènes fort drôles, tandis que dans la séquence initiale de *Kanal* la caméra accompagne très longuement (pendant trois minutes et demi) les insurgés qui se rendent à travers les ruines à leur nouvelle position. Mais voici plus subjectif : dans *Voyage à Tokyo,* un court et lent travelling, exceptionnel dans l'œuvre d'Ozu vouée au plan fixe, nous fait soudain découvrir, au détour d'un angle de mur, le vieux couple assis sur un banc : la caméra s'arrête alors, comme par discrétion.

Le *travelling arrière* peut avoir plusieurs sens :

1. *Conclusion* : à la fin de *La Foule,* la caméra s'éloigne du couple dont on vient de vivre le drame familial et réinsère les deux protagonistes dans la foule des spectateurs d'une salle de cinéma ; à la fin du *Dernier métro,* la caméra s'éloigne des personnages et le rideau de scène se ferme : on réalise alors qu'ils étaient en train de jouer une pièce de théâtre ;

2. *Eloignement dans l'espace* : le marin infirme vu par ses deux compagnons de rapatriement depuis le taxi qui les emmène après qu'ils l'aient déposé devant chez lui (*Les Plus belles années de notre vie*) ;

3. *Accompagnement d'un personnage qui avance* et dont il est dramatiquement important que son visage reste lisible : ainsi, à la fin des *Portes de la nuit,* un travelling arrière permet de conserver en premier plan le visage de Diégo meurtri par la fin tragique de son amour ;

4. *Détachement psychologique* : voir le bel effet final des *Vitelloni* (série des travellings arrière sur les personnages endormis) symbolisant l'arrachement du jeune Moraldo à l'enlisement moral qu'était sa vie de parasite stérile ;

5. *Impression de solitude, d'accablement, d'impuissance, de mort* : le travelling final d'*Elle n'a dansé qu'un seul été* sur le jeune garçon désespéré par la mort de celle qu'il aimait, celui des *Parents terribles* suggérant le départ de la « roulotte » vers de nouvelles aventures, celui d'*Une si jolie petite plage* sur les deux personnages absorbés progressivement par l'étendue désertique de la plage à l'image de leur misère morale, celui de *L'Ange bleu* sur le vieux professeur mort de désespoir et de honte dans la chaire qu'il avait quittée dans un moment de folie ou encore le bouleversant travelling arrière sur la rivière piquetée de pluie d'*Une partie de campagne,* mouvement qui par sa longueur insistante et la tristesse de son contenu exprime jus-

qu'à l'angoisse la nostalgie d'un bonheur impossible.

Enfin il faut étudier un peu plus longuement le *travelling avant* qui est le mouvement de beaucoup le plus intéressant, sans doute parce que le plus naturel : il correspond en effet au point de vue d'un personnage qui avance ou bien à la projection du regard vers un centre d'intérêt.

Rappelons d'abord pour mémoire le travelling avant justifié par une utilisation *subjective* de la caméra (*La Dame du lac*). On a vu qu'il peut s'agir aussi, exceptionnellement, du point de vue d'un animal (un taureau dans *La Ligne générale*) ou même d'une chose (une boule de neige dans *Napoléon*). Ceci posé voici diverses fonctions expressives du travelling avant :

1. *Introduction* : le mouvement nous insère dans le monde où va se dérouler l'action — ainsi le long travelling avant sur la route au bord du Pô pendant le générique d'*Ossessione* ou le début de *Nous avons gagné ce soir* où la caméra, partant d'un plan général, vient cadrer le boxeur endormi dans sa chambre ;

2. *Description d'un espace matériel* : la fuite des rails vue de l'avant de la locomotive (*La Bête humaine*), le paysage vu depuis le tramway qui descend à travers la forêt jusqu'à la grande cité (*L'Aurore*), ou le long travelling dans la tranchée pleine de soldats attendant le signal de l'attaque (*Les Sentiers de la gloire*) ;

3. *Mise en relief d'un élément dramatique important* le long travelling allant cadrer, sur la luge jetée dans la chaudière, le mot *Rosebud* dont la signification a été cherchée en vain tout au long du film — *Citizen Kane*, le travelling qui *recadre* le cadavre de la déportée qui vient de se jeter sur les barbelés électrifiés — *Kapo*[1] ;

1. Ce mouvement d'appareil suscita la colère de Jacques Rivette qui intitula *De l'abjection* sa critique où il citait la fameuse formule de Godard « les travellings sont affaire de morale » et concluait : « Le cinéaste juge ce qu'il montre, et est jugé par la façon dont il le montre » (*Cahiers du Cinéma*, n° 120, juin 1961).

9. *Metropolis* (Fritz Lang, 1926).

10. *Octobre* (Serguei M. Eisenstein, 1927).

4. *Passage à l'intériorité*, c'est-à-dire introduction de la représentation objective du rêve (le gamin se voit en songe capturant *Crin blanc*), du souvenir (l'ivrogne qui revit certains moments de sa déchéance — *Le Poison* ; sa course quasiment onirique de la voiture sur la route, qui est comme une remontée dans le temps avant le début du récit — *Partir revenir*) ;

5. Enfin, et cette fonction est sans doute la plus intéressante, le travelling avant *exprime, objective, matérialise la tension mentale* (impression, sentiment, désir, idée violents et subits) *d'un personnage*. On peut distinguer trois utilisations différentes du mouvement dans cette perspective :

— tout d'abord, un traitement que j'appellerai *objectif* parce que la caméra n'adopte pas le point de vue du personnage mais celui, virtuel, du spectateur. Ainsi un travelling très rapide vient cadrer le visage affolé du riche paysan Bonfiglio au moment où il voit devant sa maison, un fusil à la main, le berger qu'il a fait envoyer en prison après lui avoir volé ses bêtes (*Pâques sanglantes*) ; même effet (dans un film muet) amenant en gros plan la bouche d'une femme qui appelle au secours (*La Volonté du mort*) ; le commissaire cherche à se rappeler à propos de quel crime il a déjà été question de cigarettes Ariston : trois courts travellings avant, coupés d'arrêts, vers son visage, semblent correspondre aux progrès de son souvenir (*Le Maudit*) ;

— traitement *subjectif* d'autre part, c'est-à-dire que la caméra se substitue exactement au regard du personnage dont il s'agit d'exprimer le contenu mental. Le travelling sera dit « réaliste » si le personnage avance : dans *L'Ombre d'un doute*, un travelling avant donne le point de vue de la jeune fille qui, se sachant en danger, scrute le visage hostile de son oncle en s'avançant vers lui (l'impression d'angoisse est encore renforcée par un effet de contre-plongée au détriment de la jeune fille, l'oncle se trouvant au sommet d'un perron) ;

11. *Le Cuirassé Potemkine* (Serguei M. Eisenstein, 1925).

12. *Que viva Mexico* (Serguei M. Eisenstein, 1931).

— enfin j'appellerai *subjectif non réaliste* un travelling qui, le personnage-sujet restant immobile, exprimera alors en quelque sorte la « projection » du regard, le mouvement de l'attention et de la tension mentale du héros vers un objet dont la perception revêt pour lui une importance dramatique considérable, pouvant aller jusqu'à une question de vie ou de mort. Cette utilisation de la caméra nous a valu quelques-uns des effets les plus admirablement expressifs du langage cinématographique : ainsi dans le célèbre *Blackmail* d'Hitchcock, un travelling extrêmement rapide venant cadrer en gros plan le visage d'un mort exprime la révélation soudaine qu'a le policier que le meurtrier n'est autre que sa propre fiancée, dont il vient de trouver un gant par elle oublié dans la pièce ; — dans *Quatorze Juillet*, Anna, désemparée par la mort subite de sa mère, se précipite à la fenêtre et appelle son ami Jean qui habite la maison en face : matérialisant alors l'appel désespéré de la jeune fille, la caméra traverse la rue et vient montrer en premier plan le lit vide dans la chambre du garçon ; — au moment où l'héroïne de *La Mousson* comprend avec terreur qu'elle vient de boire dans le verre d'une typhique la caméra fait vers l'avant un bond prodigieux qui amène en gros plan le verre fatal flamboyant dans la pénombre.

*Le panoramique* consiste en une rotation de la caméra autour de son axe vertical ou horizontal (transversal) sans déplacement de l'apareil. Après avoir rappelé pour mémoire qu'il est souvent justifié par la nécessité de suivre un personnage ou un véhicule en mouvement, je distinguerai trois types principaux de panoramiques :

— les panoramiques purement *descriptifs* qui ont pour but l'exploration d'un espace : ils ont souvent un rôle introductif ou conclusif (ainsi les panoramiques sur le quartier Stalingrad à Paris au début et à la fin des *Portes de la nuit*) ou bien évoquent le balayement du regard d'un personnage qui fait un tour d'horizon (auquel cas ils commencent ou finissent sur le visage du témoin : l'institutrice regardant les ruines de la ville dans *Les Enfants d'Hiroshima,* — le prisonnier rapatrié devant les ruines de sa maison dans *Le Bandit* de Lattuada) ;

— les panoramiques *expressifs* sont fondés sur une sorte de truquage, sur un emploi non réaliste de la caméra destiné à suggérer une impression ou une idée : ainsi les panoramiques circulaires suggérant l'ivresse du vieux au mariage de sa fille (*Le Dernier des hommes*), le vertige des danseurs (*Le Chemin de la vie*) ou la panique d'une foule après un meurtre (*Episode*) ou l'agitation d'un homme en proie à la hantise du suicide : tandis qu'il virevolte sur lui-même, la caméra tourne autour de lui, ajoutant ainsi son propre vertige physique au désarroi psychologique du personnage (*Le Feu follet*) ;

— les panoramiques que j'appellerai *dramatiques* sont beaucoup plus intéressants car ils jouent un rôle direct dans le récit. Ils ont pour but de poser des relations spatiales, ou bien entre un individu qui regarde et la scène ou l'objet regardés — ou bien entre un ou plusieurs individus d'une part et un ou plusieurs autres qui observent d'autre part : dans ce cas le mouvement introduit une impression de menace, d'hostilité, de supériorité tactique (voir sans être vu, par exemple) de la part de celui ou de ceux vers qui la caméra se dirige en second lieu. Outre l'exemple du *Cirque* cité au début de ce chapitre, on en trouve un fameux dans *La Chevauchée fantastique* lorsque la caméra, placée au sommet d'une crête rocheuse, après avoir suivi la diligence qui chemine dans la vallée, se porte soudain sur un proche groupe d'Indiens se préparant à l'embuscade. Procédé analogue dans *L'Ombre d'un doute* où l'appareil abandonne les deux policiers bredouilles pour venir cadrer l'homme qu'ils recherchent et qui les guette après leur avoir échappé : dans ces deux exemples un effet de plongée semble accroître l'impuissance de la diligence d'une part, des policiers de l'autre.

Enfin *la trajectoire,* combiné indéterminé de travelling et de panoramique effectué au besoin à l'aide d'une grue, est un mouvement assez rare et en général trop peu naturel pour s'intégrer parfaitement au récit s'il demeure purement descriptif. C'est le cas d'une trajectoire qu'on trouve dans *Chasse tragique :* la caméra suit Michel, dont la fiancée a été enlevée par les bandits, puis grimpe en hauteur, découvre en plan général la coopérative où l'alerte vient d'être donnée et redescend cadrer Michel et le directeur en premier plan.

La trajectoire a souvent, placée en tête d'un film, le rôle d'introduire le spectateur dans l'univers qu'elle décrit avec plus ou moins d'insistance (voir les génériques du *Diable au corps,* du *Christ interdit* ou de *Huit heures de sursis,* surimpressionnés sur les paysages où se passe l'action vus d'avion).

Mais il faut citer quelques trajectoires dont la vigueur d'expression mérite d'être signalée. Je rappellerai d'abord celle, célèbre, des *Enchaînés* d'Hitchcock : la caméra, partant d'un plan général en plongée d'un vestibule, descend en virevoltant pour aboutir au gros plan d'une petite clé que l'héroïne tient dans la main et dont le mouvement d'appareil souligne l'extrême importance dans l'action. *Le Crime de M. Lange* contient une trajectoire qui fit sensation à l'époque : la caméra, placée à l'extérieur de la maison, nous montre Lange qui saisit un revolver puis elle le suit alors qu'il traverse l'atelier de l'imprimerie, descend l'escalier et sort dans la cour de l'immeuble pour rejoindre et abattre l'ignoble Batala « ressuscité » à seule fin de s'emparer des bénéfices de la coopérative ; ici le long mouvement d'appareil exprime vigoureusement la marche irrésistible des événements, la volonté lucide et résolue de Lange de faire justice lui-même. Cette trajectoire comporte un mouvement inhabituel qui est célèbre : la caméra quitte un instant Lange qui traverse la cour et panoramique du côté opposé à lui pour le recadrer lorsqu'il arrive devant Batala ; questionné sur cet effet très particulier, Renoir m'a répondu qu'il était destiné « à rappeler le cadre de l'action ». *Le Procès Paradine* comporte une trajectoire très spectaculaire dans la séquence du tribunal : la caméra tourne autour de la jeune femme inculpée du meurtre de son mari et assise au banc des accusés pour la filmer en même temps que le valet de chambre de la victime qui parcourt la salle afin de venir à la barre des témoins ; il me semble qu'on peut voir dans cette volonté de garder pendant un long moment les deux protagonistes dans le même cadre, outre le souci d'avoir en premier plan le visage de la jeune femme où l'on peut lire une expression d'inquiétude attentive, le désir d'Hitchcock de suggérer l'existence entre eux d'une relation encore indéfinissable mais que la suite du film va mettre en évidence et de faire sentir comment ils sont liés l'un à l'autre dans cette aventure. On trouve un mouvement un peu analogue dans *Hamlet* au moment où les comédiens ambulants jouent la pièce qui va démasquer le roi assassin : la caméra, tout en restant dirigée vers les acteurs, effectue autour de la salle plusieurs mouvements de va-et-vient semi-circulaire et découvre à chaque fois en premier plan des éléments dramatiques nouveaux : terreur croissante du roi, airs de triomphe sataniques d'Hamlet, curiosité de plus en plus éveillée d'Horatio et des autres assistants à l'égard du comportement du roi.

Très bel effet aussi dans *L'Aurore* au moment où l'homme va dans la nuit rejoindre l'étrangère dont il est tombé amoureux : la caméra le suit d'abord longuement puis l'abandonne et, avançant rapidement à travers la campagne baignée de lune, va découvrir la femme qui attend, avant que l'homme ne l'ait rejointe ; la longueur et l'audacieuse complication du mouvement soulignent l'importance de cette rencontre (où va être décidée la mort de la jeune épouse) et la hâte de la caméra traduit l'impatience de l'homme de retrouver celle qu'il aime. Enfin je rappellerai une trajectoire qu'on trouve dans *Le Testament du Docteur Mabuse,* dans cette séquence initiale qui est l'une des plus extraordinaires de l'histoire du cinéma : la scène se passe dans une sorte de remise encombrée des objets les plus divers tandis que d'un local voisin arrive le vacarme assourdissant d'une machine qu'on imagine démoniaque ; la caméra avance lentement, explorant le décor, détaillant les objets amoncelés, fouillant les recoins puis brusquement, d'un mouvement bref et rapide, vient découvrir un homme aux aguets derrière une caisse et dont le visage est marqué par la terreur : Fritz Lang a donc audacieusement transféré au compte du spectateur-caméra à la fois la surprise de l'homme de se voir découvert (virtuellement, par la caméra) et son angoisse (réelle) à la pensée de l'être par ceux à qui il essaye de dissimuler sa présence. Mais on trouve dans *Madame de...* un effet beaucoup plus élaboré : une longue trajectoire avec succession d'espaces différents et de temporalités successives (par fondus-enchaînés), la continuité dramatique étant assurée par le dialogue.

Ces mouvements d'appareils complexes et subtils peuvent être très beaux lorsqu'ils sont, comme dans les exemples qui précèdent, lourds de signification. S'ils ne sont qu'une démonstration de virtuosité, ils n'ont guère d'autre valeur qu'anecdotique : c'est le cas, par exemple, de l'étonnante trajectoire qui ouvre *Les Joyeux garçons* et qui est sans doute la plus longue de l'histoire du cinéma, la caméra virevoltant pendant quatre minutes pour suivre le berger à la voix d'or emmenant son troupeau. Le plus célèbre exemple de cette virtuosité gratuite est sans doute celui de *Je suis Cuba :* la caméra (maniée par le regretté Serguei Ouroussevski) sort d'une chambre par la fenêtre, descend le long de l'immeuble, plonge dans une piscine parmi les nageurs et ressort sur la terrasse voisine, dans un mouvement ininterrompu de plusieurs minutes.

Cette analyse du rôle créateur de la caméra est la suite logique du chapitre précédent et constitue une étude pratique de l'image comprise comme élément de base du langage cinématographique. Elle met en relief l'évolution progressive de l'image du statisme au dynamisme. Les étapes successives de la découverte des procédés d'expression filmiques correspondent naturellement à une libération de plus en plus poussée des entraves de l'optique théâtrale et à l'instauration d'une vision de plus en plus spécifiquement cinématographique.

On peut parler à la fois d'une *structure plastique* de l'image, concept statique dans la mesure où l'image s'apparente, au départ, à un tableau ou à une gravure — et d'une *structure dynamique* parce que nous assistons à une dynamisation progressive du point de vue : angles inhabituels, gros plans, mouvements d'appareil, profondeur de champ (sur laquelle je reviendrai).

Mais on ne saurait trop souligner que l'écran définit un espace privilégié dont le cadre doit rester purement virtuel et qui doit être une ouverture sur la réalité et non une prison quadrangulaire : le spectateur ne doit jamais oublier que le reste de la réalité continue à exister par ailleurs et peut à tout instant entrer dans le champ de la caméra[1] ; le statisme et la rigidité de la composition interne de l'image sont donc de dangereux ennemis de l'osmose dialectique qui doit exister entre elle et la totalité de l'univers dramatique.

Enfin, on n'oubliera pas que l'image ne peut pas seulement être considérée *en soi* mais qu'elle se place obligatoirement dans une continuité : nous en arrivons ainsi à la très importante notion de *montage*, qui fera plus loin l'objet d'une longue analyse[2].

---

1. Ainsi lorsque le cadrage suggère très fortement au spectateur que telle porte ou telle fenêtre ne font pas seulement partie du décor mais que quelqu'un ou quelque chose (bénéfique ou maléfique, d'où *suspense*) va entrer ou apparaître : le gosse surgissant aux côtés de sa mère (*Le Kid*), la Bête passant le nez à la vitre avant d'enlever la Belle (*King-Kong*).

2. On pourrait définir une position *neutre* des divers éléments du langage filmique, entre le *descriptif* et l'*expressif*, entre l'*objectif* et le *subjectif*. Le plan de durée moyenne (environ 10 secondes) n'a pas de valeur significative particulière en tant que tel (indépendamment de son contenu) : en deçà (plan court, flash) et au-delà (plan long) de cette durée moyenne, il ajoute une tonalité nouvelle, on l'a vu, au contenu figuratif de l'image. Le plan filmé à une distance moyenne (appelé justement *plan moyen*) a également une valeur neutre : en deçà (gros plan, insert) et au-delà de cette distance (plan général) il acquiert une valeur expressive supplémentaire. De même, en ce qui concerne la mobilité de la caméra, on peut admettre que les mouvements lents sont purement descriptifs : par contre en deçà (plan fixe) et au-delà (mouvements rapides) le comportement de la caméra introduit une dramatisation nouvelle. Autrement dit, lorsque la caméra donne un autre point de vue que celui que nous avons ordinairement sur le monde, il y a véritablement (et seulement alors) naissance du *langage filmique* proprement dit.

## III

# LES ÉLÉMENTS FILMIQUES NON SPÉCIFIQUES

Sont analysés dans ce chapitre un certain nombre d'éléments matériels qui participent à la création de l'image et de l'univers filmiques tels qu'ils apparaissent sur l'écran.

Ils sont dits *non spécifiques* parce qu'ils n'appartiennent pas en propre à l'art cinématographique et qu'ils sont utilisés par d'autres arts (théâtre, peinture).

### LES ÉCLAIRAGES

Ils constituent un facteur décisif de la création de l'expressivité de l'image. Pourtant leur importance est méconnue et leur rôle n'apparaît pas directement aux yeux du spectateur non averti car ils contribuent surtout à créer l'« atmosphère », élément difficilement analysable ; d'autre part, les films actuels manifestent pour la plupart un grand souci de vérité dans l'éclairage et une saine conception du réalisme tend à en supprimer l'usage exacerbé et mélodramatique.

Je ne dirai qu'un mot de l'éclairage, naturel par définition au moins en théorie, des scènes tournées en « extérieurs » : je dis en théorie, car la plupart des scènes de jour sont tournées avec l'appoint de projecteurs ou d'écrans réflecteurs. Il faut noter surtout le caractère absolument anti-naturel des scènes de nuit : elles sont souvent brillamment illuminées même lorsque la réalité ne comporte de toute évidence aucune source lumineuse. Ainsi dans *Touchez pas au grisbi*, par exemple, la bataille nocturne entre les deux bandes rivales est-elle brillamment éclairée alors qu'elle a lieu en pleine campagne. Ce non-réalisme a évidemment des raisons techniques impérieuses (il faut bien que la pellicule soit impressionnée — notons d'ailleurs que les nouvelles pellicules ultra-sensibles permettent de tourner les scènes de nuit dans des conditions beaucoup plus réalistes) mais se trouve aussi justifié par la volonté d'obtenir une photographie bien contrastée, de modeler les noirs et les blancs en de savants effets : la photogénie de la lumière est une source féconde et légitime de prestige artistique pour un film et, en définitive, un éclairage artificiel est préférable, esthétiquement parlant, à un éclairage vraisemblable mais déficient.

C'est dans l'éclairage des scènes d'intérieurs que l'opérateur dispose de la plus grande liberté de création. Ce genre d'éclairage n'étant pas commandé par des lois naturelles (je veux dire : soumises au déterminisme de la nature), aucune limite de vraisemblance ne vient pratiquement contrecarrer l'imagination du créateur. « L'éclairage, écrit Ernest Lindgren, sert à définir et mouler les contours et les plans des objets, à créer l'impression de profondeur spatiale, à produire une atmosphère émotionnelle et même certains effets dramatiques [1]. »

A l'origine, et tant que les films furent tournés en plein air ou dans des studios vitrés, les possibilités expressives de l'éclairage artificiel furent complètement méconnues. Lorsqu'il commença à être utilisé, vers 1910, en France, au Danemark et aux Etats-Unis,

1. *The art of the film*, p. 124.

ce fut presque uniquement en fonction de considérations de vraisemblance matérielle. C'est, semble-t-il, de *Forfaiture* (1915) qu'il faut dater la véritable découverte des effets d'éclairage psychologiques et dramatiques : dans ce sombre drame de la passion et de la jalousie, des lumières violentes, ciselant les ombres, interviennent comme facteur de dramatisation.

Pourtant, c'est dans l'école allemande [1] qu'il faut rechercher l'origine d'une certaine magie de la lumière dont la tradition se perpétue encore de nos jours, en particulier dans le cinéma américain auquel elle a été apportée par des réalisateurs d'origine germanique comme Fritz Lang, Sternberg ou Siodmak et par de nombreux opérateurs. Lotte Eisner signale l'influence considérable du célèbre homme de théâtre allemand, Max Reinhardt, sur le jeune cinéma d'outre-Rhin, mais elle insiste sur une longue tradition germanique : « L'âme faustienne du nordique s'abandonne aux espaces brumeux, tandis qu'un Reinhardt forge son monde magique à l'aide de la lumière, l'obscurité ne servant que de repoussoir. C'est là le double héritage du film allemand [2]. » Une œuvre comme *La Nuit de la Saint-Sylvestre* (1923) représente l'apogée de cette « stimmung » du clair-obscur si typique de la période muette allemande : Lotte Eisner note que le scénariste Carl Mayer avait défini très précisément pour chaque plan les éclairages pouvant créer l'atmosphère ; l'action se déroule entièrement de nuit dans la salle enfumée et assez chichement éclairée d'une taverne populaire : l'unité de temps (quelques heures), de lieu (presque complète : la taverne, le logement des patrons, de rares extérieurs de la rue avec les fenêtres brillamment illuminées d'un grand hôtel), d'action, de tonalité physique (la nuit) et psychologique (pessimisme, fatalité)

1. L'expressionnisme et le Kammerspiel se caractérisèrent tous deux par « l'emploi expressif de la lumière » (Voir G. SADOUL, *Histoire du cinéma mondial*).
2. *L'écran démoniaque*, p. 32.

fait de ce film une remarquable réussite de « mise en scène d'ambiance ».

On retrouve ce parti pris dans une grande partie de la production américaine. Sans parler de Ford et de Lang dès avant la guerre, toute l'école d'après-guerre du « film noir » et du film « réaliste » (inaugurée simultanément en 1941 par *Le Faucon maltais* et *Citizen Kane* mais dont le vrai début date des années 1944-1945) est hantée par les problèmes de l'éclairage et les résout de façon « expressionniste ». Le pessimisme profond du cinéma américain (du moins dans les films qui se veulent lucides et conscients) l'amène à choisir des circonstances et des décors de tonalité tragique : ainsi la nuit qui, outre son symbolisme, laisse à l'opérateur une entière liberté de composition lumineuse. Cas typique, celui de *Crossfire* qui se déroule entièrement de nuit et où des lampes survoltées déshumanisent les visages et déchiquettent les surfaces en taches éclatantes ou obscures : cette utilisation brutale de la lumière contribue fortement à créer l'impression de gêne étouffante qui baigne le drame. De la même façon, un film comme *Les Tueurs*, en faisant participer directement les lumières à la violence de l'action par une sorte de brutalisation des êtres et des choses, est caractéristique de ce style « germanique » qu'on trouve non seulement chez Welles, Huston, Dmytryk et Siodmak mais aussi chez Dassin, Robson, Kazan et Wilder. Il n'est pas jusqu'à l'Europe qui n'ait subi cette influence en retour et un film comme *Le Troisième homme* en offre un exemple poussé à la caricature involontaire, cependant qu'en Allemagne, Staudte retrouvait tout naturellement dans *Les Assassins sont parmi nous* la grande tradition du clair-obscur germanique.

Les effets les plus divers peuvent être créés par l'utilisation de sources lumineuses anormales ou exceptionnelles. On en a un bon exemple dans la séquence initiale de *Citizen Kane* au moment où la salle de projection dans laquelle discutent les rédacteurs du journal d'actualités n'est plus éclairée que par le rayon lumineux qui vient de la cabine de l'opérateur : le rédacteur en chef a la tête complètement dans l'obscurité alors que ses collaborateurs sont violemment illuminés puis, dans un autre plan, toutes les silhouettes se détachent sur l'écran comme autant d'ombres chinoises.

L'utilisation des ombres portées a également été mise à la mode par l'expressionnisme. Elles peuvent avoir une signification elliptique et constituer un puissant facteur d'angoisse par l'inconnu menaçant qu'elles laissent entrevoir : ainsi dans *Scarface* la silhouette du tueur s'avançant vers la victime impuissante ou bien l'ombre du *Maudit* se profilant sur l'affiche qui met sa tête à prix. Mais elles peuvent revêtir aussi une valeur symbolique et cet aspect est beaucoup plus intéressant : ainsi l'ombre de Napoléon triomphant se détache sur une carte d'Europe (*Marie Walewska*) tandis que celle de Kane sur le visage de Susan symbolise l'impuissance de la jeune femme à résister aux volontés de son tyrannique époux. Un mot pour finir de l'utilisation de sources lumineuses mouvantes qui permettent de produire des effets particulièrement vigoureux : dans *Le Vent* de Sjöström une lampe sans cesse agitée par la tempête anime les objets d'une vie fantomatique et illumine d'éclairs sinistres le visage terrorisé de Lilian Gish ; procédé identique dans *Le Corbeau,* mais volontaire, et l'effet qui en est tiré est une démonstration pratique sur la relativité de la vérité ; dans *Anna Karénine* et dans *Brève rencontre,* les reflets des lumières d'un train sur le visage de deux femmes prêtes au suicide suggèrent admirablement la lutte tragique que se livrent en elles la lassitude mortelle et le désir de vivre.

Il faut cependant souligner ici la réaction *anti-expressionniste* manifestée par le néo-réalisme italien en matière d'éclairage : dès les années 44-45, les films italiens ont remis en honneur les éclairages plats et peu contrastés de style « actualités » et manifesté le réfus de toute dramatisation artificielle de la lumière.

Au terme de ce chapitre, il semble que nous puissions élargir quelque peu notre propos et évoquer des croyances aussi vieilles que l'humanité. Ce rôle diabolique et mystérieux des ombres, n'est-il pas fondé sur l'angoisse ancestrale de l'homme devant l'obscurité ? L'écran semble redonner vie à tous les mythes millénaires de la lutte de l'homme contre les ténèbres et leurs mystères, de l'affrontement éternel du bien et du mal. D'autre part, la prédilection des réalisateurs pour les éclairages violents et les ombres profondes semble bien avoir sa source dans le fait que *se trouvent ainsi recréées sur l'écran les conditions et l'ambiance mêmes du spectacle cinématographique* : obscurité, fascination de la lumière, univers clos et protecteur, ce climat merveilleux et infantile qui constitue le cadre, essentiellement régressif (c'est-à-dire tourné vers l'intériorité et la contemplation) de l'hypnose filmique.

## LES COSTUMES

Ils font partie, au même titre que les éclairages ou les dialogues, de l'arsenal des moyens d'expression filmiques. Leur utilisation par le cinéma n'est pas fondamentalement différente de celle qu'en fait le théâtre bien qu'ils soient en général plus réalistes et moins symboliques à l'écran qu'à la scène, de par la vocation même du septième art.

« Dans un film, écrit Lotte Eisner, le costume n'est jamais un élément artistique isolé. On doit le considérer par rapport à un certain style de mise en scène dont il peut accroître ou diminuer l'effet. Il se détachera du fond des différents décors pour mettre en valeur gestes et attitudes des personnages, selon le maintien et l'expression de ceux-ci. Il donnera sa note, par harmonie ou par contraste, dans le groupement des acteurs et dans l'ensemble d'un plan. Enfin, sous tel ou tel éclairage. il pourra être modelé, rehaussé par la lumière ou effacé par des ombres [1]. » Claude Autant-Lara, qui fut dessinateur de costumes avant de devenir metteur en scène, note que « le costumier de cinéma doit habiller des caractères » et Jacques Manuel écrit de son côté : « Tout vêtement à l'écran est costume car, dépersonnalisant l'acteur, il caractérise le « héros »... Si l'on veut bien considérer le cinéma comme un œil indiscret qui rôde à l'entour de l'homme, saisissant ses attitudes, ses gestes, ses émotions, il faut admettre que le vêtement est bien ce qui est le plus proche de l'individu, ce qui, épousant sa forme, l'embellit, ou au contraire le distingue et confirme sa personnalité [2]. »

On peut définir trois types de costumes de cinéma :

1. *Réalistes* : c'est-à-dire conformes à la réalité historique, au moins dans les films où le costumier se réfère à des documents d'époque et fait passer le souci de l'exactitude avant les exigences vestimentaires des vedettes. Citons, comme exemple de reconstitution scrupuleuse, *La Kermesse héroïque.*

2. *Para-réalistes* : c'est-à-dire que le costumier s'est inspiré de la mode d'époque mais en procédant à une stylisation (Exemples : *Les Nibelungen, La Passion de Jeanne d'Arc, Jour de colère, Ivan le Terrible, Le Septième sceau*). Le souci du *style* et de la beauté l'emporte sur celui de l'exactitude pure et simple : les costumes possèdent alors une élégance intemporelle (*Roméo et Juliette* de Cukor, *Othello* de Welles, *Les Sept samouraïs, Marguerite de la nuit*).

3. *Symboliques* : c'est-à-dire que l'exactitude historique n'a pas d'importance et que le costume a avant tout la mission de traduire symboliquement des carac-

1. *Revue du Cinéma,* n° sur le costume, 1949, p. 68.
2. *Id.,* pp. 3 et 4.

tères, des types sociaux ou des états d'âme ; on pense au vers de Victor Hugo :

« Vêtu de probité candide et de lin blanc. »

Voici, par exemple, les sévères uniformes d'esclaves des travailleurs de *Métropolis,* les loques pittoresquement déguenillées des mendiants de *L'Opéra de quat'sous,* la blancheur cruelle des riches uniformes des chevaliers teutons d'*Alexandre Nevsky.*

Voici l'habit impeccable de Max Linder, boulevardier élégant et fortuné, la défroque défraîchie et pitoyable de Charlot, paria toujours pourchassé, le capiteux et suggestif accoutrement de la vamp (*L'Ange bleu, La Femme et le pantin, Gilda*).

Parfois le costume joue un rôle directement symbolique dans l'action, tel le rutilant uniforme que le portier du *Dernier des hommes* ira voler un soir, après qu'on le lui aura retiré, pour assister dans toute sa majesté au mariage de sa fille — ou le manteau pour lequel vit et meurt, sans avoir eu le temps d'en jouir, le misérable employé dans le film de Lattuada d'après Gogol. Enfin il faut souligner que, grâce à la couleur, le costumier peut créer des effets psychologiques fort significatifs dont l'un nous est décrit par Anne Souriau : c'est l'évolution sentimentale du personnage de Marian (*Robin des Bois*) qui, appartenant d'abord au parti de Ginsbourne et vêtue comme lui de rouge, se rapproche peu à peu de Robin et, par une sorte de mimétisme vestimentaire, finira habillée de tons clairs à dominante verte comme le héros populaire [1].

## LES DÉCORS

Les décors (ou : le décor) ont beaucoup plus d'importance au cinéma qu'au théâtre. Une pièce peut par-

---

1. *L'univers filmique,* pp. 95-96.

faitement se jouer dans un décor extrêmement schématique et même devant un simple rideau, alors qu'on s'attend moins à une action cinématographique en dehors d'un cadre réel et authentique : le réalisme qui s'attache à la chose filmée semble appeler obligatoirement le réalisme du cadre et de l'environnement.

Au cinéma, le concept de *décor* comprend aussi bien les paysages naturels que les constructions humaines. Les décors, qu'ils soient d'*intérieurs* ou d'*extérieurs,* peuvent être *réels* (c'est-à-dire préexister au tournage du film) ou *construits* en studio (à l'intérieur d'un studio ou en plein air dans ses dépendances).

On construit les décors en studio par vraisemblance historique (*Ben-Hur, Nevsky, Notre-Dame de Paris, Les Enfants du paradis, Gervaise*), soit pour des raisons d'économie (par exemple, contrairement aux apparences, il en coûtait moins de reconstruire en studio une partie de la station de métro Barbès que d'aller tourner sur place, pour *Les Portes de la nuit*).

Mais on construit aussi les décors par volonté de symbolisme, par souci de stylisation et de signification : *Le Cabinet du Docteur Caligari, Métropolis, l'Aurore, La Passion de Jeanne d'Arc, Les Nuits blanches, Barry Lindon, Perceval le Gallois, La Vie est un roman, Coup de cœur* et la plupart des films de Clair, Carné, Stroheim, Sternberg.

On peut définir un certain nombre de conceptions générales du décor :

1. *Réaliste* : c'est celle, par exemple, de Renoir, de la plupart des réalisateurs italiens, soviétiques et américains. Dans cette perspective, le décor n'a pas d'autre implication que sa matérialité même, il ne signifie que ce qu'il est.

2. *Impressionniste* : le décor (le paysage) est choisi en fonction de la dominante psychologique de l'ac-

tion [1], il conditionne et reflète à la fois le drame des personnages ; c'est le *paysage-état d'âme* cher aux Romantiques. Voici en exemple quelques utilisations particulièrement heureuses de décors naturels : un désert sans cesse balayé par les tempêtes de sable (*Le Vent*), la sauvage et torride Vallée de la Mort (*Les Rapaces*), la montagne impassible et meurtrière (*L'Enfer blanc*), la mer toujours recommencée (*Le long voyage*), le dédale des marais du Pô (*Païsa*), la richesse de la nature nourricière (*La Terre, La Moisson*), la pluie incessante (*Une si jolie petite plage*), la neige glaciale et étouffante (*L'Idiot* de Kurosawa), la nature impassible et silencieuse (*Journal d'un curé de campagne*), la forêt impénétrable et meurtrière (*La Mort en ce jardin*), les bords du Pô noyés de brume (*Le Cri*), une plage sentimentale (*Remorques, Un Homme et une femme*), douloureuse (*Les Vitelloni, La Strada*) ou synonyme de soulagement après le cauchemar (*La Dolce vita*).

On peut cependant distinguer ici une tendance *sensualiste* (Donskoï, Dovjenko, Renoir, Bunuel, Rossellini par exemple) et une tendance plutôt *intellectualiste,* objectiviste (Bresson, Antonioni, Fellini, Visconti).

3. *Expressionniste* : alors que le décor impressionniste est en général naturel, le décor expressionniste est presque toujours artificiellement créé en vue de suggérer une impression plastique en convergence avec la dominante psychologique de l'action.

L'expressionnisme est fondé sur une vision subjective du monde, exprimée par la déformation et la stylisation symboliques. Voici à ce propos un texte fort intéressant au double point de vue de l'histoire et de l'esthétique. Il a paru au début de 1921 dans le 1^er^ nu-

1. En vertu d'un symbolisme parfois assez élémentaire. Voici un petit catalogue des décors et de leur signification psychologique : mer et plage (volupté, liberté, exaltation, nostalgie), montagne (pureté, noblesse), désert (solitude, désespoir), ville (violence, solitude), nuit (solitude, désarroi), orage (violence, volupté), pluie (tristesse), neige (pureté, cruauté). Fellini a écrit : « Il y a dans tous mes films un personnage qui passe par une crise. Or je crois que l'ambiance la meilleure pour souligner une crise, c'est une plage ou une place la nuit. » Et encore : « La Rome qui est dans le film n'est qu'un paysage intérieur » (A propos de *La Dolce vita*).

méro de *Cinéa* (la revue que dirigeait Louis Delluc) et relate l'impression que fit en France le premier film expressionniste arrivé d'Allemagne. Ce film, intitulé *De l'aube à minuit*, raconte l'histoire d'un caissier de banque saisi par le démon de midi et qui s'enfuit avec le contenu de son coffre-fort pour vivre sa vie : « Le tout, écrit Ivan Goll, se déroule dans une atmosphère fiévreuse, et voici qu'un grand et jeune metteur en scène, Karl Heinz Martin, qui est aussi régisseur au Deutsches Theater de Reinhardt, s'empare du sujet et crée avec cela, et entouré des meilleurs peintres de sa ville, le premier film expressionniste cubiste : c'est-à-dire tous les paysages, tous les objets démesurément agrandis ou rapetissés selon l'idée de la scène ; le tout vu avec les yeux du caissier halluciné, des guichets de banque chancelants, des rues de travers, des hommes qui crient tous comme des fous, toute l'âme du héros répétée et transposée dans les choses, dans les formes, dans l'atmosphère intérieure du film. »

On voit comment, dans cette perspective aussi, le décor est choisi (et construit, cette fois) de façon à jouer le rôle de contrepoint [1] symbolique au drame des âmes.

L'expressionnisme est le plus beau titre de gloire du cinéma allemand. Le concept est d'origine picturale et il a été apporté au cinéma essentiellement par des peintres et des décorateurs.

On peut y déceler deux tendances principales. Tout d'abord un expressionnisme *pictural* ou *théâtral*, dont le chef-d'œuvre est *Caligari :* un décor totalement artificiel, où les règles de la perspective sont bafouées, où toutes les constructions sont de travers, où les ombres et les lumières sont peintes (et dont l'excentricité est justifiée par le fait que le film exprime le point de vue d'un fou), extraordinaire par sa *présence* hallucinante, tout comme celui, non moins remarquable, de

1. J'appelle *contrepoint*, par analogie avec la musique, la mise en parallèle de deux processus expressifs ayant le même contenu significatif mais dans deux registres plastiques différents.

*Raskolnikov*, du même réalisateur, où le commissaire apparaît au centre d'un rayonnement de lignes peintes, comme une araignée au milieu de sa toile, guettant sa proie.

Quant à l'expressionnisme *architectural*, dont le plus beau fleuron est *La Mort de Siegfried*, il se caractérise par des décors grandioses et majestueux destinés à magnifier l'action épique qui s'y déroule ou, dans cet autre chef-d'œuvre du genre qu'est *Métropolis*, par un extraordinaire délire inventif où le fantastique et le gigantesque se donnent libre cours ou encore, dans *Nosferatu le Vampire*, par l'utilisation de décors sinistres dont l'horreur et l'épouvante suintent tout naturellement. Le *baroque* peut, en ce domaine, être considéré comme très proche de l'expressionnisme et il se traduit par un foisonnement quasi surréaliste dont *La Dame de Shanghaï*, *Lola Montès*, *Cendre et Diamant*, *L'Idiot* de Kurosawa et surtout *L'Impératrice rouge* offrent d'assez beaux exemples [1].

On peut voir d'ailleurs dans les décors de *La Chute de la Maison Usher*, de *La Passion de Jeanne d'Arc* [2], du *Quai des Brumes*, de *Citizen Kane*, par exemple, une influence plus ou moins directe de l'expressionnisme. Celle-ci n'est pas douteuse, encore que singulièrement abâtardie, dans nombre de films américains où l'on voit intervenir les décors les plus étranges ou les plus fantastiques comme élément de suspense à bon compte : égouts, tunnels, garages de tramways, entrepôts, ponts suspendus, métro aérien et même la Statue de la Liberté ; le décor de la Ville tentaculaire est mis largement à contribution, la ville dans ce qu'elle peut avoir d'inhumain, de monstrueux, d'abstrait, avec le spectre de *Métropolis* planant en permanence (voir *La Cité sans voiles*, *Panique dans la rue*,

1. Noter qu'expressionnisme et baroque se donnent libre cours dans certains films de *science-fiction*. — Dans le *Kammerspiel*, le décor s'efface en tant que tel et se borne à limiter un espace dramatique privilégié, sorte de huis clos où s'exaspèrent les passions (*La Nuit de la Saint-Sylvestre*).

2. Hermann Warm, l'un des auteurs (avec Jean Hugo) des décors de *Jeanne d'Arc*, avait auparavant dessiné ceux de *Caligari*.

*Nous avons gagné ce soir, Quand la ville dort, Sur les quais)* [1].

Naturel ou artificiel, le décor joue donc presque toujours un rôle de contrepoint avec la tonalité morale ou psychologique de l'action. Roger Munier écrit : « Dans le vrai cinéma, ce sont les pavés mouillés de la rue qui se souviennent du crime, les vagues de la mer qui nous parlent de violence ou de passion [2]. » Les pavés mouillés du *Quai des Brumes* ou des *Portes de la nuit,* par exemple, jouent un double rôle : ils *dénotent* les lieux privilégiés des drames romantico-expressionnistes (le port, la ville) et *connotent* la laideur, la solitude, la violence, le désespoir, la mort. Pour Roger Munier le « vrai cinéma » est celui où, dit-il, « la réalité se donne à elle-même son propre contrepoint ».

Il faut dire un mot pour finir de deux thèmes souvent utilisés par le film. Celui du miroir d'abord, fenêtre ouverte sur un monde mystérieux et angoissant (cf. le miroir où *L'Etudiant de Prague* voit apparaître son double ou celui qui, dans un des épisodes de *Au cœur de la nuit,* restitue un passé qu'il refléta naguère) ou bien témoin impassible et cruel des tragédies humaines (cf. celui où se multiplie le désespoir de *Kane* et la galerie de glaces qui déchiquette en mille fragments l'agonie solitaire de *La Dame de Shanghaï*). Autre thème souvent utilisé, celui de l'escalier. Employé comme structure ascendante, il prend (sans doute par assimilation avec la contre-plongée) un sens épique : voir l'épisode de l'assaut d'une maison en ruine dans *La Bataille de Stalingrad* ou la scène analogue de la prise du Reichstag dans *La Chute de Berlin.* Par contre, comme structure descendante, il donne à la scène un ton tragique ainsi que le montre la célèbre fusillade d'Odessa du *Cuirassé Potemkine* ou la scène finale de

1. Il faut signaler encore quelques utilisations intéressantes du décor dans la tradition expressionniste : ainsi le meurtre du garçon dans le tunnel à fantômes de la foire (*Le Gang des tueurs*) et la poursuite de l'espion dans la salle de cinéma où l'on projette un film de gangsters (*Cinquième colonne*); intervention plus directe encore des éléments du décor (et plus symbolique) : le piano mécanique déroulant sa rengaine pendant l'exécution du mouchard de *Pépé le Moko* et le tintamarre insolite et dérisoire de l'orchestre du manège dans le parc d'attractions bombardé (*Quelque part en Europe*) ; la poursuite dans le clocher où le suspect est tué par l'un des personnages mécaniques d'une horloge géante (*Le Criminel*).

2. *Contre l'image,* p. 19.

13. *L'Année dernière à Marienbad* (Alain Resnais, 1961).

14. *Falstaff* (Orson Welles, 1966).

connaît que les valeurs, trouve sa justification *a posteriori.* En tout cas, l'absence de couleurs est l'une des conventions les moins discutables du cinéma si l'on en croit « les psychologues du premier Congrès international de Filmologie (1947) (qui) ont indiqué qu'en général notre attention accorde peu d'importance aux couleurs, qui s'effacent devant la « réalisation » de l'objet. Le rêve, du reste, n'est que rarement colorié, sans pourtant que sa « réalité » en pâtisse. Aussi fut-il très aisé pour le cinéma de se passer de couleur[1] ».

D'autre part, la perception des couleurs est moins de nature physique que psychologique. Selon Antonioni, « la couleur n'existe pas dans l'absolu. (...) On peut dire que la couleur est un rapport entre l'objet et l'état psychologique de l'observateur, en ce sens que tous deux se suggestionnent réciproquement[2] ».

Mais l'effet psychologique des couleurs est également conditionné par des données techniques, comme l'explique Andrzej Zulawski : « Kodak-Eastman, qui est aujourd'hui la pellicule de presque tous les films, est en fait une pellicule « californienne ». Et la lumière californienne est une lumière chaude. L'idée californienne de la beauté et du bonheur, ce sont des couleurs de pêche, d'orange, tout ce qui est rouge, rose. La pellicule est virée vers ces teintes. (...) Le film (*Possession*) a été tiré sur Fuji pour obtenir plus de luminosité dure. Fuji est une pellicule plus primitive que Eastman, moins souple, moins douce. (...) Une chose me choque profondément. Regardez la photo de la plupart des films français, on dirait qu'ils se passent tous à Nice en plein mois de juillet. Et tout cela parce que le standard Eastman a été accepté[3] ».

C'est parce que sa pellicule fournit le meilleur (ou du moins le plus flatteur) rendu des couleurs que Kodak est parvenu, jusqu'à une date récente, à monopoliser le marché et à imposer sur les écrans, selon

1. Edgar MORIN, *op. cit.*, p. 142.
2. In *Cinéma 64*, n° 90, novembre 1964, p. 68.
3. In *Cinématographe*, n° 89, mai 1983.

l'expression de Wajda, « la sauce chaude que j'appelle le style Eastman ». Mais cette pellicule ne fait que reproduire les couleurs qui l'impressionnent et c'est pourquoi Truffaut a cru devoir dénoncer « la laideur apportée par la généralisation de la couleur », ajoutant : « Quand on tourne en extérieurs, la laideur entre de partout. » Rares sont les cinéastes qui tentent de combattre cet impérialisme des couleurs violentes et agressives qui caractérisent notre environnement actuel (en particulier sous l'influence de la publicité) et que l'Eastmancolor restitue si fidèlement. Sans aller jusqu'à une attitude aussi drastique que celle d'Antonioni faisant repeindre décors et paysages naturels pour son *Désert rouge,* quelques cinéastes exigeants (on peut citer Chéreau et Zulawski) se sont attachés, par un travail véritablement *créatif* sur les couleurs, à échapper à l'uniformité standardisée de l'Eastmancolor.

C'est pourquoi le *noir et blanc* peut apparaître comme un moyen de lutte contre la « laideur » et c'est à ce titre (en même temps que pour des raisons d'adéquation dramaturgique) qu'il subsiste, malgré de fortes pressions commerciales, dans de rares films à l'époque de la couleur triomphante et généralisée (*Manhattan, Vivement dimanche, Liberté, la nuit, Stranger than Paradise*).

*Problèmes esthétiques* :

a. Celui de la justification même de la présence de la couleur : en vertu de son pouvoir *décoratif* et *pictural,* elle s'impose dans les films historiques, féeriques et exotiques, dans les *musicals* et les comédies, les films d'aventures et les westerns.

Mais il est des sujets qui ne paraissent, *a priori* et pour des raisons dramaturgiques, appeler sa présence : la violence, la guerre, la mort, ainsi que les sujets purement psychologiques (*Brève rencontre, Les Enfants terribles, Journal d'un curé de campagne, Ascenseur pour l'échafaud, Hiroshima mon amour, L'Année dernière à Marienbad, L'Enfant sauvage*).

On peut aussi concevoir une coexistence du noir et blanc et de la couleur dans le même film en vertu des implications psychologiques de l'un et de l'autre : une démonstration convaincante en a été donnée par Resnais dans *Nuit et brouillard* où les images de la visite actuelle à Auschwitz (dont le décor a retrouvé une sorte d'*innocence)* sont en couleur alors que les documents d'archives (imprégnés d'horreur) sont en noir et blanc. Dans *Raging Bull* seuls sont en couleur, dans un contexte en noir et blanc motivé par la vraisemblance historique, les *home movies* évoquant la vie de famille du boxeur. Dans *Rusty James* le noir et blanc, métaphore de la grisaille de la vie quotidienne, est brièvement égayé par les taches de couleurs vives de poissons exotiques. Au début d'*Et vogue le navire,* le film passe du noir et blanc (style des *actualités* primitives) à la couleur (élément de féerie). A l'inverse, dans *Nostalghia,* alors que les séquences italiennes sont en couleurs, les évocations mentales de la Russie sont en noir et blanc.

Enfin, en utilisant des *virages* (coloration unique et neutre, en général *bistre*), certains cinéastes ont tenté de restituer les tonalités des vieilles photographies de jadis et d'en récupérer le caractère nostalgique.

b. Celui de la conception du rôle de la couleur : qu'elle soit le plus souvent un facteur de *réalisme,* c'est naturel, mais elle peut être aussi le fruit d'une création délibérée.

Car la perception de la couleur est surtout, on l'a vu, un phénomène *affectif :* « Il faut d'abord réfléchir au *sens* de la couleur », a écrit Eisenstein et c'est à lui qu'on en doit l'utilisation la plus audacieusement originale (dans les vingt-cinq minutes finales de la deuxième partie d'*Ivan le Terrible*) en tant que contrepoint psychologique et dramatique avec l'action. Les scènes de fête sont traitées dans une dominante rouge-or flamboyante ; puis lorsque le prétendant, revêtu par dérision des habits du tzar, se souvient qu'un régicide attend dans la cathédrale et que c'est lui-même qui va, par méprise, être sa victime, on lit sur son visage la peur, renforcée par une glaciale dominante bleue maintenue dans les scènes de la cathédrale.

Sans tomber dans un symbolisme élémentaire, la couleur peut avoir une éminente valeur psychologique et dramatique. Il semble donc que son utilisation bien comprise peut n'être pas seulement une *photocopie* du réel extérieur mais également remplir une fonction *expressive* et *métaphorique,* tout comme le noir et blanc peut transposer et dramatiser la lumière.

### LE GRAND ÉCRAN

Divers procédés de *grand écran* ont vu le jour au début des années 50. Les uns (Cinerama, Todd AO) présentaient l'inconvénient de nécessiter une pellicule 70 mm et ils ont été assez rapidement abandonnés. Par contre le Cinemascope, la Vistavision et les divers procédés de *panoramique* sont encore en usage. Ils offrent essentiellement l'intérêt d'élargir plus ou moins considérablement l'image traditionnelle (de 1 × 1,33 jusqu'à 1 × 2,33) et donc de nous donner sur le monde une ouverture originale et nouvelle.

Pourtant, ce format large présente des inconvénients. Contrairement à l'écran habituel, il ne correspond pas au format de notre champ de vision nette et l'attention risque de s'en trouver dispersée. La nécessité de remplir un cadre aussi vaste entraîne l'envahissement de l'écran par un environnement matériel qui peut tendre à prendre une importance que ne lui confère pas forcément l'action. Le côté spectaculaire du cinéma se trouve ainsi renforcé et parfois au détriment de l'intériorité par suite d'une mise en scène plus théâtrale parce que conçue en largeur plutôt qu'en profondeur.

L'écran large ne paraît donc pas favorable aux sujets à dominante psychologique et intimiste. Ces réserves de principe ont pu être démenties pas des réussites isolées mais il faut constater que le Cinemascope est aujourd'hui pratiquement abandonné au profit d'un format de moindre ouverture (1 × 1,66).

La véritable solution résiderait dans l'*écran variable* qui s'ouvrirait et se refermerait en fonction des nécessités dramatiques de chaque séquence. Dans *Lola Montès,* Max Ophuls a pratiquement utilisé l'écran variable en laissant dans l'obscurité les extrémités du Cinemascope lorsqu'il voulait concentrer l'action et l'attention. La *Polyvision* d'Abel Gance avait esquissé la solution (voir la fameuse séquence de la Campagne d'Italie dans *Napoléon)* mais elle est restée d'une utilisation techniquement compliquée (trois écrans, donc trois caméras et trois projecteurs) ; mais il faut souligner que Gance l'a employée non pas comme une simple possibilité d'élargir le champ de l'image (image unique sur trois écrans, comme le Cinerama) mais sous la forme de trois images juxtaposées dont les deux latérales (semblables et symétriques) entrent en résonance (contrepoint psychologique et plastique) avec celle du milieu (où est centrée la signification dramatique de la séquence).

Quant au *cinéma en relief,* il n'a jamais été qu'une curiosité technique sans valeur artistique. D'ailleurs le véritable relief filmique c'est la *profondeur de champ.*

## LE JEU DES ACTEURS

La *direction d'acteurs* est l'un des moyens à la disposition du cinéaste pour créer son univers filmique : il est donc naturel d'envisager ici l'apport des acteurs au film.

Le jeu des acteurs au cinéma n'a que peu de rapports avec ce qu'il est au théâtre. Sur scène, l'acteur peut être conduit à la fois à *forcer* son jeu et à le *styliser,* dans une perspective qui ne relève pas du *naturel,* pour le rendre parfaitement lisible ; il en est de même de la diction. Au cinéma, en général, la caméra se charge de mettre en évidence l'expression gestuelle et verbale en la prenant en gros plan et en la montrant sous l'angle le plus adéquat : sur l'écran la nuance et l'intériorisation sont de règle. En outre intervient la *photogénie,* qui ne relève pas du talent de l'acteur et entre pour beaucoup dans le concept de *star,* une notion qui défie l'analyse.

On peut définir schématiquement, sans préjuger d'évidentes interpénétrations, diverses conceptions du jeu des acteurs :

— *hiératique :* stylisé et théâtral, tourné vers l'épique et le surhumain (*Ivan le Terrible*) ;

— *statique :* l'accent est mis sur le *poids* physique de l'acteur, sa *présence ;* ce jeu est dicté par des considérations dramatiques (chez Dreyer et Bresson, par exemple) mais il peut l'être aussi par la tradition *culturelle* (c'est le cas dans bon nombre de films japonais) ; on peut rapprocher de cette conception le style de l'Actor's Studio, à la fois fouillé dans le détail et massif dans l'ensemble ;

— *dynamique :* caractéristique des films italiens, il traduit en général l'exubérance du tempérament latin ;

— *frénétique :* implique une expression gestuelle et verbale volontiers outrancière : c'est le cas dans certains films de Kurosawa et de Kobayashi, mais aussi chez Sternberg et Welles et plus récemment chez Ken Russell et Zulawski ;

— *excentrique :* rappelons pour mémoire le style de jeu pratiqué dans les années 20 par l'école soviétique de la F.E.K.S. (Fabrique de l'acteur excentrique) et qui, dans la tradition de Meyerhold, avait pour but d'extérioriser la violence des sentiments ou de l'action (*Le manteau, La Nouvelle Babylone*).

La fascination exercée par le cinéma s'explique avant tout par la possibilité qu'il donne au spectateur de s'identifier aux personnages à travers les acteurs. Mais ce qui fait le prestige du grand acteur, au cinéma comme au théâtre, c'est qu'il parvient à imposer sa personnalité à ses personnages, à rester lui-même dans les personnifications les plus diverses.

C'est de cette constatation que sont parties les réflexions sur le jeu des acteurs, théorisations qui distinguent deux attitudes fondamentales et opposées de la part de l'acteur : *se mettre dans la peau du personnage* ou bien *le jouer sans l'incarner.*

La « méthode » de Stanislavski représente la codification de la première attitude : l'acteur doit habiter corps et âme son personnage (naturalisme). La tradition stanislavskienne a été perpétuée par l'*Actor's Studio,* école d'art dramatique fondée à New York en 1947 par Lee Strasberg et Elia Kazan et dont l'enseignement préconise l'identification aussi complète que possible de la personnalité profonde de l'acteur avec son personnage, la démarche aboutissant à un naturel sous-tendu par la richesse de la vie intérieure de l'acteur.

Par contre, la seconde attitude a été préconisée par la plupart des autres théoriciens. Pour Diderot (« Paradoxe sur le comédien »), l'acteur doit en quelque sorte se dédoubler, mettre en œuvre son jugement plutôt que sa sensibilité dans la création du personnage. Selon Meyerhold, il doit rejeter tout processus d'identification et élaborer consciemment le personnage (constructivisme). Pour Brecht aussi, il doit se garder de s'identifier à lui mais au contraire garder ses *distances* et faire sentir au spectateur qu'il est en train de l'élaborer sous ses yeux. Cette attitude a été définie par Sacha Guitry, dans une formule fameuse, comme étant pour le comédien « la faculté de faire partager aux autres des sentiments qu'il n'éprouve pas ».

Mais c'est Robert Bresson qui, dans ses « Notes sur le cinématographe », a sans doute poussé le plus loin la réflexion sur le jeu spécifique des acteurs de cinéma, ceux qu'il appelle ses « modèles », qui sont des non professionnels « pris dans la vie » et qui doivent « être au lieu de paraître » afin de contribuer à « opposer au relief du théâtre le lisse du cinématographe[1] ».

1. *Op. cit.,* pp. 10 et 24.

# IV

## LES ELLIPSES

Jacques Feyder a écrit : « *Au cinéma, le principe est de suggérer* » et l'on a souvent dit que le cinéma est l'art de l'ellipse. En effet, qui peut le plus peut le moins. Capable de tout montrer et connaissant le formidable coefficient de réalité dont est affecté tout ce qui paraît sur l'écran, le cinéaste peut ainsi avoir recours à l'allusion et se faire comprendre à demi-mot.

D'ailleurs l'ellipse fait nécessairement partie du fait artistique cinématographique tout comme des autres arts puisque dès qu'il y a activité artistique, il y a *choix*. Le cinéaste, comme le dramaturge et le romancier, choisit des éléments signifiants et les ordonne en une œuvre.

On a vu comment l'image était à la fois une décantation et une reconstruction du réel : au niveau de l'œuvre envisagée dans sa totalité l'opération est analogue.

Du point de vue du récit dramatique, cette opération porte le nom de *découpage* et l'ellipse en est l'aspect fondamental. La notion de découpage, extrêmement importante mais qui, pour le spectateur, reste virtuelle, ne rentre dans notre propos que sous la forme des ellipses — et du *montage*, qui en représente l'aspect complémentaire, le montage n'étant, à la limite, qu'une pure technique d'assemblage dans la mesure où le découpage a été fait avec une précision suffisante. Le découpage est une opération analytique et le montage une opération synthétique, mais il serait plus juste de dire que l'une et l'autre sont les deux faces de la même opération.

La découverte de l'ellipse marque un pas important dans le progrès du langage cinématographique. Le plus ancien exemple que j'en ai trouvé est dans un film danois de 1911 : une trapéziste jalouse cause la mort de son partenaire infidèle en ne le rattrapant pas au cours d'un saut mais on ne voit du drame que le trapèze qui se balance vide (*Les Quatre diables*) ; sur un prisonnier se profilent les ombres des barreaux de sa cellule (*Forfaiture*, 1915) ; d'une scène d'exécution capitale, on ne voit que les réactions des visages des témoins (*Barabbas*, 1919).

Cette capacité d'évocation à demi-mot est l'un des secrets de l'étonnante puissance de suggestion du cinéma. En voici quelques exemples particulièrement réussis.

On connaît la scène célèbre de *L'Opinion publique* où le héros retrouve la jeune femme qu'il a naguère aimée : il ignore ce qu'a été sa vie privée depuis leur séparation mais, comme elle n'est pas mariée, il croit pouvoir reprendre l'idylle interrompue ; mais voici qu'au moment où elle ouvre un tiroir un col d'homme en tombe. L'officier aviateur des *Plus belles années de notre vie* se réveille, après une beuverie nocturne, sur un lit qu'il ne connaît pas et ne se souvient de rien ; se demandant où il peut être, il examine le lit : c'est un lit de femme, richement décoré de soie et de tulle, d'un luxe presque de mauvais goût ; et soudain, en un geste inquiet, il porte la main à la poche de son pantalon pour vérifier son rouleau de dollars. *Monsieur Verdoux* a convaincu une de ses femmes de retirer son argent de la banque et nous l'avons laissé le soir au moment où il lui souhaitait une bonne nuit ; le lendemain matin, il descend tout guilleret à la cuisine et commence à disposer deux couverts pour le petit déjeuner : mais soudain il a un geste qui manifeste sa méprise et retire l'un des couverts. Au début d'*Une si jolie petite plage,* c'est parce qu'il enjambe instinctivement la marche brisée de l'escalier avant que la servante ne lui ait signalé le danger, que nous acquérons la certitude que le personnage interprété par Gérard Philipe a déjà vécu dans l'hôtel. Dans *Nous avons gagné ce soir,* la jeune femme, certaine de la défaite de son mari, n'est pas allée assister au combat de boxe ; se promenant à travers la ville, elle est arrivée à une terrasse qui domine l'entrée d'un tunnel routier et, anéantie par l'effondrement de ses rêves de vie heureuse, elle déchire lentement le ticket dont elle ne s'est pas servie et en jette les morceaux dans le vide. Prenant alors sa place et son point de vue, la caméra nous montre en un long plan fixe en plongée les morceaux de papier tombant vers les véhicules qui s'engouffrent sous le tunnel ; et c'est bien l'impression de velléités de suicide, d'un suicide *par prétérition,* que nous laisse cette étonnante séquence.

Le découpage consiste à choisir les fragments de réalité qui seront créés par la caméra. A un niveau plus élémentaire, il se traduit par la suppression de tous les temps faibles ou inutiles de l'action. Si l'on veut montrer un personnage quittant son bureau pour rentrer chez lui, on fera un raccord « dans le mouvement » sur l'homme en train de fermer la porte de son bureau puis d'ouvrir celle de son appartement, à condition bien entendu qu'il ne se passe rien d'important pour l'action au cours du trajet : tout ce qu'on voit sur l'écran devant être significatif, on ne montrera pas ce qui ne l'est pas, à moins que pour des raisons précises le réalisateur ne cherche à créer une impression de longueur, de désœuvrement, d'ennui, voire d'inquiétude et, plus généralement, le sentiment qu'« il va se passer quelque chose » : des plans assez longs et apparemment vides de toute action engendrent en effet une telle impression (nous le verrons à propos du montage). Ainsi, dans *La Peur,* on voit Ingrid Bergman traverser interminablement les ateliers d'une fabrique et arriver finalement dans un laboratoire : elle a décidé de se suicider [1].

A côté de ces ellipses inhérentes à l'œuvre d'art, il en est d'autres que j'appellerai *expressives* parce qu'elles visent à un effet dramatique ou s'accompagnent généralement d'une signification symbolique.

## ELLIPSES DE STRUCTURE

Elles sont motivées par des raisons de construction du récit, c'est-à-dire des *raisons dramatiques,* au sens étymologique du mot.

C'est ainsi que dans les films à intrigue policière on doit laisser le spectateur ignorer un certain nombre d'éléments qui conditionnent l'intérêt qu'il prendra à la suite de l'action : par exemple l'identité du meurtrier. Ainsi la scène initiale de *Crossfire* nous fait-elle assister à une lutte qui se déroule en partie dans l'obscurité et dont les protagonistes nous demeurent inconnus, une lampe de chevet renversée dans la lutte ne les éclairant que jusqu'à mi-jambes.

Plus généralement l'ellipse peut avoir pour but de dissimuler un instant décisif de l'action au spectateur

1. L'ellipse de plans normalement utiles à la compréhension visuelle du récit peut créer des effets intéressants. C'est ainsi qu'Eisenstein et Poudovkine élident volontiers l'instant décisif d'un geste pour ne nous en montrer que l'esquisse (un soldat lève son sabre) et le résultat (un autre s'écroule, dans *Tempête sur l'Asie*) : un tel découpage revêt une grande force d'évocation. Voici un exemple analogue mais plus subtil, dans *La Nouvelle Babylone,* peu avant qu'éclate l'insurrection de la Commune, au moment où les femmes viennent à Montmartre empêcher l'armée d'emmener les canons : on voit d'abord une femme seule, puis plusieurs, puis une foule, mais on ne les voit pas arriver et comme elles ont l'air de surgir du sol, cet effet de montage traduit parfaitement la perplexité et l'impuissance de l'officier chargé de l'enlèvement des pièces. On voit que dans ces exemples l'ellipse débouche à la fois sur le concept de rythme et sur celui de symbole.

afin de susciter en lui un sentiment d'attente angoissée, qu'on appelle le *suspense,* cher aux réalisateurs américains. On en trouve un excellent exemple dans *La Chevauchée fantastique* : une fusillade se prépare dans la rue principale d'une ville de l'Ouest entre un brave garçon et trois bandits ; mais la caméra se transporte dans un saloon où les clients figés attendent l'issue du combat. On entend des coups de feu et soudain la porte s'ouvre et l'un des bandits apparaît, mais après avoir fait quelques pas il s'écroule mort tandis que le jeune héros arrive sain et sauf. Quelques-uns des jeunes dévoyés du *Chemin de la vie* se trouvent séparés du groupe qu'emmène l'éducateur par des tramways et restent dissimulés à nos yeux pendant un long moment : lorsque enfin les tramways démarrent, on voit qu'ils n'ont pas profité de cette circonstance pour tenter de s'enfuir. Jeu de scène analogue dans *Hôtel du Nord* au moment où le garçon, croyant avoir tué celle qu'il aimait, veut se jeter sous un train du haut d'un pont ; à cet instant une voiture passe et nous le cache ; quand la fumée du train s'est dissipée, on voit qu'il n'a pas eu le courage de se précipiter dans le vide. Bel effet de suspense aussi dans *Le Troisième homme* : le concierge, sur le point de faire des révélations à l'ami d'Harry Lime, se retourne vers la caméra et la peur se marque sur son visage à la vue de quelqu'un que le réalisateur ne nous montre pas, mais dont nous saurons bientôt qu'il est venu pour l'assassiner afin de l'empêcher de parler. Mais voici enfin un exemple infiniment plus beau et plus vigoureux : dans *La Chair et le diable,* de l'amorce d'un duel entre le mari et l'amant, on passe directement et sans transition à un plan de la jeune femme essayant des voiles de deuil avec un sourire aux lèvres.

L'ellipse peut encore être nécessitée par la tenue dramatique du récit et avoir pour but d'éviter une rupture de l'unité de ton en passant sous silence un incident qui ne s'accorde pas à l'ambiance générale de la scène. Dans *Rome ville ouverte* par exemple, le curé résistant est contraint d'assommer d'un coup de poêle à frire le malade à qui il va faire semblant d'administrer l'extrême-onction pour justifier sa présence dans la maison et dérouter les soupçons de la police ; le film ne nous montre pas ce geste qui eût ruiné l'intensité dramatique du passage ; il ne nous est suggéré que par la suite et cette introduction d'une note discrètement comique contribue *alors* utilement à détendre le spectateur.

Les ellipses ci-dessus sont en quelque sorte *objectives* puisque c'est au spectateur que quelque chose est dissimulé. En voici maintenant qu'on peut dire *subjectives* car c'est le *point d'écoute* d'un personnage qui nous est donné et qui justifie l'ellipse du son.

L'héroïne de *Brève rencontre,* bouleversée par le départ de l'homme qu'elle avait commencé à aimer, se voit importunée, dans le train qui la ramène chez elle, par une voisine bavarde : un gros plan du visage de cette femme donne alors le point de vue de Laura qui n'« entend » bientôt plus les commérages de l'autre tandis que son monologue intérieur arrive en premier plan sonore ; l'ellipse des paroles de la gêneuse correspond au désintérêt de l'héroïne et, partant, du spectateur, pour leur vacuité. De façon analogue Poudovkine, dans une scène du *Déserteur* qui se passe dans un tramway, ne nous fait pas entendre le bruit du véhicule parce que les voyageurs n'y prêtent pas attention. Dans *Chtchors,* un soldat affolé par le vacarme de la bataille se bouche les oreilles et la scène devient silencieuse. Dans *Je suis un évadé,* le fugitif n'entend plus les aboiements des chiens de ses poursuivants lorsqu'il est plongé dans un étang (la caméra étant elle aussi sous l'eau).

Voici enfin des ellipses qu'on peut dire *symboliques* parce que la dissimulation d'un élément de l'action n'y a pas un rôle de suspense mais revêt une signification plus large et plus profonde.

Dans *La Patrouille perdue*, une escouade de soldats britanniques sont assiégés dans un fortin en plein désert ; ils sont tués les uns après les autres, sans pouvoir esquisser la moindre défense, par des ennemis Arabes qu'on ne voit jamais, sauf dans les toutes dernières images : cela rend sensible le caractère très particulier de la guerre de guérilla, où l'ennemi frappe sans se montrer et disparaît. De façon analogue, au moment où se termine *Le Long voyage*, le cargo est mitraillé par un avion de chasse allemand qui reste invisible et toute la séquence est plongée dans une atmosphère de fatalité et d'impuissance [1].

Champion de la *litote*, Bresson s'applique souvent à ne cadrer que les jambes des acteurs (ou les pattes des chevaux) et s'est amusé à narguer les amateurs de suspense en ne montrant (mais la bande sonore supplée les images) d'une poursuite avec la police que les pieds du voleur sur les pédales de sa voiture (*L'Argent*).

Enfin, en dehors de toute catégorie, voici une admirable ellipse qu'on trouve dans *L'Opinion publique* : au cours d'une séance de massage, une amie, vraie langue de vipère, raconte à Marie des potins mondains qui la font souffrir ; nous ne voyons pas le visage de Marie mais, en premier plan et tout au long de la scène, celui de la masseuse où se reflète, avec une étonnante richesse de nuances, toute la gamme des sentiments allant de la stupeur à l'indignation.

## ELLIPSES DE CONTENU

Elles sont motivées par des raisons de *censure sociale*. Il existe en effet de nombreux gestes, attitudes

1. On pourrait rétorquer que c'est peut-être tout simplement parce qu'il n'avait pas d'avion à sa disposition que John Ford a eu recours à cette ellipse. Et si cela était, qu'importe ? Le génie est aussi l'art de dompter les contingences. Charlie Chaplin, tournant *L'Opinion publique* dont l'action se passe en France, n'avait pas de wagons français sous la main : il se borna alors à montrer les reflets des lumières du train sur le visage de son héroïne. La trouvaille était géniale, l'effet est bouleversant.

ou événements pénibles ou délicats que les tabous sociaux ou les règlements de censure interdisaient naguère de montrer. La mort, la douleur violente, les blessures affreuses, les scènes de torture ou de meurtre sont en général dissimulées au spectateur et remplacées ou suggérées par divers moyens.

Tout d'abord l'événement peut être caché totalement ou partiellement par un élément matériel : dans *Gardiens de phare*, une dramatique lutte à mort entre un père et son fils rendu fou par la morsure d'un chien enragé nous est en partie dissimulée par une porte qui bat sous les rafales de vent ; dans *Tant qu'il y aura des hommes* la caméra reste obstinément fixée sur un amoncellement de caisses derrière lequel se déroule une lutte au couteau : toute l'attention du spectateur se reporte alors sur la bande sonore, qui joue le rôle de contrepoint explicatif.

L'événement peut aussi être remplacé par un plan du visage de l'auteur ou des témoins : dans *Loulou*, c'est sur le visage étonné de Louise Brooks que nous lisons qu'elle vient de blesser mortellement son amant ; dans *Les Enfants du Paradis*, le meurtre du comte de Montray par Lacenaire ne nous apparaît que sur le visage stupéfié du complice de l'assassin ; dans *La Mer cruelle* nous suivons sur le visage angoissé d'un marin l'engloutissement dans les flots d'un pétrolier incendié et dans *O Cangaceiro* c'est le spectacle d'un homme traîné derrière un cheval lancé au galop que nous percevons sur des gros plans des visages pétrifiés d'horreur des témoins.

En troisième lieu, l'événement peut être remplacé par son ombre ou son reflet : il reste visible mais de façon indirecte, et le caractère second de la représentation en atténue la violence réaliste. Dans *Scarface* par exemple, le fameux massacre de la Saint-Valentin entre deux bandes de gangsters rivales ne nous est montré que par les silhouettes des assassins et des victimes sur un mur ; dans *L'Inconnu du Nord-Express* une scène de meurtre n'apparaît que reflétée et déformée dans l'un des verres d'une paire de lunettes tombée à terre et que la caméra vient saisir en gros plan.

Il arrive souvent aussi que le spectacle objet de l'ellipse soit remplacé par un plan de détail plus ou moins symbolique et dont le contenu évoque ce qui se passe « hors cadre ». Ainsi, dans *Variété,* une main qui s'ouvre et lâche un couteau suffit à nous faire saisir que l'homme vient d'être poignardé par son adversaire ; nous comprenons que le héros de *A l'ouest rien de nouveau* vient d'être tué parce que sa main qui se tendait hors de la tranchée vers un papillon, devient soudain inerte ; de la même façon, d'un individu mourant, on voit seulement dans *Que viva Mexico,* un chapeau de femme qui roule sur le sol — dans *Les Maudits* un rideau dont les anneaux s'arrachent l'un après l'autre sous le poids de la victime qui s'y accroche désespérément — dans *Macadam* la manivelle d'un rideau de fer qui tourne folle — dans *La Dame de Shanghaï* le balancement dérisoire du combiné du téléphone au pied duquel l'homme vient de s'effondrer. D'une amputation, Hitchcock ne nous fait voir, après coup, que le soulier devenu inutile et qu'on jette à la mer (*Lifeboat*). Dans un registre cette fois comique, voici une bagarre remplacée par un montage rapide de photos de boxeurs en position d'attaque (*Commando sur Saint-Nazaire*).

L'image peut encore être remplacée par une évocation sonore (on y reviendra dans le chapitre consacré aux phénomènes sonores) : un homme s'avance vers un autre en tenant à la main un couteau que la caméra saisit en gros plan puis l'image s'efface en fondu au noir et l'on entend une sorte de cri musical qui évoque la pénétration de la lame dans la chair (*Meurtre sous contrat*). Mais voici le très beau montage symbolique, à la fois visuel et sonore, de la mort de Moustapha dans *Le Chemin de la vie :* gros plan de mains luttant pour atteindre un poignard — plan du soleil couchant (on entend des halètements puis un cri) — plan d'un étang (coassements de grenouilles — *fondu au noir* —

le même étang, le lendemain matin (chants d'oiseaux) — le cadavre contre le rail.

Enfin l'ellipse peut porter sur un élément sonore. Dans *Les Bonnes femmes,* les cris (virtuels) de la jeune étranglée sont remplacés par les appels, étranges et impassibles, d'un oiseau. Mais on a eu parfois recours à la musique avec création d'effets lyriques : l'admirable séquence finale de *Mes Universités* nous montre le jeune Gorki rencontrant sur le bord de la mer une femme dans les douleurs ; les cris de la parturiente sont remplacés par une phrase musicale déchirante tandis que l'écran montre des vagues se ruant à l'assaut des rochers. Effet analogue dans *Les Cinq survivants* où la musique se substitue aux cris de l'accouchée dont le visage est surimpressionné par des plans de vagues furieuses.

Venons-en maintenant aux interdits beaucoup plus caractérisés qui ont pesé sur la représentation de certains événements et aux symboles qui éventuellement permettaient de les suggérer avant la levée des interdits.

La grossesse a été pendant longtemps un sujet tabou : s'il y a de nombreux films où l'héroïne se déclare enceinte (*Ossessione, Rome ville ouverte, Le Diable au corps, Monika),* il y en a beaucoup moins où l'on voit une femme dont la taille s'alourdit de la rondeur évidente d'une proche maternité (*La Terre, La Ligne générale, L'Arc-en-ciel* — le cinéma soviétique ne fait pas preuve de pruderie en ce domaine et la maternité y a un rôle idéologique important, — *Farrebique, Le Sel de la terre, Voyage en Italie*).

Lorsqu'elle n'est pas visible, la grossesse peut être suggérée de diverses façons : envie de croquer une pomme (*L'Amore*), envie de vomir (*La Fille aux cheveux blancs*), évanouissement (*Les Vitelloni*).

On voit rarement l'accouchement au cinéma (sauf dans des films exceptionnels comme *Nous voulons un enfant ou Tu enfanteras sans douleur*) et la naissance est toujours indiquée par les premiers cris du nouveau-né.

Cas intéressant à signaler, celui de certaines ellipses dues à des tabous sociaux particulièrement puissants et que ne contrecarre d'ailleurs aucune curiosité grivoise : celle des sentiments incestueux par exemple (*Pension Mimosas, Les Parents terribles, Les Enfants terribles*) ou de l'homosexualité, problème qu'on ne voyait évoqué que dans de rares films et d'une façon plus ou moins dissimulée : homosexualité masculine (*Le Faucon maltais, Ossessione, Crossfire, Le Salaire de la peur, L'Air de Paris, Les Tricheurs, Soudain l'été dernier, Dernier tango à Paris, Une Journée particulière, Zazie dans le métro, Rocco et ses frères*) et féminine (*Loulou, Jeunes filles en uniforme, Quai des Orfèvres*)[1].

Quant à l'acte sexuel, c'est un événement qui joue un rôle dans la plupart des films et qui est plus que tout autre difficile à montrer, quelle que soit l'audace de certains réalisateurs à ce propos (*Et Dieu créa la femme, Les Amants, La Source*). Il était donc suggéré de diverses façons :

— par une image plus ou moins symbolique n'appartenant pas au contexte et introduite par montage : une corde de guitare qui se brise (*Marchand de filles*), des images d'explosions et de torrents d'eau symbolisant la saillie d'une vache (*La Ligne générale*) ;

— par une image appartenant par ailleurs au contexte de l'action : une vague écumante (*La Red, Monika, Le Bois des amants*) ; des flashes de tir nocturne de balles traçantes (*Destinées*) ; un feu d'artifice (*La Main au collet*) ; un train pénétrant dans un tunnel (*La Mort aux trousses*).

Mais la plupart des ellipses dans ce domaine reposent sur un mouvement de la caméra qui, après avoir éventuellement montré les premiers ébats amoureux, semble s'écarter discrètement. Le plan se termine alors le plus souvent par un fondu au noir — ou bien la caméra vient se fixer sur un élément matériel puis, par un fondu-enchaîné, le réalisateur nous fait comprendre qu'un certain laps de temps s'est écoulé (un cendrier d'abord vide puis plein, un tonneau qui reçoit le trop-plein d'une gouttière, puis le même après que la pluie a cessé, dans *La Bête humaine*) ou que les protagonistes sont occupés par ailleurs (un disque qui, parvenu à bout de course, tourne avec un raclement monotone, dans *Rotation*) — ou enfin la caméra se porte vers un objet appartenant également à l'action et qui se trouve revêtu d'une valeur symbolique ou allusive : un collier brisé dont les perles jonchent le sol (*Extase*), une gravure représentant un clairon sonnant

1. Le tabou de l'homosexualité a été peu à peu brisé par la libéralisation des mœurs au cours des années 60 : on en est aujourd'hui à *La Cage aux folles* sur le mode comique et à *L'Homme blessé* dans le registre dramatique. Le tabou de la drogue a mieux résisté : en France, *More* a encore eu des difficultés avec la censure en 1969.

17. *La Grève* (Serguei M. Eisenstein, 1924).

18. *Espoir* (André Malraux, 1939).

la charge (*Boudu*), une estampe légère du XVIIIe siècle (*Edouard et Caroline*), un feu de bois dans une cheminée évoquant la flambée de la passion (*Le Diable au corps*), une étoile de mer qui, dans le contexte, symbolise l'amour des deux héros (*Remorques*).

Enfin le passage du *vous* au *tu* est un « truc » infaillible pour faire comprendre ce qui s'est passé.

Pour terminer cette aride analyse sur une note plus gaie, je ne résiste pas au plaisir de citer ces lignes où Elmer Rice s'est moqué avec humour des mystères qui entouraient naguère la procréation dans l'univers filmique hollywoodien : « La vie, écrit-il, procède à Purilia d'une source ignorée, et si je ne peux la définir, je peux, par contre, certifier qu'elle n'est pas la conséquence d'une union sexuelle... Je m'empresse d'ajouter que, tout en n'étant pas le résultat de cette union, la naissance est toujours provoquée par un mariage[1]. »

Qui peut le plus peut le moins. L'ellipse ne doit pas émasculer mais élaguer. Elle n'a pas tant pour vocation de supprimer les temps faibles et les moments creux que de suggérer du *solide* et du *plein* en laissant hors champ (hors jeu) ce que l'esprit du spectateur peut suppléer sans difficulté. Robert Bresson, grand praticien de l'ascèse et de la litote, recommande dans ses *Notes sur le cinématographe,* de veiller à « ce qui se passe dans les jointures », d'éviter le superflu (« Sois sûr d'avoir épuisé tout ce qui se communique par l'immobilité et le silence ») comme le redondant (« Lorsqu'un son peut remplacer une image, supprimer l'image ou la neutraliser »). Belle leçon de *style* que celle qu'il (se) donne : « Ne cours pas après la poésie. Elle pénètre toute seule par les jointures (ellipses)[2]. »

1. *Voyage à Purilia,* p. 83.
2. *Op. cit.,* pp. 25, 28, 61 et 35.

19. *Harakiri* (Masaki Kobayashi, 1963).

20. *Salvatore Giuliano* (Francesco Rosi, 1960).

# V

## LIAISONS ET TRANSITIONS

Ce chapitre est la suite directe du précédent. Un film est fait de plusieurs centaines de morceaux et la continuité logique et chronologique n'en est pas toujours suffisante pour rendre leur enchaînement parfaitement compréhensible au spectateur ; d'autant plus que dans la narration filmique la chronologie a été souvent bafouée et que la représentation de l'espace a toujours été des plus audacieuses.

En l'absence (éventuellement) de continuité logique, temporelle et spatiale, ou du moins pour plus de clarté, on est donc obligé d'avoir recours à des liaisons ou transitions plastiques et psychologiques, à la fois visuelles et sonores, destinées à constituer les articulations du récit.

Les procédés techniques de transition constituent ce qu'on peut appeler une *ponctuation* par analogie avec les procédés correspondants de l'écriture : mais il est évident que cette analogie est purement formelle car on ne peut trouver aucune correspondance significative entre les deux systèmes. Dans un film, les transitions ont pour but d'assurer la fluidité du récit et d'éviter les enchaînements erronés (faux raccords).

Voici une nomenclature de ces procédés de transition.

*Le changement de plan par coupure franche* : c'est la substitution brutale d'une image à une autre ; c'est la transition la plus élémentaire, la plus courante, la plus essentielle aussi : le cinéma est devenu un art le jour où l'on a su recoller bout à bout des morceaux d'abord séparés au moment de la prise de vue ; le découpage et le montage tiennent dans ces deux opérations primaires. La coupure franche s'emploie lorsque la transition n'a pas de valeur significative par elle-même, lorsqu'elle correspond à un simple changement de point de vue ou à une simple succession dans la perception, sans expression (en général) de temps écoulé ni d'espace parcouru — et sans interruption (en général) de la bande sonore.

*L'ouverture en fondu* et *la fermeture en fondu* (ou *fondu au noir*) séparent en général les séquences les unes des autres et servent à marquer un important changement d'action secondaire ou un écoulement du temps ou encore un changement de lieu. Le fondu au noir marque une sensible halte dans le récit et s'accompagne d'un arrêt de la bande sonore : après une telle transition, il est bon de redéfinir les coordonnées temporelles et spatiales de la séquence qui débute. C'est la plus marquante de toutes les transitions et elle correspond au changement de chapitre.

*Le fondu-enchaîné* consiste en la substitution d'un plan à un autre par surimpression momentanée d'une image qui apparaît sur la précédente qui s'évanouit. Il a toujours, sauf à de rares exceptions, la mission de signifier un écoulement du temps en faisant se remplacer graduellement deux aspects temporellement différents (dans le sens de l'avenir ou du passé selon le contexte) d'un même personnage ou d'un même objet [1]. Ainsi au début de *La Règle du jeu* un fondu-enchaîné nous fait passer de Geneviève parlant avec des amis à la même en conversation avec une autre personne

1. Cette ellipse temporelle peut éventuellement s'accompagner d'un changement de lieu mais l'accent est toujours mis sur l'écoulement du temps.

et dans un autre endroit ; j'ai cité plus haut la transition temporelle sur un tonneau destiné à recevoir les eaux de pluie (*La Bête humaine*). Le fondu-enchaîné peut d'ailleurs ne pas avoir d'autre rôle que celui d'un adoucissement de la coupure franche afin d'éviter les *sautes* de plans trop brutales lorsqu'on enchaîne plusieurs plans d'un même sujet : ainsi la série de plans de plus en plus rapprochés de la fenêtre éclairée du château au début de *Citizen Kane.*

Enfin il faut mentionner le *fondu-enchaîné sonore* : ainsi la musique qui accompagnait la plongée de l'institutrice dans le passé fait place aux bruits de la rue lorsqu'elle revient à la réalité (*Les Enfants d'Hiroshima*) ; du bruit que font les pieds de Marc écrasant le verre qui jonche le sol de l'appartement bombardé, on passe à celui que fait Boris pataugeant dans la boue du champ de bataille (*Quand passent les cigognes*).

*Le filage* : fondu-enchaîné d'un genre particulier, il consiste à passer d'une image à l'autre au moyen d'un panoramique très rapide (*filé*) effectué devant un fond neutre et qui apparaît flou à l'écran. Peu employé parce que très artificiel. On en trouve un exemple dans *Citizen Kane* au moment où les relations s'aigrissent entre le magnat et sa femme : une série de courtes scènes reliées par des filages nous montrent l'évolution de l'amour à l'habitude, puis à l'indifférence et à l'hostilité.

*Les volets* et *les iris* : une image est remplacée peu à peu par l'autre qui glisse en quelque sorte devant elle (soit latéralement, soit à la manière d'un éventail) — ou bien la substitution de l'image se fait sous la forme d'une ouverture circulaire qui grossit ou diminue (*iris*). Ces procédés sont peu utilisés et l'on ne peut que s'en féliciter car ils matérialisent fâcheusement aux yeux du spectateur l'existence de l'écran en tant que surface quadrangulaire. Notons que l'iris fut surtout utilisé à l'époque muette : l'*ouverture en iris* (très employée par Griffith) correspond à un élargissement du champ par travelling arrière à partir de l'élément le plus important de l'image et la *fermeture en iris* à un travelling avant virtuel mettant en relief un détail en le cernant progressivement de noir.

Les liaisons sont fondées soit sur une analogie plastique, soit sur une analogie psychologique.

### LIAISONS D'ORDRE PLASTIQUE

A. *Analogie de contenu matériel,* c'est-à-dire identité, homologie ou ressemblance fondant la transition : passage d'une lettre des mains de son auteur à celles du destinataire (*La Splendeur des Amberson*) ; d'un train d'enfant à un convoi réel (*Chasse tragique*) ; d'une carte postale de la chanteuse Lola-Lola à la chanteuse en chair et en os sur la scène du cabaret (*L'Ange bleu*).

Voici plus subtil, avec l'aide de la bande sonore qui commence avant que n'apparaisse l'image qui lui correspond : passage d'une estampe figurant un soldat sonnant la charge à un orphéon municipal (*Boudu*), de la trompette d'un archange statufié à celles d'une musique militaire (*Le Rythme de la ville*).

B. *Analogie de contenu structural,* c'est-à-dire similitude de la composition interne de l'image, entendue dans un sens plutôt statique : l'image d'un jet de vin s'échappant d'un tonneau renversé fait place à l'éventail des villageois sortant en foule d'un bal populaire (*Mademoiselle Julie*) ; on passe de l'image d'une ballerine tournoyant à celle des ronds de pluie dans une flaque d'eau (*Les Assassins sont parmi nous*).

C. *Analogie de contenu dynamique,* c'est-à-dire fondée sur des mouvements analogues de personnages ou d'objets : ce sont les *raccords dans le mouvement,* c'est-à-dire la liaison entre les mouvements identiques de deux mobiles différents ou du même mobile à deux moments successifs de son déplacement. Ainsi : passage du fugitif au poursuivant dans les westerns ; de la botte d'un soldat mort jetée hors de la tranchée à une botte neuve lancée par un ouvrier cordonnier sur un tas (*Okraïna*) ; d'un homme battant son cheval à une femme battant son enfant (*L'Arsenal*)[1]. Mais voici mieux : création d'un rapport de causalité fictive (une bouteille vide jetée au loin par un ivrogne — une vitre qui vole en éclats sous les pierres des manifestants, dans *Mort d'un cycliste*) ; rapprochement de deux images-choc (une bouteille posée violemment sur un bar — un couteau qui se fiche à toute volée dans un poteau, dans *L'Equipée sauvage*) ; introduction d'une analogie sonore (dans *Les Trente-neuf marches,* une femme, découvrant un cadavre, ouvre la bouche pour pousser un cri... qui est remplacé par le sifflement d'un train sortant d'un tunnel ; il y a ici combinaison d'une analogie sonore et en même temps visuellement dynamique, la trajectoire du cri étant pour ainsi dire remplacée, continuée par la course du train).

### LIAISONS D'ORDRE PSYCHOLOGIQUE

L'analogie qui justifie le rapprochement n'apparaît pas de façon directe dans le contenu de l'image et c'est la pensée du spectateur qui effectue la liaison. A ce type appartiennent tout d'abord les transitions les plus élémentaires, c'est-à-dire les changements de plans fondés sur le *regard* ; cette technique est évidente dans le *champ-contre-champ* (les conversations entre deux personnages montrés alternativement), mais elle justifie aussi la majorité des raccords qui, à l'image d'un personnage qui *regarde,* font succéder celle de *ce qu'il voit* ou de *ce qu'il cherche à voir* ; dans ce dernier cas, c'est la pensée du personnage qui est à la base du raccord ou plus exactement sa tension mentale : il

1. Très audacieux raccord de ce type dans *La Mort aux trousses* : le héros tire la jeune femme du précipice (vue en plongée) — il la hisse dans la couchette du wagon-lit (vue en contre-plongée).

s'agit en quelque sorte d'un *champ-contre-champ mental*[1].

A. *Analogie de contenu nominal* : juxtaposition de deux plans dans les conditions suivantes : dans le premier, se trouvent désignés ou évoqués un individu, un lieu, une époque, un objet, qui apparaissent dans le plan suivant après un signe de ponctuation quelconque. Ainsi on dira : « Où est Bernard ? », « Je pars pour Venise », « C'était en 1925 » et la scène suivante introduit la personne, le lieu et l'époque annoncés. Dans *Le Ciel est à vous,* le mari déclare : « Quand les affaires marcheront bien, nous installerons une enseigne lumineuse » et la séquence suivante s'ouvre sur un plan de l'enseigne brillant au-dessus du garage[2]. Plus subtilement, dans *Goupi Mains Rouges,* après qu'il a été question de guillotine dans le dialogue, le plan suivant montre un personnage franchissant un étroit passage dominé par une ombre portée en diagonale qui évoque le tranchant de la guillotine.

B. *Analogie de contenu intellectuel* : le moyen terme peut être la pensée d'un personnage : la gouvernante entrant le matin dans la chambre du professeur s'étonne de trouver le lit vide et s'interroge ; le plan suivant montre alors Rath étendu sur le lit de la chanteuse (*L'Ange bleu*) ; une jeune fille pense avec douleur (gros plan de son visage) à son père que la bonne vient de traiter d'ivrogne et un fondu-enchaîné introduit un plan du père affalé devant une bouteille de vin dans la pièce voisine (*Les Inconnus dans la maison*) ; dans ces deux exemples, le contenu mental du personnage est en quelque sorte matérialisé visuellement [3].

1. A côté des transitions fondées sur le regard, il faut signaler une transition *olfactive* : Douglas Fairbanks, la mine gourmande, hume dans l'air une odeur puis un fondu-enchaîné par flou introduit l'image de petits pains en train de cuire (*Le Voleur de Bagdad*).

2. Dans *Le diabolique Dr Mabuse,* un tel enchaînement fournit au spectateur perspicace une indication précieuse sur la véritable identité dudit Mabuse.

3. On pourrait définir également une *analogie d'attitude psychologique,* se traduisant par une expression identique des visages, en l'occurrence un

Mais le moyen terme peut être aussi la pensée du spectateur ou, plus exactement, une idée suggérée au spectateur par le réalisateur grâce à la création, par exemple, d'un rapport de causalité fictive et symbolique (dans *Avant le déluge,* on voit un groupe d'antisémites inscrire sur un mur « Mort aux Juifs » puis, à un premier plan de l'inscription, succède l'image du jeune Juif assassiné dans sa baignoire par ses complices [1]) ou d'un enchaînement psychologique qui annonce la suite de l'action : « Je me vengerai », dit Hélène et son image fait place par fondu-enchaîné (accompagné d'un enchaîné sonore sur un rythme de claquettes) à celle de la jeune danseuse qui va être l'instrument involontaire de sa vengeance (*Les Dames du Bois de Boulogne*).

Cas particulier, le *plan de coupe* marque un arrêt momentané du flux dramatique par l'insertion d'une image fixe et *neutre* ayant pour but d'éviter une *saute d'image* entre deux mouvements. On en trouve une utilisation constante et spécifique chez Ozu dans ce que Noël Burch appelle *plan-oreiller* « par analogie avec le *mot-oreiller* de la poésie japonaise classique » : c'est un plan fixe « en forme de nature morte » (plan de décor naturel sans personnages) inséré entre deux séquences et dont le but est d'introduire le décor de la séquence suivante et d'indiquer un changement d'espace et de temps. Ces plans *vides,* assez énigmatiques pour le spectateur occidental qui les découvre, sont cependant chargés d'une intense poésie visuelle[2].

---

scepticisme hostile (visages « fermés ») : on passe des paysans regardant le pope incapable de faire tomber la pluie à d'autres devant un objet inconnu, la nouvelle écrémeuse (*La Ligne générale*).

1. Plan coupé par Cayatte dans la version définitive du film, celle qui fut présentée au Festival de Cannes 1954 après la sortie en exclusivité à Paris.

2. *Pour un observateur lointain,* pp. 175-183 et Tadao Sato, *op. cit.,* p. 190.

# VI

## MÉTAPHORES ET SYMBOLES

En étudiant les caractères généraux de l'image, j'ai dit qu'elle entrait en relation dialectique avec le spectateur dans un complexe affectif et intellectuel et que la signification qu'elle prenait en fin de compte sur l'écran dépendait presque autant de l'activité mentale du spectateur que de la volonté créatrice du réalisateur. Or, une des sources, sinon la principale, de la relative liberté d'interprétation du spectateur réside dans le fait que *toute réalité, événement ou geste, est symbole, ou plus exactement signe, à quelque degré.* On a vu également que *la signification d'une image dépend beaucoup de sa confrontation avec ses voisines.* C'est l'exploitation de ces deux faits fondamentaux qui va nous occuper dans ce chapitre.

Tout ce qui est montré sur l'écran a donc un sens et, le plus souvent, une signification seconde qui peut n'apparaître qu'à la réflexion ; on pourrait dire que toute image *implique* plus qu'elle n'*explicite* : la mer peut symboliser la plénitude des passions (*La Nuit de la Saint-Sylvestre*), une poignée de terre l'enracinement au sol natal (*La Mère*) et un simple bocal de poissons rouges illuminé de soleil peut être l'image du bonheur (*Okasan*). C'est pour cette raison que la plupart des films de qualité sont lisibles à plusieurs niveaux selon le degré de sensibilité, d'imagination et de culture du spectateur. C'est le mérite de tels films de suggérer, par-delà l'immédiateté dramatique d'une action, si profondément et si humainement passionnante soit-elle, des sentiments ou des idées d'ordre plus général. Dans la genèse de cette signification seconde, le symbole joue un rôle fort important. L'utilisation du symbole au cinéma consiste à recourir à une image capable de suggérer au spectateur plus que ne peut lui fournir la simple perception du contenu apparent. On pourrait en effet à propos de l'image filmique parler d'un *contenu apparent* et d'un *contenu latent* (ou encore d'un *contenu explicite* et d'un *contenu implicite*), le premier étant directement et immédiatement lisible et le second (éventuel) étant constitué par le sens symbolique que le réalisateur a voulu donner à l'image ou celui que le spectateur y voit par lui-même.

D'une façon générale, l'usage du symbole dans le film consiste à remplacer un individu, un objet, un geste, un événement par un *signe* (il s'agit alors de l'ellipse symbolique, précédemment étudiée) ou à faire naître une signification seconde soit du rapprochement de deux images (*métaphore*), soit d'une construction arbitraire de l'image ou de l'événement leur conférant une dimension expressive supplémentaire (*symbole* proprement dit)[1].

## LES MÉTAPHORES

J'appelle métaphore la *juxtaposition* par le moyen du montage de deux images dont la confrontation doit produire dans l'esprit du spectateur un choc psycholo-

1. Par analogie avec les figures de rhétorique correspondantes. *Métaphore* : consiste à modifier la signification propre d'un mot en une signification qui ne convient à ce mot qu'en vertu d'une comparaison qui se fait dans l'esprit. *Symbole* : image servant à désigner conventionnellement quelque chose.

gique dont le but est de faciliter la perception et l'assimilation d'une idée que le réalisateur veut exprimer par le film. La première de ces images est en général un élément de l'action, mais la seconde (dont la présence crée la métaphore) peut être empruntée à l'action elle aussi et annoncer la suite du récit, ou bien constituer un fait filmique sans aucune relation avec l'action et n'ayant de valeur que par rapport à l'image précédente.

On peut définir plusieurs types de métaphores :

A. *Métaphores plastiques* : elles sont fondées sur une ressemblance ou une analogie de structure ou de tonalité psychologique dans le contenu purement représentatif des images. Ainsi, dans *La Grève,* Eisenstein met en parallèle les visages de mouchards de la police, ayant comme indicatif des noms d'animaux, et l'image des animaux en question ; rapprochement analogue, dans *La Ligne générale,* entre un visage de femme gras et inexpressif et un dindon et, dans *A propos de Nice,* entre une femme revêche et guindée et une autruche à l'air pincé et solennel.

Effet plus subtil, voici des plans d'eau calme et de mer rapprochés de l'image d'un enfant endormi (*La Fin de Saint-Pétersbourg*), les plans des visages attentifs et inquiets des marins attendant l'attaque confrontés à des plans de machines stoppées (*Potemkine*), des images d'explosions soulignant la joie des travailleurs à l'arrivée de l'eau bienfaitrice (*La Terre a soif*), les pieds fatigués d'une femme du peuple traversant le pont Charles de Prague après une journée de labeur mis en parallèle avec les pieds d'une statue du Christ sur ce fameux pont (*Telle est la vie*).

Et voici la métaphore comique, fondée ici sur une analogie de structure et de mouvement : pour échapper aux policiers, Mackie quitte le salon de la maison de passe sur la pointe des pieds — une statue, le pied levé, trônant au milieu du salon (*L'Opéra de quat'sous*) ;

les employés d'une filature riant aux éclats — une pièce mécanique animée d'un court et rapide mouvement de va-et-vient vertical tel qu'on a l'impression qu'elle rit (*Les Dentelles*)[1].

B. *Métaphores dramatiques* : elles jouent un rôle plus direct dans l'action en apportant un élément explicatif utile à la conduite et à la compréhension du récit. *La Grève* en fournit un exemple fameux : l'image d'ouvriers mitraillés par l'armée tzariste est rapprochée d'une scène d'abattoirs montrant des animaux égorgés (ici le deuxième terme de la métaphore n'appartient pas à l'action) ; dans le même film, on trouve la juxtaposition d'un capitaliste en train de se servir d'un presse-citron et des troupes en train de pourchasser les grévistes. Dans *Octobre,* le chef du gouvernement provisoire, Kerensky, est confronté, par le montage, à une statuette de Napoléon, rapprochement par quoi Eisenstein veut symboliser ses ambitions ; puis des images de harpistes font suite à celles d'un dirigeant anti-bolchevik en train de discourir, cela pour nous faire comprendre que l'orateur n'a pas d'autre but que d'endormir la vigilance révolutionnaire du peuple. Dans *Telle est la vie,* la mort de la vieille femme est suggérée par des images d'envol de pigeons et des flashes de vagues furieuses. On aura remarqué que le deuxième terme de certaines de ces métaphores (les animaux, les harpistes, les vagues) n'a aucun rapport avec l'action du film et est introduit tout à fait arbitrairement : audace très caractéristique du cinéma soviétique muet et de ce qu'Eisenstein appelait *montage des attractions.* Enfin, sur le mode ironique, voici un exemple emprunté à Hitchcock : au cours d'une conversation entre une actrice et un lord, une image montrant une assiette de fromage et un verre de vin

1. Exemple de transposition visuelle d'une métaphore verbale, *la mer des toits* : un bateau de papier se profile en surimpression sur un panorama de toits parisiens agités de vagues fictives par un balancement de la caméra (*Entracte*).

vient soudain, en un flash très bref, symboliser la vulgarité de l'interlocutrice (*Murder*).

C. *Métaphores idéologiques* : leur but est de faire naître dans la conscience du spectateur une idée dont la portée dépasse largement le cadre de l'action du film et qui implique une prise de position plus vaste sur les problèmes humains. L'ouverture des *Temps modernes* est célèbre, qui montre l'image d'un troupeau de moutons en marche puis celle d'une foule sortant d'une bouche de métro ; dans *A propos de Nice*, un défilé de soldats est suivi du plan des tombes d'un cimetière ; dans *Tempête sur l'Asie*, les minutieux préparatifs vestimentaires des officiers anglais se rendant chez le Grand Lama qu'ils tiennent à impressionner par leur allure, sont mis en parallèle ironiquement avec le nettoyage et l'astiquage des statues du temple où ils vont être reçus. Poignant exemple dans *Nouvelle terre* où l'image d'un gosse émacié est mise en parallèle avec la destruction de céréales pendant la crise de 1930.

Enfin on trouve dans *La Mère* l'une des plus belles métaphores du cinéma, qui est d'ailleurs à la fois plastique, dramatique et idéologique : elle s'étend sur une grande partie du film et réside dans la mise en parallèle d'une manifestation de grévistes à l'époque tsariste avec la débâcle des glaces d'un fleuve au printemps. Le symbole naît de la similitude évidente entre la ruée des blocs de glace démantelés par le renouveau printanier et le flot des ouvriers entraînés par leur prise de conscience à l'assaut de l'autocratie. Ernest Lindgren a écrit à propos de cette admirable séquence des lignes qui en rendent parfaitement le sens et la portée : « ... L'ensemble de la séquence que j'ai décrite est en fait construit sur l'entremêlement d'un certain nombre d'actions distinctes. Quatre d'entre elles appartiennent au drame même : l'évasion du fils et sa rencontre avec sa mère, la révolte générale dans la prison, la manifestation des ouvriers dans la ville et l'action entreprise par l'armée pour écraser le mouvement. Derrière le drame principal, il y a encore deux autres actions secondaires : d'abord les scènes de printemps en général, l'eau courante et tourbillonnante des torrents et des rivières, les enfants jouant et riant et les flaques d'eau reflétant le ciel dans le sol boueux ; et deuxièmement, comme élément plus particulier de l'apparition du printemps, les blocs de glace descendant inexorablement la rivière, tantôt lentement et calmement, tantôt se bousculant les uns les autres. Le mouvement de cette séquence dans sa totalité est construit sur le mélange de ces éléments partiels opposés les uns aux autres et dont les interrelations sont extrêmement subtiles et variées. Les plans du printemps sont réintroduits pour exprimer la joie du prisonnier. Le thème du printemps réapparaît dans la pensée des prisonniers assis dans la cellule commune ; il revient dans les plans de la manifestation et des soldats reflétés dans les flaques d'eau de la route. La glace sur le fleuve est un développement naturel du thème du printemps qui prend alors une importance particulière par lui-même. Il y a une similitude évidente, plastiquement parlant, entre le mouvement de la glace et celui de la manifestation en marche ; l'un et l'autre commencent lentement, acquièrent graduellement de la force et à la fin, de même que les blocs de glace viennent s'écraser contre les piles du pont, la marche des ouvriers se transforme en désastre auprès du pont et se termine dans le chaos et la confusion. Mais la glace fait aussi partie naturellement de la scène et joue un rôle réaliste dans le développement de l'action lorsque le fils s'échappe sur un bloc de glace et se trouve emmené hors d'atteinte, temporairement en sécurité [1]. »

Il est utile, après avoir vu le rôle idéologique de la métaphore, d'étudier son *mécanisme psychologique* : nous abordons ainsi certains problèmes que nous retrouverons

1. *The art of the film*, p. 86.

à propos du montage. La métaphore naît du choc de deux images dont l'une est le terme de comparaison et l'autre l'objet de la comparaison, la chose comparée ; si l'on se réfère aux exemples cités, on peut s'apercevoir que l'objet de la comparaison est toujours un ou plusieurs êtres humains alors que le terme de la comparaison est toujours un animal ou un objet (autruche, harpe, moutons, blocs de glace, etc.) : il est normal en effet que ce soit toujours le visage ou le geste humains qui soient mis en cause, infléchis, investis d'une tonalité particulière par la confrontation, d'abord parce que le fait humain est extrêmement malléable et en tout cas plus que l'objet auquel il est référé, ensuite parce qu'il nous concerne et nous intéresse plus que toute autre réalité.

Essayons de mettre en évidence le mécanisme de la métaphore en étudiant celle qui ouvre *Les Temps modernes.* La vue du troupeau instaure en nous un champ de conscience d'une certaine qualité correspondant à l'idée que peut nous suggérer une telle image : curiosité amusée, attention assez distraite. L'image de la foule humaine qui lui succède apporte par contre un élément tout différent : nous sommes aussitôt beaucoup plus *intéressés, concernés* par cette image qui constitue un fait humain, d'où l'établissement en nous d'une tonalité psychologique beaucoup plus dense, plus tendue. Il y a donc montée de la tension mentale : le sens du rapprochement des deux images apparaît aussitôt et appelle le rire ; mais l'élévation du ton empêche le rire de s'épanouir et le mue en un sourire un peu triste ; l'effet obtenu, loin d'être franchement comique, est plutôt amer, désabusé et en définitive assez pessimiste. Par contre, il est vraisemblable que la disposition inverse des deux images aurait eu un caractère comique beaucoup plus net du fait de la chute de tension psychologique qu'elle aurait suscitée.

On voit donc que les deux images réagissent l'une sur l'autre : la seconde prend un « ton » et un « sens » en fonction de la coloration mentale instaurée par la première et réagit à son tour sur le « ton » et le « sens » de celle-ci. En définitive donc le *sens* de la métaphore naît de la confrontation des deux plans ; quant à son *ton,* il sera plutôt tragique s'il y a montée de la tension d'un plan à l'autre (les soldats — les tombes) et plutôt comique dans le cas contraire (l'orateur — les harpes). Mais c'est en fin de compte la dominante psychologique et dramatique du film qui donnera à la métaphore sa tonalité exacte : ainsi une métaphore à tendance comique dans un film tragique (l'orateur — les harpes) et une métaphore à tendance tragique dans un film plutôt comique (ou en l'occurrence satirique : les soldats — les tombes) prendront un ton amer et grave et non pas franchement risible.

## LES SYMBOLES

Il y a symbole proprement dit lorsque la signification ne surgit pas du choc de deux images, mais réside *dans l'image elle-même* ; il s'agit de plans ou de scènes appartenant toujours à l'action et qui, en plus de leur signification directe, se trouvent investis d'une valeur plus profonde et plus large et dont l'origine a des causes diverses que je vais essayer de passer en revue.

A. *Composition symbolique de l'image* : il s'agit d'une image où le réalisateur aura rassemblé plus ou moins arbitrairement deux fragments de réalité pour faire jaillir de leur confrontation une signification plus large et plus profonde que leur simple contenu matériel. On peut en distinguer plusieurs types :

— *personnage devant un décor* : les personnages des fresques d'une église russe paraissent être les témoins menaçants du désarroi d'une jeune fille (*L'Orage*) ; le prince Kourbsky, se demandant s'il va trahir Ivan, se silhouette devant un œil énorme[1] sur le mur d'une chapelle (*Ivan le Terrible*) ; un petit employé, malingre et pitoyable, gesticule devant une ample et majestueuse fresque de la Renaissance (*Le Manteau*, de Lattuada) ; c'est devant les monstres marins d'un aquarium qu'Elsa supplie Michel de fuir avec elle pour échapper à un mari cruel (*La Dame de Shanghaï*). Voici plus recherché : sortant de la maternité avec un enfant dont le père l'a abandonnée et passant près d'une église, une jeune femme est photographiée de telle manière que sa tête semble entourée de l'auréole du martyre (*Le Kid*) ; Kerensky, filmé en contre-plongée, paraît satiri-

1. Équivalent du symbolisme hugolien : « L'œil était dans la tombe et regardait Caïn. »

quement coiffé de la couronne de laurier que tend une statue au-dessus de lui (*Octobre*) ; le sadique, regardant une vitrine, nous apparaît le visage entouré par le reflet de rangées de couteaux qui symbolisent sa folie meurtrière (*Le Maudit*) ;

— *personnage avec objet* : j'ai cité plus haut le beau cadrage de *Folies de femmes* où la barre d'un lit semble peser sur l'esprit d'une femme bouleversée ; cadrage identique dans *Lola Montès* au cours d'une longue scène où l'héroïne évoque la tristesse de sa vie et où son visage est presque constamment barré par le tuyau du poêle installé dans la diligence ; effet semblable encore dans *La loi du silence* : le jeune prêtre accusé de meurtre écoutant les divers témoignages est cadré à plusieurs reprises en plan moyen avec, dans un coin de l'écran et en gros plan, l'extrémité d'une barre métallique : l'obsédante présence de cette masse rend physiquement sensible le drame qui se joue en lui ; dans ce même film encore, le curé, parcourant la ville avant de se livrer à la police, est vu à un moment en plongée lointaine tandis qu'au premier plan se silhouette une statue du Christ portant sa croix. Plus subtil, voici le rasoir agité par l'amant devant (du moins par l'effet de la perspective) le cou du mari, future victime (*Ossessione*) ; même cadrage avec la main que le policier est en train de ganter soigneusement devant l'homme qu'il va étrangler (*La Soif du mal*) ;

— *deux actions simultanées* : au cours du mariage des protagonistes on voit par la fenêtre ouverte passer dans la rue un enterrement, symbole de l'erreur de cette union qui se terminera par la mort misérable des deux conjoints (*Les Rapaces*) ; dans la scène de la double noce de *Toni*, à la joie générale des convives s'oppose le désespoir de Josépha et de Toni obligés, elle et lui, par les circonstances, d'épouser quelqu'un qu'ils n'aiment pas malgré leur amour réciproque ; dans la séquence finale de *L'Amour d'une femme*, la jeune femme qui pleure son amour brisé par le départ de l'ingénieur voit sa douleur avivée par le verbiage inconscient de la nouvelle institutrice qui raconte son bonheur à elle. Sur le plan comique, voici la scène de l'Opéra dans *Le Million* : les deux artistes chantent un duo d'amour alors qu'ils se détestent et se font en aparté des réflexions désobligeantes et ce sont les deux amoureux, cachés derrière un élément de décor, qui prennent à leur compte les paroles enflammées de la chanson. Enfin, on trouve dans l'étonnant et méconnu *Soleil se lève encore* une admirable séquence : au moment où les Nazis emmènent à la mort le curé et un autre résistant, les paysans se rassemblent sur leur passage en une foule bientôt énorme ; puis le curé commence à réciter les litanies de la Vierge et les paysans se mettent à lui répondre en un crescendo fervent qui contraste avec la panique de l'ennemi ;

— *action visuelle combinée avec un élément sonore* : le visage de la jeune actrice que son mari vient de tuer par jalousie se profile devant l'écran où elle chante « Je n'ai qu'un seul amour, c'est toi » (*Prix de beauté*) ; la douleur d'un prisonnier qui vient de perdre son meilleur camarade est suggérée par les grincements du chariot qu'il pousse et où se trouve le cadavre (*Le Grand consolateur*) ; un cambrioleur découvre un cadavre ensanglanté et reste muet d'horreur : mais au-dehors un chien hurle à la mort (*La Tête d'un homme*) ; un homme se fait retirer le clou que des voyous lui ont planté dans l'épaule : il maîtrise sa douleur mais une sirène au loin semble crier à sa place (*El Bruto*) ; un soldat est mort en serrant entre ses dents les deux extrémités du fil téléphonique qu'on l'avait chargé de réparer et, la communication rétablie, on entend *off* l'annonce de la victoire (*Le Tournant décisif*) ; un lent panoramique découvre les ruines de la chancellerie de l'ex-Reich nazi à Berlin tandis qu'on entend la voix d'Hitler promettant au peuple allemand la paix et le bonheur (*Allemagne année zéro*); au moment où le jardinier fouille la piscine où se trouve peut-être un cadavre, l'institutrice meurtrière fait apprendre à ses élèves le verbe *to find, trouver* (*Les Diaboliques*) ; tandis qu'elle chante le cantique « A toi la victoire pour l'éternité », une jeune fille regarde haineusement l'aveugle qui lui a pris le cœur de son fiancé (*La Symphonie pastorale*) ;

— *inscription soulignant le sens d'une action ou d'une situation:* bons exemples dans *L'Opéra de quat'sous* lorsque les miséreux londoniens, faisant la queue pour obtenir de Peachum, contre argent, la carte qui leur permettra de mendier, se trouvent dominés ironiquement par la formule biblique inscrite au mur : « Donne et il te sera donné » et dans *Intolérance* lorsque la caméra, suivant les grévistes qui fuient la fusillade de la milice patronale, découvre l'inscription « La même chose aujourd'hui qu'hier ». *Citizen Kane* s'ouvre par un mouvement d'appareil qui fait entrer dans le champ la pancarte « No Trespassing », symbole de l'impossibilité de pénétrer dans l'intimité d'un individu. Dans *A bout de souffle,* des affiches de films suggèrent la destinée fatale du héros : « Vivre dangereusement jusqu'au bout », « Plus dure sera la chute ».

— *addition d'un élément extérieur à l'action* : sur un gros plan de la tête de l'héroïne recevant un baiser, des portes qui s'ouvrent (en surimpression) suggèrent qu'elle vient de se libérer de sa frigidité (*La Maison du D^r^ Edwardes*).

B. *Contenu latent ou implicite de l'image* : il s'agit de la forme la plus pure et la plus intéressante du symbole. Il consiste, à ce stade, en une image qui a son rôle propre dans l'action et qui peut sembler ne recéler aucune implication non évidente, mais dont le contenu se trouve prendre plus ou moins clairement, au-delà de sa signification immédiate, *un sens plus général.* Je distinguerai donc, comme pour les métaphores, trois grandes catégories de symboles :

— *symboles plastiques* : c'est-à-dire des plans où le mouvement d'un objet ou d'un geste ou leur résonance affective peuvent évoquer une réalité d'un autre ordre. Le cinéma soviétique offre nombre d'exemples de ce symbolisme affectif pur : dans *Potemkine,* pendant les minutes qui précèdent l'ordre de faire feu sur les mutins recouverts d'une bâche, un certain nombre de plans (une vue de l'étrave du cuirassé, un panneau d'armoiries impériales, un clairon) concourent par leur statisme à renforcer l'impression de vive inquiétude et d'attente impuissante de l'équipage ; peu après, au cours de la bataille, un plan représentant un drapeau claquant au vent introduit une valeur épique qui souligne le caractère du moment ; de même, dans *Tempête sur l'Asie,* l'image d'une caisse de pièces de monnaie se renversant à terre, puis celles d'un aquarium et d'un vase de fleurs se brisant sur le sol, constituent, par leur caractère d'images-chocs (gros plans très courts et de mouvement très rapide) une sorte de contrepoint plastique aux scènes de violences qu'elles accompagnent ; dans l'*Othello* de Youtkevitch, pendant le long monologue en aparté où Iago expose ses intentions criminelles, les fusées d'un feu d'artifice éclatent silencieusement dans le ciel derrière lui comme pour souligner la violence de ses propos. Mais voici plus explicite : dans *Potemkine* encore, à l'image du médecin jeté à la mer succède un gros plan de son lorgnon qui, retenu dans sa chute par un cordage, se balance au bout de son fil, évoquant dans l'esprit d'Eisenstein la marionnette ridicule et sinistre que fut cet homme qui s'autorisait de son titre de médecin pour prétendre que la viande envahie par les vers est parfaitement propre à la consommation [1] ; un envol de pigeons symbolise en quelque sorte le départ de l'âme d'un mort (*La Passion de Jeanne d'Arc, Telle est la vie,*

1. Eisenstein note qu'on peut voir ici l'équivalent de la figure de style appelée *synecdoque,* qui consiste à prendre la partie pour le tout, procédé souvent utilisé au cinéma justement à cause de sa valeur suggestive.

21. *La Passion de Jeanne d'Arc* (Carl Th. Dreyer, 1928).

22. *Cendre et diamant* (Andrzej Wajda, 1958).

*L'Espoir*) ; dans *Farrebique,* au cours de l'enterrement du grand-père, on voit les ronces s'accrocher aux roues de la voiture comme pour retenir parmi elles l'homme qui a passé toute sa vie au milieu de la nature ; dans *La Symphonie pastorale* les papiers qui s'envolent dans tous les sens au moment où le pasteur ouvre la porte de son bureau symbolisent à la fois la fuite de la jeune fille et la surprise inquiète de l'homme ; dans *Souvenirs de la Maison des morts,* tout au long de la conversation entre Dostoïevski et le chef de la police, l'image, répétée de multiples fois, d'un chandelier dont les pendentifs de cristal palpitent et tintinabulent, rend perceptible la tension de l'atmosphère de la scène ; dans le film de Youtkevitch, Othello, tenaillé par la jalousie, est filmé au milieu de filets de pêcheurs où il semble pris au piège comme en un labyrinthe.

Autres exemples avec effets sonores : ainsi le déraillement du train blindé allemand de *La Bataille du rail* se termine sur le plan d'un accordéon dévalant le talus parmi les débris de wagons en une cascade de notes criardes et désaccordées, à l'image de la mort dérisoire de ces hommes sacrifiés à une injuste cause ; dans *L'Homme à l'affût,* une prostituée ivre déambule péniblement et donne un coup de pied dans une boîte de conserve qui se met à dévaler à grand fracas la pente de la rue, pitoyable image de cette femme ; enfin l'étonnante séquence de l'entrée du train en gare de *La Dernière nuit* contient un beau contrepoint sonore : le halètement de la locomotive dans le silence du grand hall désert symbolise de façon vigoureuse l'inquiétude attentive des hommes aux aguets ;

— *symboles dramatiques* : ce sont ceux qui jouent un rôle direct dans l'action en fournissant au spectateur des éléments utiles à la compréhension du récit ; les symboles de ce genre abondent et sont souvent assez élémentaires : très souvent, une chandelle qui s'éteint signifie la mort d'un personnage (*Le Manteau,* de Kozintsev et Trauberg) ; Napoléon, revenu de l'île

23. *La splendeur des Amberson* (Orson Welles, 1942).

24. *L'ombre d'un doute* (Alfred Hitchcock, 1943).

d'Elbe, dresse son plan de bataille contre l'armée anglaise de Belgique ; à la fin de la discussion, il jette sur la carte le coupe-papier qu'il tenait à la main et celui-ci vient se ficher sur un nom que la caméra nous fait découvrir : Waterloo (*Marie Walewska*) ; une jeune femme s'est résolue à épouser le vieil homme qui lui fait la cour, mais voici qu'une marche militaire annonce le retour du beau légionnaire qu'elle aime : elle se précipite mais le collier que l'homme lui a offert s'accroche au dossier de la chaise, se brise et répand ses perles sur le sol (*Morocco*) ; un homme ayant fait tomber par inadvertance dans le foyer d'une cheminée la photo de celle qui fut sa maîtresse, esquisse un geste pour la retirer des flammes puis se ravise et la regarde brûler avec indifférence (*Le Kid*) ; sur un petit groupe d'agitateurs ouvriers en train de discuter d'un plan d'action, une main (celle du chef de la police) se referme en surimpression (*La Grève*) ; sur l'image d'une jeune fille prise au piège de la cour pressante et intéressée que lui fait un officier, se superpose celle d'une araignée tissant sa toile (*La Reine des cartes*).

Déjà moins « lisible », voici une théière qui bout pour exprimer la tension qui monte dans un groupe et va aboutir à un meurtre (*Dura Lex*) et la casserole de lait qui déborde pour symboliser le désir sexuel des époux (*Quai des Orfèvres*) ; un talon qui se brise et la démarche claudicante qui en résulte traduit le bouleversement moral d'une femme (*L'Opinion publique, L'Or de Naples*) ; au cours d'une violente discussion avec son mari, une femme est en train de s'enduire de crème à démaquiller et la brutalité avec laquelle elle pétrit son visage rend sensible son désarroi intérieur (*A double tour*) ; dans *Ossessione* apparaît soudain à la protagoniste une femme qui tient à la main une lourde serpe et dont le visage reste dans l'ombre : est-ce la Mort, *sa* mort ? [1]

1. Ne pas oublier le rôle symbolique du décor et des éléments naturels, précédemment analysé.

Mais on peut avoir affaire à des effets beaucoup plus élaborés. Excellent exemple dans *Les Rapaces* : Marcus, ami du jeune ménage, furieux de voir lui échapper l'argent gagné par Trina grâce au billet de loterie qu'il lui a offert, décide de reprendre cette somme par tous les moyens et sa volonté malfaisante se trouve exprimée par un plan introduit à plusieurs reprises dans la séquence et qui montre un chat essayant d'atteindre deux oiseaux figés de terreur dans une cage. Symbole beaucoup plus subtil, la mort du canari dans la séquence initiale de *L'Ange bleu* : cet incident sert évidemment à mettre en relief le caractère sentimental du professeur, mais il est aussi et sans aucun doute une préfiguration de sa mort lamentable à la fin du film, être aussi désarmé que le faible volatile ; l'impression de présage tragique que laisse cet insignifiant événement est d'ailleurs renforcée, au moment des premières visites du professeur à Lola-Lola, par la présence insistante et silencieuse d'un clown qui n'est autre que le symbole de la déchéance prochaine de Rath. On trouve dans *Tempête sur l'Asie* un jeu de scène très ésotérique mais singulièrement vigoureux : on remarque que le soldat anglais, emmenant le prisonnier mongol pour le fusiller, prend soin de ne pas se salir les pieds dans les flaques d'eau ; au retour, par contre, l'une de ses bandes molletières est défaite et traîne dans la boue qu'il ne cherche plus à éviter : son comportement symbolise avec force le désarroi intellectuel du soldat, que dégoûte et indigne le meurtre qu'on vient de lui faire commettre.

Enfin rappelons le rôle symbolique que peuvent jouer le son (un homme, ruiné et désespéré, entend *off* les appels des croupiers qui symbolisent la passion du jeu qui vient de le saisir, dans *Le Joueur*) et la couleur (dans *Heimat,* majoritairement en noir et blanc, la couleur intervient pour souligner les temps forts de l'action).

— *symboles idéologiques* : ainsi nommés parce qu'ils servent à suggérer, je le répète, des idées qui dépassent largement les limites de l'histoire dans laquelle ils sont intégrés. Dans *L'Espoir,* une fourmi qui se promène sur le collimateur d'une mitrailleuse semble symboliser l'innocence de la vie naturelle confrontée au monstrueux mécanisme de la guerre ; et l'on peut lire une signification un peu analogue dans la séquence fameuse où le paysan, embarqué dans un avion pour désigner l'emplacement de l'aérodrome ennemi, ne reconnaît plus sa terre natale, vue du ciel. Dans *Octobre,* au moment où le Palais d'Hiver vient d'être pris par les ouvriers révolutionnaires, Eisenstein montre une horloge où divers cadrans indiquent les heures locales dans les grandes capitales, comme pour nous signifier que cet événement va changer l'histoire du monde. Dans *Voleur de bicyclettes,* l'ouvrier Ricci est en train de placarder une affiche de Rita Hayworth lorsqu'on lui vole sa bicyclette : connaissant les opinions du réalisateur et de son scénariste Zavattini, on admettra sans peine que cette affiche est le symbole des flots d'images abêtissantes et empoisonnées qu'Hollywood déverse sur les écrans du monde, images dont le luxe et la fausseté n'ont d'égale que la misère matérielle et morale d'un grand nombre d'êtres humains. Lorsque la jeune trieuse du *Point du jour* dit au délégué mineur, à propos du mur de la mine : « Quand j'étais petite, je croyais qu'il n'y avait rien derrière ce mur », il est évident que c'est le réalisateur Louis Daquin qui exprime ici sa conception de la société et que ce mur énorme et infranchissable symbolise la regrettable division de la société en classes antagonistes. Au moment où l'on mène au cimetière le jeune tractoriste de *La Terre* tué par un contre-révolutionnaire, une femme, sur le passage du cortège, se trouve prise des premières douleurs de l'enfantement : ainsi la vie naît-elle sans cesse de la mort ; thème fréquent dans le cinéma soviétique, des hommes disparaissent dans la bataille révolutionnaire, mais déjà d'autres naissent qui prépareront les moissons futures. Lorsqu'à la fin de *Chasse tragique* l'ancien déporté, que le chômage et la misère avaient poussé à faire partie d'une bande de gangsters, comprend son erreur et revient volontairement parmi ses camarades paysans, ceux-ci lui rendent la liberté et le chassent amicalement à coups de mottes de terre vers les chantiers pacifiques de la patrie libérée : c'est presque une purification, une exorcisation que font ainsi subir les ouvriers de la coopérative à celui qui avait failli, par son égarement criminel, leur enlever leur terre nourricière ; par ce symbole dans l'esprit du cinéma soviétique, De Santis exprime une sorte de participation vitale entre la terre et les hommes qui vivent de sa substance. Dans une perspective non réaliste, il faut citer cet effet très original qui se trouve dans *Un débris de l'empire* : lorsque l'amnésique retrouve son passé, on le voit (flashback) se trouver face à face dans le no man's land avec un fantassin allemand qui a le même visage que lui, qui *est* lui ; de même les agents de liaison, les téléphonistes, les artilleurs de chaque camp *sont* tous lui : voilà qui, dans l'esprit du réalisateur, signifie sans doute que dans la guerre les hommes se battent contre eux-mêmes alors que par nature ils sont tous frères. Enfin voici, extrait de *L'Arsenal,* l'un des plus audacieux et des plus émouvants symboles (malgré son caractère non réaliste) qu'on puisse trouver dans l'histoire du cinéma ; à la fin du film, au moment où la grève des ouvriers de l'arsenal est écrasée par l'armée tzariste, l'homme qui a dirigé le mouvement s'avance face au peloton d'exécution : mitraillé à bout portant, il ne tombe pourtant pas et découvre sa poitrine comme pour montrer aux fusilleurs que ce qui vit en lui c'est une idée plus forte que la mort [1].

1. De vigoureux effets symboliques peuvent être obtenus par le chevauchement des plans, chacun reprenant l'action un peu avant l'instant où le précédent l'a laissée. Le plus célèbre exemple s'en trouve dans *Ivan le Terrible,* au moment du déversement des pièces d'or sur la tête du nouveau Tzar : l'effet obtenu est une sorte de dilatation de la durée pour souligner la solennité de l'instant. Même procédé et même impression dans *Potem-*

On aura remarqué que le symbole est d'autant plus réussi et plus frappant qu'il est moins visible dès l'abord, qu'il paraît moins fabriqué et moins artificiel. Il est bien évident cependant que les possibilités d'expression symbolique dépendent du style et du ton du contexte et qu'un fantasmagorique symbole tel que celui de *L'Arsenal* que je viens de citer n'est imaginable et admissible que dans l'univers quasi surréaliste de Dovjenko. Quoi qu'il en soit, le processus normal du symbole est toujours de faire surgir une signification seconde et latente sous le contenu immédiat et évident de l'image.

Or, il existe des films, à vrai dire assez rares, qui témoignent d'un curieux renversement des valeurs et d'une méconnaissance étonnante de la nature réaliste du cinéma. Ces films transforment l'apparence directement lisible de l'action (1° degré d'intelligibilité d'un film) en un simple support, artificiellement créé, destiné à sous-entendre un sens symbolique (2° degré d'intelligibilité) qui prend une place de première importance. Ces films bousculent ainsi la « règle du jeu » cinématographique qui veut que l'image soit d'abord un bloc de réalité directement signifiante et ensuite, accessoirement et facultativement, la médiatrice d'une signification plus profonde et plus générale. Ce faisant ils s'exposent à divers dangers dont le principal est une action artificielle et invraisemblable.

C'est particulièrement net dans les films *écrits* (et éventuellement réalisés) par des poètes, tels Jacques Prévert et Jean Cocteau, parce que ceux-ci ont tendance à transporter directement à l'écran les symboles et les mythes de leur univers poétique. Alors le riche contenu mythique ou métaphysique fait éclater la fragile enveloppe réaliste fabriquée pour la circonstance et apparaît en premier plan avec toutes ses invraisemblances durement soulignées par le coefficient de réalité qui affecte tout ce qui paraît sur l'écran : c'est par exemple la raison de l'échec des *Portes de la nuit,* dont le rocambolesque scénario est impitoyablement démasqué par le contexte réaliste dont on a voulu l'habiller. De la même façon, en ce qui concerne l'interprétation, le mythe perce sous le personnage : c'est ainsi que Jules Berry, dont l'étonnant personnage du *Jour se*

---

*kine* lorsque après l'incident de la viande pourrie, un des marins brise au sol une assiette portant l'inscription « Donnez-nous notre pain quotidien ». Dans la fameuse scène de la montée des grands escaliers par Kerensky (dans *Octobre*), le chevauchement souligne ironiquement l'ambition du personnage et tend à nous suggérer qu'il n'arrivera jamais à son but. Enfin dans *La Fin de Saint-Pétersbourg* le même effet, appliqué à la montée de l'ascenseur où a pris place le capitaliste, met en relief la puissance et la pompe de l'individu.

*lève* représentait évidemment le diable, était devenu explicitement le Malin dans *Les Visiteurs du soir,* perdant ainsi une partie de sa fascinante et inquiétante présence ; de même, dans *Les Portes de la nuit,* Jean Vilar est le Destin avant d'être un clochard et la vraisemblance de son personnage en souffre ; même constatation à propos de la Mort que personnifie Maria Casarès dans *Orphée.*

On voit le danger qu'il y a à vouloir couler les mythes dans le moule de l'univers réaliste : on aboutit à créer une réalité filmique dont la signification *réaliste* est secondaire par rapport à la signification *symbolique* ; le caractère profondément « documentaire » du cinéma authentifie alors de façon pesante et immédiate le contenu qui aurait dû rester second et qui, fouillé par l'œil impitoyable de la caméra, apparaît dans tout son paradoxe et sa fragilité.

L'attitude la plus cohérente et la plus féconde en ce domaine consiste, semble-t-il, à s'abandonner délibérément et sans réticence à la féerie : *La Belle et la Bête, La Beauté du diable, Marguerite de la nuit, Le Magicien d'Oz.*

# VII

## LES PHÉNOMÈNES SONORES

On pourrait s'étonner à juste titre de me voir consacrer un chapitre particulier aux phénomènes sonores. Il serait erroné en effet de faire du son un moyen d'expression à part des autres et de le considérer comme une simple dimension supplémentaire offerte à l'univers filmique, alors qu'en fait la venue du parlant a bouleversé profondément l'esthétique du cinéma. Aussi bien ai-je déjà fait souvent allusion aux composantes sonores du langage filmique dans les chapitres précédents. Les pages qui viennent ont donc pour but de rappeler quelques données historiques, de poser des principes généraux dont le dessein est de montrer l'importance extrême de l'apport sonore, puis de reprendre de façon systématique l'étude des moyens d'expression sonores.

On sait que le cinéma devint *sonore* puis *parlant* un peu par hasard en 1926 parce qu'une société de production américaine, la *Warner,* se trouvait au bord de la faillite et qu'elle tenta, comme une solution désespérée, cet essai devant lequel les autres firmes reculaient par crainte d'un échec commercial [1]. Le public fit aussitôt un accueil enthousiaste à ce nouveau genre de films, tandis que nombre de personnalités du cinéma parmi les plus grandes (cri-

1. Voir sur cette question l'excellente *Histoire économique du cinéma* de Baechlin.

tiques et réalisateurs) exprimaient leur scepticisme ou leur hostilité. « Les *talkies ?* déclara Chaplin, vous pouvez dire que je les déteste ! Ils viennent gâcher l'art le plus ancien du monde, l'art de la pantomime. Ils anéantissent la grande beauté du silence. » Les réserves que fit René Clair étaient beaucoup plus nuancées et l'avenir allait très rapidement montrer que l'auteur d'*Un Chapeau de paille d'Italie* était parfaitement apte à dominer l'apport sonore : « Il importe avant tout, écrivait-il, de rechercher des actions entièrement compréhensibles par l'image. La parole ne doit avoir qu'une valeur émotive et le cinéma rester une expression internationale parlée par images. Le langage de chaque peuple lui donnera simplement une coloration musicale. »

Cependant la prise de position historiquement la plus intéressante, et peut-être la plus féconde pour l'avenir, fut celle qu'exprimèrent Eisenstein, Poudovkine et Alexandrov dans leur célèbre manifeste de 1928 [1]. Les trois cinéastes soviétiques commencent par exprimer une crainte qui fut celle de tous les bons esprits de l'époque : « Le film sonore, écrivent-ils, est une arme à deux tranchants et il est probable qu'on l'utilisera selon la loi du moindre effort, c'est-à-dire simplement pour satisfaire la curiosité du public. » Mais le plus grand danger est peut-être le risque d'envahissement du cinéma par « les drames de haute littérature et autres essais d'invasion du théâtre à l'écran. Utilisé de cette façon, le son détruira l'art du montage, moyen fondamental du cinéma. Car toute addition de son à des fractions de montage intensifiera ces fractions d'autant et enrichira leur signification intrinsèque, et cela sans aucun doute au détriment du montage, qui produit son effet non par morceaux mais bien, par-dessus tout, par la réunion bout à bout de ces morceaux. » Mais en même temps nos trois auteurs voient avec perspicacité la richesse de l'apport sonore et sa nécessité au regard des insuffisances du muet. « Le son, traité en tant qu'élément nouveau du montage (et comme élément indépendant de l'image visuelle), introduira inévitablement un moyen nouveau et extrêmement affectif d'exprimer et de résoudre les problèmes complexes auxquels nous nous sommes heurtés jusqu'à présent et que nous n'avions pu résoudre en raison de l'impossibilité où l'on était de leur trouver une solution à l'aide des seuls éléments visuels. » Enfin ils exprimaient l'idée essentielle de leur manifeste, celle

---

Cf. Marcel LAPIERRE, *Anthologie du Cinéma*, pp. 243-246. Le Manifeste a paru le 5 août 1928 dans la revue *Jizn Iskoustva*.

du « contrepoint orchestral » : « Seule l'utilisation du son en guise de contrepoint vis-à-vis d'un morceau de montage visuel offre de nouvelles possibilités de développer et de perfectionner le montage. Les premières expériences avec le son doivent être dirigées vers sa « non-coïncidence » avec les images visuelles. Cette méthode d'attaque seule produira la sensation recherchée qui conduira, avec le temps, à la création d'un nouveau contrepoint orchestral d'images-visions et d'images-sons. »

Poudovkine tenta d'appliquer ces principes dans un film qui s'intitulait *La Vie est belle* et contenait d'audacieux effets sonores fondés sur la « non-coïncidence » entre l'image et le son. En voici deux exemples, tels que les rapportent ceux qui virent le film à cette époque : « A un moment donné, une mère pleure la perte de son fils ; au lieu de nous faire entendre les sanglots de la malheureuse femme, Poudovkine a imaginé de nous faire entendre la voix d'un enfant afin de nous suggérer directement que l'homme pleuré est toujours, pour la pauvre mère, un *petit*. Dans une autre circonstance, une femme se penche à la portière d'un wagon pour dire adieu à son mari ; tout à coup elle se souvient qu'elle a oublié de dire à ce dernier quelque chose d'important ; le trouble du départ, l'émotion, l'empêchent de se rappeler exactement de quoi il s'agit ; dans son cerveau, elle a l'impression que les roues du train commencent à tourner, qu'elles tournent de plus en plus vite, que le convoi accélère sa marche pour l'éloigner de son mari avant qu'elle ait pu lui dire cette chose si importante. Et le spectateur, qui entend le bruit du train qui démarre, se rend bien compte qu'il s'agit là simplement d'une crainte de l'héroïne puisque, sur l'écran, il voit le train immobile et la jeune femme toujours penchée à la fenêtre de son compartiment [1]. »

C'est donc dans son film suivant, *Le Déserteur*, que Poudovkine put mettre effectivement en pratique les idées avancées dans le Manifeste. Ce film comporte nombre d'exemples d'utilisation du son en « non-coïncidence » : j'ai déjà cité la séquence du tramway silencieux et l'on trouvera plus loin la description d'une utilisation de la musique dans la même perspective. Quant au « contrepoint

1. Rapporté par Marcel Lapierre, *Les Cent Visages du Cinéma*, p. 603. Malheureusement, dans l'été 1929, les techniques du son n'étaient pas encore assez au point en U.R.S.S. pour permettre une parfaite réalisation des effets subtils et compliqués que souhaitait l'auteur. D'autre part, le film fut l'objet de vives critiques de la part des autorités et des premiers spectateurs à cause de son obscurité. C'est donc finalement dans une version muette et sous le titre *Un simple cas* que le film sortit en distribution générale à la fin de 1932 seulement.

orchestral d'images-visions et d'images-sons », on le trouve réalisé le plus parfaitement dans les séquences de montage rapide, en particulier dans celle d'un cargo en construction : avec une extraordinaire maîtrise, Poudovkine a superposé aux flashes visuels toute une gamme sonore extrêmement riche et diverse et l'éclatante symphonie des bruits du travail humain vient converger avec le flux torrentiel des images en un étourdissant contrepoint qui rend sensible avec une rare vigueur l'impression d'une activité débordante.

Il faut souligner combien est injustifié le dédain avec lequel certains cinéastes et théoriciens ont considéré le cinéma parlant à ses origines. Il est faux de tenir le muet pour une sorte de nécessité esthétique. Dès les origines, des chercheurs, dans plusieurs pays, ont effectué des projections sonores avant que la technique d'inscription du son sur la pellicule ne soit mise en œuvre. On peut penser que le cinéma aurait pu devenir sonore et parlant bien plus tôt si l'industrie s'était intéressée au problème et rien ne permet d'affirmer une quelconque nécessité esthétique de la mutité. Il est évident que le son fait partie de l'essence du cinéma parce qu'il est, comme l'image, un phénomène qui se déroule dans le temps.

Eisenstein a écrit : « Le son ne s'est pas introduit dans le cinéma muet : il en est sorti. Il est sorti du besoin qui poussait notre cinéma muet à franchir les limites de la pure expression plastique. » « Le film muet, estime André Bazin, constituait un univers *privé* de son, d'où les multiples symbolismes destinés à compenser cette infirmité. » Les réalisateurs se trouvaient devant un double problème :

— représenter visuellement la perception d'un son par un personnage. A côté du procédé qui consiste à montrer l'individu tendant l'oreille puis à faire voir la source du bruit, il en existe un moins rudimentaire, la *surimpression* qui, par sa nature même, exprime une sorte de *compénétration perceptive* : au gros plan de l'oreille d'un homme qui écoute vient se superposer l'image d'une femme marchant dans un couloir (*Va-*

*riété*) ; un visage avec la surimpression d'une main frappant à la porte (*Telle est la vie*) ; un groupe d'ouvriers marchant joyeusement au son d'un accordéon dont l'image vient se superposer à eux en premier plan (*La Grève*) ; un gamin qui chante, avec la partition de « O Suzanna ! » (*Caravane vers l'Ouest*) ;

— rendre sensible le son lui-même. Certes, on aurait tort d'oublier que les films muets comportaient un accompagnement musical : quand la partition de « O Suzanna ! » apparaissait sur l'écran, l'accompagnateur tapait la mélodie sur son piano (à moins qu'elle ne fût jouée par un grand orchestre) et il en était de même pour la *Marseillaise* chantée au Club des Jacobins (*Napoléon*). Mais c'était en quelque sorte une solution de facilité et il est clair que les films muets, au moins de la part des meilleurs réalisateurs, étaient conçus pour se suffire à eux-mêmes. On trouve dans nombre d'entre eux des tentatives de *visualisation* des sons, en particulier au moyen du gros plan. L'homme étant une totalité, il est clair que ses divers organes perceptifs sont liés et qu'il est bien difficile de voir un canon qui tire sans entendre *psychiquement* la déflagration. Or, le gros plan, en portant au maximum, nous l'avons vu, l'attention et donc la tension mentale du spectateur, favorise cette *osmose perceptive.*

Ainsi par exemple, dès 1914, dans *La Conscience vengeresse* (ou *Le Cœur révélateur*), Griffith recourt à des gros plans répétés d'un crayon frappant une table et d'un pied martelant le sol pour essayer de rendre sensible le battement de cœur qui obsède le fou meurtrier du conte fantastique d'Edgar Poe et va l'amener à se trahir. Dans un esprit analogue, Eisenstein accumule dans *Octobre* des gros plans de bottes de cosaques en train de danser jusqu'à en rendre perceptible le martèlement cadencé, tandis qu'un peu plus tard le spectateur reçoit en plein visage une série de flashes du canon d'une mitrailleuse dont il finit par entendre le vacarme meurtrier. Dans *Fièvre,* le leitmotiv visuel du port et des bateaux joue le rôle de « fond sonore ». Dans *Eldorado,* L'Herbier rend l'atmosphère assourdissante d'un cabaret par des gros plans d'instruments de musique en fondus-enchaînés, cependant qu'Epstein matérialise les coups d'une horloge par des sortes de palpitations de la photo (*La Chute de la Maison Usher*). On trouve dans *Napoléon* un audacieux effet : pendant l'attaque des forts de Toulon par les Français, tous les tambours ont été tués et c'est une averse de grêle qui, martelant leurs instruments abandonnés, prend leur relève pour battre la charge. Une sonnerie de tambours est visualisée par des flashes d'éclairs et de vagues en furie (*Les Tartares*), le bruit d'une machine à coudre par des flashes d'une mitrailleuse en train de tirer (*Un débris de l'empire*), des applaudissements par des images d'explosions (*Le Déserteur*). Enfin, voici un extrait du scénario de Gance pour son *Napoléon* où l'on voit d'une façon particulièrement nette la volonté du réalisateur de rendre sensible le tocsin sonnant sur Paris :

4 gros plans différents de cloches.

.....................................................

4 autres plans de cloches, plus gros, très rapides.

.....................................................

4 autres plans de cloches, plus rapides et plus gros encore.

.....................................................

Cent cloches en quatre secondes, mêlées.

Ces quelques exemples d'« effets sonores silencieux », peut-on dire, mettent en évidence l'impasse dans laquelle se trouvait le cinéma à la fin du muet et les moyens désespérés qu'il devait mettre en œuvre pour compenser l'absence de phénomènes sonores.

Amputée d'une dimension essentielle, l'image muette devait se faire doublement significative. Le montage avait donc pris une place considérable dans le langage filmique, car on était sans cesse obligé d'intercaler dans le récit des plans *explicatifs* destinés à donner éventuellement au spectateur la raison de ce qu'il voyait se dérouler sous ses yeux. Si par exemple le réalisateur voulait montrer des ouvriers quittant leur atelier à la fin de la journée de travail, il était dans l'obligation d'intercaler dans la scène un gros plan de la sirène de l'usine en train de cracher sa vapeur. Ou bien, s'il voulait faire « entendre » un pianiste jouant Debussy, il devait placer un plan de feuillage ou d'eau calme. La bande-image devait donc assumer à elle seule un lourd travail explicatif en plus de sa signification propre : intercalation de plans ou montage rapide destiné à suggérer une impression sonore (voir ci-dessus les exemples d'*Octobre*) [1].

Au contraire, le son met à la disposition du film un registre descriptif fort étendu. Le son peut en effet être utilisé en *contrepoint* ou en *contraste* par rapport à l'image et, dans chacune de ces rubriques, de façon *réaliste* ou *non réaliste :* ce qui donne immédiatement au réalisateur, ainsi qu'on va le voir, *quatre modes possibles d'organisation des rapports image-son,* au lieu de la seule image du film muet. De plus le son peut non seulement venir d'une source visible sur l'écran, mais aussi d'une source *hors-champ (son off).* Voici dès maintenant un exemple des riches possibilités d'expression qu'offre le son intelligemment utilisé. Dans *Les Bas-fonds de Frisco,* une prostituée est poursuivie par deux tueurs ; elle a pu un instant leur échapper et s'est cachée dans un chantier ; ne l'entendant plus courir, les deux hommes se sont arrêtés pour écouter. On a alors le plan suivant : la femme cachée, dont le visage exprime la terreur muette ; le silence est complet dans les environs immédiats, mais au loin, la sirène d'un bateau déchire la nuit d'appels qui sont comme des cris

1. Il apparaît en effet que le montage rapide (flashes) dans le cinéma muet correspond souvent à la volonté de rendre une impression *sonore* : le montage rapide est en effet absolument non réaliste lorsqu'il prétend s'appliquer à la vue (nous ne voyons jamais que peu de choses à la fois du fait de la limitation de notre champ de vision — et en tout cas pas sur un tel rythme), mais il exprime par contre remarquablement bien la bousculade sonore de l'univers réel (les sons se précipitent en foule à nos oreilles de tous les points de l'horizon, ils se chevauchent et s'entremêlent dans un environnement compact et permanent).

d'angoisse : très bon exemple de son utilisé en contrepoint réaliste *off* avec valeur symbolique.

Dès lors, l'image reconquiert sa vraie valeur réaliste grâce à l'environnement sonore ; beaucoup d'effets subjectifs sont reportés sur la bande sonore (les surimpressions de contenus mémoriels sont remplacées par des *voix off*, par exemple) et pour reprendre les cas de tout à l'heure, le spectateur entend réellement la sirène et Debussy se suffit à lui-même ; le montage impressionniste devient pratiquement inutile dans la mesure où il était un substitut du son ; le gros plan a presque disparu en tant qu'explicatif et se limite à un rôle psychologique et dramatique ; enfin le montage perd de son importance au profit de la profondeur de champ, car le film peut s'exprimer par blocs de réalité concrète et totale.

En résumé voici quels sont les divers apports du son au cinéma :

— *le réalisme* ou, pour mieux dire, *l'impression de réalité* : le son accroît le coefficient d'authenticité de l'image ; la crédibilité, non pas seulement matérielle mais esthétique, de l'image se trouve littéralement décuplée : le spectateur retrouve en effet cette polyvalence sensible, cette compénétration de tous les registres perceptifs qui nous impose la présence indivisible du monde réel ;

— *la continuité sonore* : alors que la bande image d'un film est une suite de fragments, la bande sonore rétablit en quelque sorte la continuité, à la fois au niveau de la simple perception et à celui de la sensation esthétique ; la bande sonore est en effet, par nature et par nécessité, bien moins fragmentée que l'image : elle est en général relativement indépendante du montage visuel et beaucoup plus conforme au « réalisme » en ce qui concerne l'environnement sonore ; par ailleurs, le rôle de la musique est primordial comme facteur de continuité sonore à la fois matérielle et dramatique ;

— *l'utilisation normale de la parole* permet de supprimer cette plaie du cinéma muet que sont les intertitres — elle libère dans une certaine mesure l'image de son rôle explicatif et lui permet ainsi de se consacrer à son rôle expressif en rendant inutile la représentation visuelle de choses qui peuvent être dites ou, mieux, évoquées — enfin la *voix off* ouvre au cinéma le riche domaine de la psychologie en profondeur en rendant possible l'extériorisation des pensées les plus intimes (*monologue intérieur*) ;

— *le silence* se trouve promu comme valeur positive et l'on sait le rôle dramatique considérable qu'il peut jouer comme symbole de mort, d'absence, de danger, d'angoisse ou de solitude. Le silence, bien mieux qu'une musique envahissante, peut souligner avec force la tension dramatique d'un moment : qu'on se souvienne du silence attentif des milliers d'ouvriers rassemblés pendant les préparatifs d'essai de la nouvelle turbine (*Contre-Plan*), du tic-tac de l'horloge martelant le silence qui précède l'engloutissement dans l'enfer atomique (*Les Enfants d'Hiroshima*) ou du silence absolu qui accompagne le cambriolage dans *Du Rififi chez les hommes*. A un niveau plus élevé, on notera la place considérable que tient le silence dans l'univers de Bresson et la noblesse qu'il lui confère (*Le Journal d'un curé de campagne*, en particulier)[1] ;

— *les ellipses possibles du son ou de l'image* grâce à leur dualisme. On connaît la célèbre ellipse de *Sous les toits de Paris* : deux personnages discutent derrière une porte vitrée sans que pour autant le sens de leurs paroles nous échappe, charge discrète de René Clair contre le parlant ; ellipse identique dans *Brève ren-*

1. « Le muet figurait donc déjà le silence mais le sonore peut le traduire par du bruit alors que le muet traduisait le silence en silence. Le muet mettait le silence en scène. Le sonore lui donne la parole » (E. MORIN, *Le cinéma ou l'homme imaginaire*, p. 141) — « Le cinéma sonore a inventé le silence » (R. BRESSON, *op. cit.*, p. 47).

*contre* au moment où Alec presse Laura de venir chez lui : un dialogue qui eût pu être gênant nous est ainsi épargné sans que la compréhension du film en souffre le moins du monde ; de même, dans *Mort d'un cycliste,* nous n'entendons pas les paroles du maître-chanteur à l'héroïne : elles sont couvertes par la musique du cabaret et d'autant plus inutiles que nous savons parfaitement de quoi il est question ; effet analogue encore, dans *Le Quarante-et-unième,* pendant le récit des aventures de Robinson Crusoé par le jeune officier : on n'entend pas ses paroles mais seulement une musique éclatante et l'on voit des reflets de soleil sur la mer se superposer au visage radieux de Marioutka. Ellipse de l'image, si l'on peut dire, dans *Sous les toits de Paris* encore où une bagarre nocturne ne nous est indiquée que par les bruits qu'elle provoque après le bris du réverbère qui éclairait la scène. Enfin, dans *La Bête humaine,* les deux amants écoutent avec angoisse les pas d'un homme dans l'escalier, croyant qu'il s'agit du mari, cependant que dans *Scarface* et dans *Le Maudit* nous identifions le meurtrier par la rengaine qu'il sifflote au moment de ses crimes ;

— *la juxtaposition de l'image et du son en contrepoint ou en contraste,* la *non-coïncidence* réaliste ou non, le *son off* permettent la création de toutes sortes de métaphores et de symboles sur lesquels je vais revenir ;

— enfin *la musique,* en tant qu'elle n'est pas justifiée par un élément de l'action, constitue un matériel expressif particulièrement riche.

## LES BRUITS

Il est logique de répartir les phénomènes sonores en deux grandes catégories, la seconde étant réservée à la musique non déterminée par un élément de l'action, et la première comprenant tous les bruits quels qu'ils soient.

On peut distinguer :

— *les bruits naturels* : tous les phénomènes sonores qu'on peut percevoir dans la nature vierge (bruits du vent, du tonnerre, de la pluie, des vagues, de l'eau courante, cris des animaux, chants des oiseaux, etc.) ;

— *les bruits humains,* dans lesquels il faut différencier : *les bruits mécaniques* (machines, autos, locomotives, avions ; bruits de rues, d'usines, de gares, de ports) ; *les paroles-bruit :* c'est le fond sonore humain ; il est très net dans les versions originales où les paroles n'ont pour nous aucun sens ; le son des paroles fait partie intégrante de l'atmosphère authentique d'un film : il lui donne cette « coloration musicale » dont parlait René Clair ; enfin *la musique-bruit* : celle des films musicaux par exemple ou celle qui est produite par un poste de radio (elle est le plus souvent un simple fond sonore mais peut prendre une valeur de symbole).

Les bruits, tels que je viens de les définir, peuvent être utilisés d'abord de façon « réaliste », c'est-à-dire conforme à la réalité : on n'entendra que les sons produits par des êtres ou des choses apparaissant sur l'écran ou connus pour se trouver à proximité sans qu'il y ait aucune volonté d'expression particulière dans la juxtaposition image-son (ceci correspondrait à une prise de vues et à une prise de sons simultanées, sans « montage » ultérieur). On connaît le rôle prestigieux des bruits dans de nombreux grands films et « documentaires » : je pense au fracas des vagues de *L'Homme d'Aran,* aux bruissements de la forêt de *Louisiana Story,* au grondement des trains dans *La Bête humaine* ou *Night Mail,* aux bruits de la rue (*La Cité sans voiles, Le Rythme de la ville*) ou des usines (*Contre-Plan, le Point du jour*). Les bruits de l'activité humaine ont naturellement une telle valeur dramatique que certains films ont renoncé à toute musique.

Pourtant le son, si réaliste qu'il soit, est rarement utilisé de façon brute : « Au début du film sonore, on enregistrait à peu près tous les sons que pouvait capter le microphone. On remarqua bientôt que la reproduction directe de la réalité donnait une impression aussi peu réelle que possible et que les sons devaient être « choisis » au même titre que les images [1]. » Souvent en effet nous regardons quelque chose et nous prêtons l'oreille à un son venant d'ailleurs ; ou bien nous sommes trop absorbés pour percevoir les sons qui frappent notre oreille : pour ces raisons, un continuel synchronisme, loin d'être réaliste, produira un effet antinaturel.

Mais il est bien évident que le son n'est pas toujours un simple complément de l'image et que le montage permet les emplois les plus audacieux, en particulier par la « non-coïncidence » chère à Poudovkine. Il est possible d'obtenir des effets sonores ayant valeur symbolique, et ceci sous les deux formes que nous avons déjà définies : la métaphore et le symbole proprement dit.

La *métaphore* consiste, nous l'avons dit, à mettre en parallèle (à l'intérieur d'une même image ou dans le rapprochement de deux images) un contenu visuel et un élément sonore, le second étant destiné à souligner la signification du premier par la valeur *imagée* et *symbolique* qu'il revêt ; en quelque sorte, le son entre en contrepoint plus ou moins direct avec l'image : ainsi le souffle court d'un homme angoissé est rapproché du halètement d'une locomotive (*Extase*) tandis que les crachements de vapeur d'une autre locomotive accompagnent l'exubérance bruyante de soldats partant pour le front (*Okraïna*) ou la joie des garçons le jour de l'inauguration de la voie ferrée qu'ils ont construite (*Le Chemin de la vie*) ; enfin des mouettes criardes semblent se moquer du gamin dont elles viennent de manger les poissons par lui pêchés (*Le Rythme de la ville*).

1. René Clair, *Réflexion faite*, pp. 145-146.

L'utilisation « non réaliste » du son (c'est-à-dire en non-coïncidence avec l'image) détermine un autre type de métaphores beaucoup plus originales. Dans *Mascarade,* des hennissements sont superposés à l'image de bourgeois en train de rire, des cris d'oies à celle de jeunes filles, des grognements de porcs à celle de trois ivrognes affalés et des caquetages de poules à des girls de music-hall en train de papoter ; dans *Miracle à Milan* les paroles de deux capitalistes qui se disputent la propriété d'un terrain se transforment peu à peu en aboiements ; dans *Le Million,* René Clair superpose à une bagarre entre des hommes qui se disputent un veston les coups de sifflets d'un imaginaire match de rugby ; effet comique un peu analogue dans *Idylle à la plage* où l'image d'un homme qui saute de trou en trou pour approcher de son amie sans être vu de la mère de celle-ci, est sonorisée par des bruits de fusillades et d'explosions : par malchance la mère s'aperçoit de sa présence et lui lance un regard furieux... doublé d'une rafale de mitrailleuse ! Dans un court métrage comique de Michel Gast, *Les Frères Brothers en week-end,* au moment où un homme tire la sonnette d'une maison, on entend le bruit d'une chasse d'eau.

Enfin, voici un exemple où, étant donné le caractère recherché du rapprochement, nous touchons déjà au symbole : dans *Farrebique,* pendant la scène de la mort du grand-père, on entend le bruit d'un arbre qui s'abat sous les coups des bûcherons.

Les *symboles* présentent plus d'intérêt au point de vue du langage filmique. J'appelle symbole, par analogie avec le symbole visuel, tout phénomène sonore qui, sans entrer en concurrence signifiante avec l'image, tend à prendre, au-delà de ses apparences réalistes et immédiatement expressives, une valeur beaucoup plus large et plus profonde. Au moment de l'exécution des cheminots de *La Bataille du rail* par exemple, les sifflets des locomotives hurlent leur colère et leur haine vengeresse aux oreilles de l'ennemi ; dans *Anna Karé-*

25. *Ivan le Terrible* (Serguei M. Eisenstein, 1946).

*nine,* le son criard et lancinant du marteau d'un vérificateur s'acharne sur la douleur de l'héroïne ; le sifflement de l'express traversant la gare joue un rôle semblable vis-à-vis du désespoir de Laura (*Brève rencontre*) tandis que les grincements et les chocs d'un triage semblent souligner la gêne de deux amants obligés de se cacher dans un hôtel de banlieue sordide (*Chronique d'un amour*). Au moment où le protagoniste de *Sur les quais* avoue à la jeune fille que c'est lui qui a attiré son frère dans le guet-apens qui lui a coûté la vie, la sirène d'un remorqueur se met à hurler à proximité (le spectateur n'entend pas ses paroles) : Edie se prend alors la tête dans ses mains et éclate nerveusement en sanglots et son geste s'explique à la fois par le vacarme assourdissant de la sirène et par l'horreur de la révélation, le premier n'étant évidemment que le contrepoint de la seconde dans un jeu de scène d'une rare puissance dramatique. Dans *Les Portes de la nuit,* l'Ouverture d'*Egmont,* qu'on entend en sourdine à la radio pendant qu'il raconte ses « malheurs », souligne l'impudeur grandiloquente du bourgeois collaborationniste ; rôle analogue de la musique-bruit dans *Rome ville ouverte* où un air de jazz avive de façon presque inhumaine la douleur de l'homme qui vient de voir celle qu'il aimait tuée sous ses yeux.

On trouve enfin quelques emplois « non réalistes » du son avec effet subjectif ou (et) symbolique : dans *Un grand amour de Beethoven,* un sifflement lancinant matérialise la surdité naissante du compositeur mais lorsqu'un gamin se trouve dans l'image on n'entend pas le sifflement, Gance nous faisant ainsi comprendre que ce bruit est une impression purement *subjective* du compositeur ; plus tard, des images bruyantes (moulin, lavandières, cloches) sont muettes parce que vues par Beethoven sourd.

Dans *Citizen Kane,* la lampe de scène, qui s'éteint dans un decrescendo déchirant, exprime l'effondrement de Susan incapable de supporter plus longtemps la vie de chanteuse ratée que lui impose son mari ;

26. *La Règle du jeu* (Jean Renoir, 1939).

27. *Citizen Kane* (Orson Welles, 1940).

dans *Okraïna,* à l'image du cadavre de Nicolas fusillé sur le front pour activité révolutionnaire, vient se superposer le chant d'une troupe de Bolcheviks défilant victorieusement dans une ville de l'arrière ; effet tout à fait analogue dans *La Bête humaine :* lorsque le chef de gare découvre le cadavre de sa femme assassinée, on entend (bien que la disposition des lieux respectifs ne le permette normalement pas) la chanson « Le petit cœur de Ninon » qu'interprète un artiste dans la salle de bal et qui constitue un commentaire ironique de l'horrible destin de la jeune femme.

## LA MUSIQUE

La musique constitue l'apport de très loin le plus intéressant du parlant. Pourtant des partitions musicales ont déjà été écrites pour des films de la période muette : Saint-Saëns en composa une pour *L'Assassinat du Duc de Guise,* Ildebrando Pizetti pour *Cabiria,* Henri Rabaud pour *Le Miracle des loups,* Erik Satie pour *Entracte,* Arthur Honneger pour *La Roue* [1]. Mais il s'agissait là de musique écrite pour accompagner des films et non pas de musique de film au sens exact du terme, le principe de la correspondance rigoureuse image-son n'étant pas encore réalisé techniquement ni reconnu esthétiquement. D'ailleurs ces partitions écrites spécialement pour des films restent exceptionnelles. On peut d'autre part penser que les réalisateurs les plus exigeants et les plus hautement conscients des possibilités de leur art composaient leurs films de telle manière que l'adjonction d'un accompagnement musical soit inutile. C'est-à-dire qu'ils exprimaient par l'image des équivalents plastiques visuels de ce que la musique peut signifier sur le plan sonore. C'est ainsi que les plans de vagues venant mou-

1. Cette partition a servi de base au mouvement symphonique *Pacific 231,* composé par l'auteur en 1928.

rir sur une plage, introduits à plusieurs reprises dans *La Nuit de la Saint-Sylvestre* comme une sorte de leitmotiv plastique, constituent de toute évidence un équivalent visuel de ce qu'aurait pu être une partition musicale de caractère lyrique [1], c'est-à-dire un contrepoint au drame des images et en même temps l'introduction d'un élément psychologique précis (volonté d'exprimer la grandeur et l'universalité de ce drame humain — ou encore de signifier l'impassibilité de la nature devant les passions humaines). Mais il est clair que l'image de la mer introduit un élément visuel ayant sa précise et immédiate signification et que sa présence pose au spectateur un problème de déchiffrement intellectuel alors que la musique agit seulement sur les sens comme facteur d'accroissement et d'approfondissement de la sensibilité.

A l'époque dite muette, chaque salle disposait d'un pianiste ou d'un orchestre chargé d'accompagner les images d'effluves sonores d'après une partition composée spécialement ou d'après des indications fournies, parfois de manière très précise, par la société productrice. Dès les débuts du parlant, il continua à en être de même mais cette fois sans le secours d'instrumentistes. Elmer Rice a spirituellement décrit cette fièvre musicale : « L'air était empli de sons mélodieux — saturé, pourrais-je dire ; de grandes ondes, de douces harmonies se déroulaient autour de nous, sur nous. La musique nous enveloppait, nous entourait. Nous aurions pu la palper, la voir presque, tant son rythme était dominateur. Que le lecteur s'imagine à chaque instant de son existence, à l'état de veille ou de sommeil, bercé par une musique qui l'enveloppe comme un vêtement caressant. Cela tient du stupéfiant, de l'intoxication chronique, de l'ébriété continuelle ; c'est irrésistible et funeste ; le cerveau le mieux équilibré et l'organisme le plus robuste s'épuisent [2]. » Les images

1. « La musique souvent me prend comme une mer » (Baudelaire).
2. *Voyage à Purilia,* pp. 27-28

étaient affublées de paraphrases musicales dont Adorno et Brecht ont ainsi défini l'esprit et le propos : « Le rugissement du lion de la Metro Goldwyn Mayer révèle le secret de toute musique de cinéma : le sentiment de triomphe que le cinéma existe et même que la musique de cinéma existe elle aussi. C'est comme si la musique insufflait à l'avance au spectateur l'enthousiasme dans lequel le film devrait le plonger[1]. » Et Bresson a fait remarquer : « Combien de films rafistolés par la musique. On inonde un film de musique. On empêche de voir qu'il n'y a rien dans ces images[2]. »

On doit donc regretter que les réalisateurs méconnaissent trop la valeur dramatique du silence et ne songent qu'à noyer leurs films sous des flots d'éloquence sonore. En tout cas le musicien de film est depuis le parlant un personnage considérable : avec le directeur de la photographie, il est le principal créateur de la plastique cinématographique. Des compositeurs comme Maurice Jaubert, Georges Auric, Joseph Kosma et Georges Delerue en France, Hanns Eisler, Kurt Weill, Nino Rota, Giovanni Fusco (entre autres) à l'étranger, ont su échapper au danger que je viens de signaler et ont fait de la musique de film un genre autonome et parfaitement valable sur le plan artistique.

On ne saurait trop insister sur le caractère totalement « non réaliste » de l'univers filmique en ce qui concerne la musique. Contrairement à l'univers réel, « il contient perpétuellement une musique, laquelle lui constitue, atmosphériquement, une dimension sui generis, et qui perpétuellement l'enrichit, le commente, parfois le corrige et parfois même le dirige : en tout cas, qui en structure de très près la durée[3] ». La musique est donc un élément particulièrement spécifique de l'art du film et il n'est pas étonnant qu'elle joue un rôle fort important et parfois pernicieux : « Dans certains cas la signification « littérale » des images

1. *Musique de cinéma*, pp. 68-69.
2. *Op. cit.*, p. 137.
3. E. SOURIAU, *L'Univers filmique*, p. 24.

se trouve être extrêmement ténue. La sensation devient « musicale » ; à ce point que, lorsque la musique l'accompagne réellement, l'image tire réellement de la musique le meilleur de son expression ou plutôt de sa suggestion. Alors l'imagination s'emporte et, du point de vue de la langue, le signe se perd [1]. » Il existe en effet un danger réel de voir la musique supplanter et, partant, affaiblir, émasculer l'image, ce que le dialogue fait lui aussi trop souvent. Il est paradoxal que dans un art puissamment réaliste, disposant de ce moyen d'expression sans ambiguïté qu'est l'image, les réalisateurs éprouvent si souvent le besoin de faire raconter l'action par la musique également : ils la réduisent ainsi à un rôle de paraphrase mot-à-mot, de pléonasme permanent [2]. « Un pareil procédé, écrit Maurice Jaubert, prouve une méconnaissance totale de l'essence même de la musique. Celle-ci se déroule d'une manière *continue,* selon un rythme organisé dans le temps. En la contraignant à suivre servilement des faits ou des gestes qui, eux, sont *discontinus,* n'obéissent pas à un rythme défini, mais à des réactions physiologiques et psychologiques, on détruit en elle ce par quoi elle est musique pour la réduire à son élément premier inorganique, le son [3]. » Il est donc clair que la musique doit tourner le dos à tout accompagnement servile de l'image et, bien au contraire, chercher, dans une conception globale de son rôle, à « expliciter pleinement les implications psychologiques et véritablement existentielles de certaines « situations » dramatiques [4] ».

---

1. G. Cohen-Séat, *Essai sur les principes...,* p. 130.

2. « L'accompagnement musical employé trop souvent dans les films n'est qu'une répétition du dialogue... Je croirais beaucoup plus au contrepoint en matière d'accompagnement de films. Il me semble qu'il faudrait, avec les mots : « Je vous aime », mettre une musique qui dise : « Je m'en fous ». Tout ce qui entoure ces mots devrait être composé d'éléments contraires, ce serait plus efficace » (Jean Renoir, in *Cinéma* 55, nº 2, p. 34).

« La musique se fond rarement avec l'image, le plus souvent elle ne sert qu'à endormir le spectateur et à l'empêcher d'apprécier clairement ce qu'il voit. Tout bien considéré, je suis plutôt opposé au « commentaire musical », tout au moins dans sa forme actuelle. J'y sens quelque chose de vieux, de rance. » (Antonioni, in *Cahiers du Cinéma,* nº 112, octobre 1960.)

3. *Esprit,* 1er avril 1936.

4. Hanns Eisler in *Critique,* nº 37, juin 1949.

Nous arrivons ainsi à une première conception de la musique de film, conception « synthétique », dirai-je, et qui vise à « centrer l'attention du spectateur-auditeur sur la situation *en tant que totalité* [1] ». Le mot de Poudovkine selon qui « l'asynchronisme est le premier principe du film sonore » pourrait lui servir d'épigraphe. Le réalisateur cite à ce propos l'exemple de son film *Le Déserteur* pour lequel le compositeur Chaporine écrivit une partition qui essayait d'éviter toute paraphrase de l'image : ayant ainsi à illustrer la séquence finale où l'on voit une manifestation ouvrière d'abord brisée par la police puis finalement victorieuse et bousculant les barrages, le compositeur n'écrivit pas un accompagnement d'abord tragique puis triomphant, mais plaça tout au long de la séquence un thème exprimant le courage résolu et la certitude tranquille de la victoire. « Quel est le rôle de la musique ici ? écrit Poudovkine. De même que l'image est une perception objective d'événements, la musique exprime l'appréciation subjective de cette objectivité. Le son rappelle au spectateur qu'à chaque défaite l'esprit combattant ne fait que recevoir une nouvelle impulsion à la lutte pour la victoire finale [2]. »

Parti des mêmes principes formulés dans leur Manifeste commun, Eisenstein en est pourtant arrivé à une conception différente, *analytique* plutôt, du rôle de la musique de film. Sa célèbre théorie du « contrepoint audio-visuel » est en effet fondée sur la croyance en la nécessité d'une concordance rigoureuse des effets visuels et des motifs musicaux. Pour lui, le découpage-musique doit précéder le découpage-image et lui servir de schème dynamique. Au cours de la réalisation d'*Alexandre Nevsky*, il ne fixa définitivement son montage que lorsque Prokofiev eut terminé sa partition ; il voulut que la ligne mélodique fût strictement parallèle aux lignes de force plastiques de l'image : ainsi, à la

1. Hanns Eisler, *id.*
2. *On film technique*, pp. 192-193.

pente abrupte d'un rocher correspond une chute de la mélodie de l'aigu au grave. Il faut bien admettre cependant que cette concordance est purement formelle, car la chute de la mélodie se produit *dans le temps* alors que la pente du rocher est parfaitement statique. Le parallélisme n'est visible que sur la partition [1] et l'auditeur ne peut en avoir aucunement conscience mais cette concordance s'inscrit dans la notion de *montage vertical* par laquelle Eisenstein définit la relation image-son fondée sur la mise en parallèle harmonique des lignes instrumentales de la partition avec ce qu'il appelle une autre *portée,* celle des « images visuelles se succédant, et correspondant au mouvement de la musique, et vice versa[2] ».

Il faut noter, d'ailleurs, que si la partition est étroitement soumise à l'image sur le plan rythmique pur, elle manifeste par contre une entière liberté du point de vue dramatique : quelles que soient leurs différences, ces deux attitudes participent donc finalement de la même conception générale de la musique de film, celle qu'on peut appeler *musique-ambiance* par opposition à la *musique-paraphrase.*

Mais avant d'en venir au fond de la question, il est indispensable de définir et d'illustrer un certain nombre d'utilisations possibles de la musique à un niveau élémentaire, c'est-à-dire en accompagnement d'effets, de scènes ou de séquences précis et limités dans le déroulement d'un film. Elle peut ainsi être appelée à jouer plusieurs rôles :

A. *Rôle rythmique* :

— *Remplacement d'un bruit réel* (le glissement aérien des volées de flèches pendant la bataille de *Nevsky* — le bruit des avions en vol dans *Aérograd* — le grondement de la tempête dans *Au bord de la mer bleue* — l'explosion de la bombe atomique dans *Les Enfants d'Hiroshima*) ou virtuel : dans *Trois télégrammes,* le

1. Voir les graphiques publiés en annexe de *The Film Sense* et l'argumentation d'Eisenstein sur ce point dans *Le film : sa forme/son sens,* p. 318 sqq.
2. *Op. cit.,* p. 256.

capitaine des pompiers voit passer la voiture-échelle et n'entendant pas le signal traditionnel qui l'accompagne se croit victime d'une hallucination ; la musique fait alors retentir un très discret « pin-pon » — dans *Les Plus belles années de notre vie,* l'ancien aviateur revit ses souvenirs de guerre dans la carcasse d'une Forteresse Volante ; un vibrato de violons suggère alors le démarrage successif des quatre moteurs que la caméra découvre tour à tour par un panoramique.

— *Sublimation d'un bruit ou d'un cri* : je veux dire que le bruit ou le cri se muent peu à peu en musique ; on entend souvent par exemple le bruit du vent ou de la mer se changer en une phrase musicale qui veut être lyrique [1]. Mais la musique a souvent aussi la mission de remplacer un cri que sa violence oblige à éluder : j'ai cité le cas des cris d'une accouchée qui se subliment en une phrase musicale déchirante (*Mes Universités — L'Arc-en-ciel*) ; effet analogue dans *Le Grand citoyen* où le cri d'une femme découvrant un cadavre est remplacé par un thème éclatant et tragique.

— *Mise en relief d'un mouvement ou d'un rythme visuel ou sonore* : il peut s'agir d'un simple mouvement matériel (dans *La Cité sans voiles* la chute du gangster du haut d'une des tours d'un pont de New York est accompagnée par un decrescendo terminé par un coup de grosse caisse) ou d'un rythme : le trottinement cadencé du cheval du fiacre qui amène Juliette au château de Barbe-Bleue a été habilement souligné par un thème allègre de Kosma (*Juliette ou la clé des songes*) ; dans la séquence finale des *Portes de la nuit,* la musique accompagne en un contrepoint tragique le grincement des semelles de Guy s'avançant au-devant de la mort sur la voie ferrée ; enfin la musique souligne de son martèlement régulier les larges et vigoureux efforts de *L'Homme d'Aran* en train de casser des pierres. Il peut arriver que la musique mette en valeur

1. Même dans des films réalistes, les bruits (de la rue par exemple) peuvent être supprimés au profit d'une partition musicale (*Ascenseur pour l'échafaud*).

le rythme du montage : dans *La Belle équipe,* des accords plaqués soulignent solennellement la succession de divers plans fixes montrant la vaisselle et les victuailles préparées pour l'ouverture de la guinguette.

Dans tous ces exemples, il y a contrepoint musique-image sur le plan du mouvement et du rythme, correspondance métrique exacte entre le rythme visuel et le rythme sonore. Le rôle que joue la musique ici lui est particulièrement approprié (en tant qu'elle est mouvement dans le temps, comme l'image filmique) mais il est assez limité et en tout état de cause assez peu fécond.

B. *Rôle dramatique* :

Ici, la musique intervient comme contrepoint psychologique en vue de fournir au spectateur un élément utile à la compréhension de la *tonalité humaine* de l'épisode. Cette conception de son rôle est évidemment la plus répandue : aussi me bornerai-je à donner ici des exemples précis et limités de son action.

En créant l'*ambiance* et en soulignant les péripéties, la musique peut soutenir une action — ou deux actions parallèles en donnant à chacune une coloration particulière : dans *Nevsky,* le thème (allègre et triomphal) des Russes et celui (lourd et grotesque) des Teutons se développent alternativement et finissent par interférer au moment du choc des deux armées — ; elle peut donc mettre en relief la dominante psychologique en jouant un rôle métaphorique : une musique de valse accompagne les gestes d'un policier de la circulation (*Le Déserteur*), une sorte de grondement exprime la colère du peuple à l'arrivée des Teutons prisonniers (*Nevsky*), un air ironique accompagne la démarche boitillante d'un individu (*Au bord de la mer bleue*), un thème triomphal résonne tandis que le héros traverse le gigantesque et fébrile chantier d'un barrage (*Ivan*), un roulement de tambours accompagne les entrées d'une femme autoritaire et acariâtre (*Monsieur Ri-*

*pois*) — ; enfin elle peut intervenir sous la forme d'un leitmotiv symbolique évoquant la présence, chez un personnage, d'une idée fixe, d'une obsession, d'une hantise : de la recherche scientifique (*L'Homme au complet blanc*), de la boisson (*Le Poison*), de l'argent (*Touchez pas au grisbi*), du meurtre (*L'Ombre d'un doute, La Vie criminelle d'Archibald de la Cruz*), de la drogue (*L'Homme au bras d'or*), l'obsession sexuelle (*El Bruto*), la folie (*La Maison du Docteur Edwardes*). Et le leitmotiv peut jouer un rôle obsessionnel par sa répétition (*Le Troisième homme, L'Ile nue*).

C. *Rôle lyrique* :

Enfin, la musique peut contribuer à renforcer puissamment l'importance et la densité dramatique d'un moment ou d'un acte en lui donnant une dimension lyrique qu'elle est spécifiquement propre à engendrer : l'ouverture d'une fenêtre sur le soleil et le bonheur (*Extase, L'Or de Naples*), la découverte d'un bocal de poissons rouges illuminé et qui symbolise, lui aussi, le bonheur (*Okasan*), la découverte de sa mère morte par une fillette (*Il était une petite fille*), le rajeunissement de Faust (*Marguerite de la nuit*).

Nous venons de voir des exemples musicaux portant sur des moments précis et limités d'une action. Mais il est bien évident que l'immense majorité des partitions de films sont conçues comme un accompagnement permanent et servile animé de prétentions dramatiques ou lyriques : c'est ce que j'appelle *musique-paraphrase*, qui aboutit à créer une répétition sonore et incessante de la ligne dramatique visuelle et constitue donc un pléonasme [1].

Le cinéma américain nous a habitués à ces déluges musicaux où l'accompagnement manifeste une telle servilité qu'on pourrait presque suivre le film les yeux fermés : Richard Hageman, Miklos Rozsa, Dimitri Tiomkin ou Max Steiner sont coutumiers du fait.

1. Jean Cocteau l'a définie comme une « musique d'ameublement ».

Il apparaît donc que la musique ne devrait agir que comme *totalité* et non pas se borner à doubler, à amplifier les effets visuels : c'est ce que j'appelle la *musique-ambiance.* Elle doit participer discrètement (et son action sera d'autant plus réussie et plus efficace qu'elle se fera entendre mais non écouter) à la création de la tonalité générale, esthétique et dramatique, de l'œuvre. « Nous ne venons pas au cinéma pour entendre de la musique. Nous demandons à celle-ci d'approfondir en nous une impression visuelle. Nous ne lui demandons pas de nous «expliquer » les images mais de leur ajouter une résonance de nature spécifiquement dissemblable... Nous ne lui demandons pas d'être « expressive » et d'ajouter son sentiment à celui des personnages ou du réalisateur, mais d'être « décorative » et de joindre sa propre arabesque à celle que nous propose l'écran... La musique, comme le découpage, le montage, le décor, la mise en scène doit contribuer pour sa part à rendre claire, logique, vraie la belle histoire que doit être tout film. Tant mieux si discrètement, elle lui fait don d'une poésie supplémentaire, la sienne propre [1]. » Ici donc, la musique cherche à produire une impression globale sans paraphraser l'image : elle agit alors par sa tonalité (majeure ou mineure), par son rythme (allègre ou contenu), par sa mélodie (enjouée ou grave). Dans cette seconde conception, infiniment plus juste et plus féconde, du rôle de la musique, les réussites sont diverses et multiples.

Notons d'abord le recours à des *œuvres déjà composées.* Entre bien d'autres exemples, je citerai l'utilisation par Melville, pour ses *Enfants terribles,* de concerti de Bach ou de Vivaldi, œuvres qui donnaient une dimension sonore admirablement adéquate au drame âpre et dépouillé de Cocteau. Confrontés avec les images du *Carrosse d'or,* les mêmes sonorités métalliques et intellectuelles de Vivaldi conféraient cette fois un ton de suprême badinage à une histoire où la

1. Maurice JAUBERT, *art. cit.*, pp. 117-119.

cruauté le dispute à l'ironie. On se souvient d'ailleurs que Renoir avait déjà demandé aux classiques l'accompagnement de sa *Règle du jeu* et que, là aussi, la réussite avait été totale. On retrouve ici l'application des principes psychologiques que j'ai définis à propos des métaphores : l'image et la musique, influant l'une sur l'autre de façon difficilement définissable à priori, se colorent d'une tonalité particulière qui naît de leur juxtaposition, ce qui explique que les partitions de Vivaldi puissent prendre des teintes si diverses. De la même façon, la *Quatrième Symphonie* de Brahms (*Terre sans pain*), la *Troisième* et la *Cinquième* de Mahler (*Mort à Venise*), la *Septième* de Bruckner (*Senso*), ajoutent leur tragique propre à la grandeur des images cependant que les partitions de Mendelssohn, de Wagner et de Schubert, confrontées en un contraste symbolique à la terrible satire de *L'Age d'or*, ajoutent à la violence corrosive des images la grandiloquence d'une pompe rendue dérisoire. Mais il semble que le privilège de la « disponibilité » absolue soit réservé à la musique classique parce qu'elle est très peu lyrique, peu marquée d'une tonalité précise ou chargée, peu « engagée » dans l'effusion des sentiments et douée de ce fait d'une qualité éminemment souhaitable au cinéma : la discrétion dramatique et la neutralité affective[1].

L'utilisation du *jazz*, fort à la mode depuis quelques années, et devenue rapidement un poncif, rejoint en quelque sorte celle des classiques dans la mesure où le jazz retrouve le dépouillement et l'objectivité d'un Bach : je veux parler du *cool* des compositeurs modernes, car le *hot* est trop chargé de couleur et d'affectivité pour pouvoir remplir le même rôle. N'oublions pas cependant que c'est à Jean Painlevé qu'il faut, semble-t-il, attribuer le mérite d'avoir le premier compris la

1. « Mon désir d'utiliser de la musique déjà existante et dénommée classique, comme musique de film, m'est venu, je crois, pour deux raisons. D'abord une certaine crainte que j'ai de la sentimentalité. J'en ai un peu peur et il est évident que les musiciens classiques nous donnent un exemple de pudeur dans l'expression qui m'aide énormément... » (Jean RENOIR, in *Cinéma*, 55, nº 2, p. 34.)

vigueur évocatrice du jazz : dans ses documentaires *Vampire* et *Assassins d'eau douce,* il avait utilisé des disques de Duke Ellington pour créer un étonnant et sauvage contrepoint à la violence des images.

Après les premiers jalons posés par les partitions de Shorty Rogers pour *L'Equipée sauvage* et *L'Homme au bras d'or* aux Etats-Unis, c'est presque simultanément à Vadim (*Sait-on jamais*) et à Malle (*Ascenseur pour l'échafaud*) qu'on doit l'utilisation rationnelle et intelligente du jazz moderne comme contrepoint permanent à une action visuelle. Les improvisations de John Lewis et de son Modern Jazz Quartet pour *Sait-on jamais,* de Miles Davis pour *Ascenseur pour l'échafaud,* puis d'Art Blakey et de ses Jazz Messengers pour *Les liaisons dangereuses* et de Martial Solal pour *A bout de souffle* ont donné au jazz ses lettres de noblesse en matière d'accompagnement musical de films.

Le recours aux *classiques* et au *jazz* relève de ce que j'appelle *musique-ambiance,* qui ne se limite évidemment pas à ces deux aspects. Ainsi utilisée, la musique se borne à créer une sorte d'environnement sonore, d'atmosphère affective et intervient comme *contrepoint* libre et indépendant à la *tonalité* psychologique et morale (angoisse, violence, ennui, espoir, exaltation, etc.) du film envisagé dans sa *totalité* et non dans chacune de ses péripéties.

La partition d'Hanns Eisler pour *Nouvelle terre* (version sonore de *Zuyderzee)* fut la première et éclatante réussite dans cette perspective : agissant surtout par sa valeur rythmique, elle décuple le dynamisme du montage et exalte le travail humain jusqu'à l'épopée [1]. Presque au même moment, Maurice Jaubert écrivait la merveilleuse partition de *L'Atalante* par laquelle il contribuait à donner aux images de Jean Vigo leur inoubliable dimension insolite et poétique — avant de s'illustrer à nouveau dans *Quai des brumes* et *Le Jour*

1. La partition de Kurt Weill pour *L'Opéra de quat'sous* de Brecht, réutilisée dans la version cinématographique, avait ouvert la voie.

*se lève.* La musique de Prokofiev pour *Nevsky* marque elle aussi une étape importante, je l'ai dit. Par la suite, il faut citer quelques remarquables partitions qui ont compté en leur temps : celles de Jean Grémillon (compositeur en même temps que réalisateur) pour *Le Six juin à l'aube,* de Jean-Jacques Grunenwald pour le *Journal d'un curé de campagne,* de Nino Rota pour *Les Vitelloni,* d'Alain Romans pour *Les vacances de M. Hulot,* de Jean Wiener pour *Touchez pas au grisbi.* Rappelons que Hanns Eisler a fait une sensationnelle rentrée sur les écrans avec sa partition de *Nuit et Brouillard :* le caractère à la fois guilleret et glacial de sa musique y avive, jusqu'à la rendre physiquement douloureuse, l'atrocité des images.

Mais la plus grande révélation-révolution dans ce domaine, on la doit au compositeur italien Giovanni Fusco, auteur des partitions de plusieurs des films d'Antonioni et de celle d'*Hiroshima mon amour.*

Giovanni Fusco refuse systématiquement toute mission et toute compromission dramatisante de la musique : il ne la fait intervenir qu'aux moments les plus importants du film (qui ne sont pas toujours les plus cruciaux de l'action apparente mais les plus décisifs dans l'évolution psychologique des personnages) comme une sorte de fond sonore très limité dans sa durée [1], très effacé par son volume, refusant toute facilité mélodique et absolument neutre sur le plan sentimental : son rôle est seulement, semble-t-il, de dilater le complexe espace-durée et d'ajouter à l'image un élément d'ordre sensoriel [2] mais qui relève plus de l'intellect que de l'affectivité.

1. Dans les films d'Antonioni, la partition ne dure guère plus de dix à quinze minutes.

2. Dans la mesure où l'*esthétique,* on l'a vu, relève de la *sensation.* D'ailleurs les rapports très profonds qui unissent musique et cinéma ont été affirmés par tous les esthéticiens : « Le cinéma, a écrit Roland Manuel à propos de Grémillon, est le lieu de rencontre de la plastique au sens propre et de la musique au sens large. » Et aussi : « La musique, tout en étant un langage, ne parle que son langage propre. »

Signalons ici les effets lyriques produits par les *chansons* (quand elles sont de grande qualité : celles de Brecht et Kurt Weill dans *L'Opéra de quat'sous* ou de Prévert et Kosma dans *Aubervilliers*), par les *chœurs* (*Alexandre Nevsky,* la fin de *Remorques* et du *Quarante-et-unième*) ou par des *vers* dits recto tono

La partition intervient en général sous la forme d'un *solo* d'instrument (piano, saxophone) et elle est d'une extrême discrétion ; son refus de toute paraphrase servile de l'action correspond à une volonté de *dédramatisation* de la musique de film [1] : elle agit comme totalité affective, dans une sorte d'état second qui s'adresse plutôt au subconscient.

Dans *Hiroshima mon amour,* la musique tient une place quantitativement plus importante mais elle joue un rôle analogue, intervenant avant tout par sa beauté pure. On pourrait dire qu'en refusant de suivre les détours de l'action et de souligner leur tonalité sentimentale, elle prend en quelque sorte ses distances par rapport au réalisme naturel de l'image, tout comme les dialogues lyriques de Marguerite Duras prennent les leurs par rapport au réalisme obligé des paroles habituelles : il y a sans doute là, de la part du réalisateur, la volonté de laisser à chacun de ces trois éléments essentiels du film son autonomie propre et son efficacité spécifique ; de là, peut-être, l'exceptionnelle puissance d'envoûtement de l'œuvre[2]. Pour certains de ses propres films (*India Song, Son nom de Venise dans Calcutta désert,* etc.), Marguerite Duras a trouvé en Carlos d'Alessio un compositeur dont la musique raffinée et chaleureuse apporte beaucoup à sa *musica* personnelle.

Les mêmes remarques paraissent valables pour la musique de certains films japonais encore que notre connaissance trop limitée de la musique et du cinéma japonais ne nous permette guère de préciser une originalité ou une antériorité indiscutables : quoi qu'il en soit, la partition de Fumio Hayasaka pour *Les Contes de la lune vague,* par exemple, est très proche de celles de Fusco par sa conception [3].

---

sur un rythme rapide et saccadé qui les apparente à une mélodie *(Night Mail).*

1. De même que la musique de Debussy est *dédramatisée* par rapport à celle de Wagner.

2. Voir Henri COLPI, *La musique d'Hiroshima,* dans *Cahiers du Cinéma,* nº 103, janvier 1960.

3. Dès les années 30 (les films de Mizoguchi en font foi) le cinéma japonais paraît avoir pratiqué une conception très « moderne » de la musique de film (partition peu abondante et ne paraphrasant pas l'action visuelle).

## LE POINT D'ÉCOUTE

La représentation de la perception du son par les personnages est fonction de ce qu'on appelle leur *point d'écoute* (par analogie avec le *point de vue).* En principe, au nom du réalisme de la représentation audiovisuelle, il y a coïncidence entre le point d'écoute et le point de vue, pour les personnages mais aussi pour le spectateur. Mais il peut arriver que celui-ci entende le son à travers le point d'écoute d'un personnage : de manière *subjective* (dans l'exemple cité de *Brève rencontre*) ou de manière objective (dans l'exemple de *La Bête humaine*) ou encore qu'un point d'écoute lui soit montré comme *sourd* (les tierces personnes n'entendent pas les paroles du fantôme dans *L'Aventure de Madame Muir*) ; il se peut aussi que le spectateur entende les sons avant les personnages (le clairon de la cavalerie salvatrice dans les westerns, par exemple) comme s'il devait savoir la raison pour laquelle l'image lui montre ces personnages prêtant soudain l'oreille et exprimant leurs sentiments, ce qui constitue l'une des naïves conventions perceptives auxquelles les cinéastes se croient obligés.

Car c'est presque toujours à partir de l'image que le son acquiert sa valeur dramatique, à travers la représentation de ses effets sur le visage ou le comportement des personnages qui l'entendent. C'est ce que Michel Chion a raison de souligner en écrivant qu'« on se leurre à considérer que le son est plus « autonome » lorsqu'il est hors champ » et qu'au contraire « c'est l'image qui lui donne et lui retire à son gré tout son impact ». Mais si le son apparaît souvent comme le parent pauvre de l'image, ce n'est pas seulement pour cette raison mais aussi parce que, par rapport au réalisme naturel de l'image, il affiche souvent son irréalisme, lequel est caricaturalement souligné par les techniques de postsynchronisation et de doublage qui conduisent souvent à donner à un acteur une autre voix que la sienne (on sait que Renoir considérait le doublage « comme une monstruosité, comme une espèce de défi aux lois humaines et divines ») et à supprimer la perspective sonore originelle. De là le besoin, manifesté par le *cinéma direct,* de restituer la vérité de l'espace sonore en concordance avec celle de l'espace visuel par la coïncidence exacte (le micro étant fixé sur la caméra) entre le point d'écoute et le point de vue du spectateur.

---

1. *Le son au cinéma,* p. 56.

# VIII

## LE MONTAGE

Avec l'étude du montage, nous parvenons au cœur de cette étude. Il est certain en effet que le montage constitue le fondement le plus spécifique du langage filmique et qu'une définition du cinéma ne peut pas ne pas contenir le mot « montage ». Disons tout de suite que *le montage est l'organisation des plans d'un film dans certaines conditions d'ordre et de durée.*

Avant de poursuivre, je voudrais établir une distinction importante qui, outre son intérêt esthétique, aura l'avantage de me permettre de faire le point historiquement : il s'agit de différencier le *montage narratif* et le *montage expressif*. J'appelle montage narratif l'aspect le plus simple et le plus immédiat du montage, celui qui consiste à assembler selon une séquence logique ou chronologique, en vue de raconter une histoire, des plans dont chacun apporte un contenu événementiel et contribue à faire avancer l'action au point de vue dramatique (l'enchaînement des éléments de l'action selon un rapport de causalité) et au point de vue psychologique (la compréhension du drame par le spectateur). En second lieu, il y a le montage expressif, fondé sur des juxtapositions de plans ayant pour but de produire un effet direct et précis par le choc de deux images ; dans ce cas le montage vise à exprimer par lui-même un sentiment ou une idée ; il n'est plus alors un moyen mais une fin : loin d'avoir pour but idéal de s'effacer devant la continuité en facilitant au maximum les liaisons les plus souples d'un plan à l'autre, il tend au contraire à produire sans cesse des effets de rupture dans la pensée du spectateur, à le faire trébucher intellectuellement pour rendre plus vivace en lui l'influence de l'idée exprimée par le réalisateur et traduite par la confrontation des plans. Le type le plus célèbre de montage expressif est le *montage des attractions,* dont j'ai étudié le mécanisme au chapitre des métaphores et sur lequel je vais revenir.

Le montage narratif peut être réduit à son strict minimum : ainsi, dans *La Corde,* Hitchcock a poussé la simplification du montage à un degré indépassable puisque le film ne comporte qu'*un seul plan par bobine* et même, du point de vue du spectateur, un seul plan pour tout le film, les raccords de bobines étant pratiquement invisibles puisqu'ils ont lieu sur un fond obscur (le dos d'un personnage, un coffre, un mur). Un film « normal » comporte environ de 500 à 700 plans. Un film comme *Antoine et Antoinette,* avec ses 1 250 plans, constitue une exception assez remarquable tandis qu'à l'opposé *Les Vitelloni* ou *Les Vacances de M. Hulot,* caractéristiques par la lenteur (voulue) de leur rythme, ne comptent pas plus de 400 plans environ. *Ossessione* et *La Règle du jeu,* pour une durée de 2 h 15 et 2 heures, comptent moins de 350 plans [1].

A la fin de la période muette et au début du parlant, la frénésie du montage expressif atteignait parfois au délire : des films comme *La Révolte des pêcheurs* et *Un débris de l'empire* comptent sans aucun doute plus

1. L'évolution récente d'un certain cinéma d'*auteur* se caractérise par le recours systématique au plan-séquence, souvent lié à la grande longueur du film : je citerai *Souvenirs d'en France* (André Téchiné), *Jeanne Dielman* (Chantal Akerman), *Au fil du temps* Wim Wenders). Cette évolution a été préparée par les recherches de certains maîtres de l'*underground,* en particulier Andy Warhol et Michael Snow qui réalisent depuis une dizaine d'années des films souvent extrêmement longs (jusqu'à six ou huit heures pour le premier) et ne comportant que peu de plans (voire un seul) et toujours des plans fixes.

de 2 000 plans et *Le Déserteur* en compte 3 000 si l'on en croit Jay Leyda. Ces films sont typiques de la grande époque du *montage impressionniste :* le réalisateur cherchait à faire sentir au spectateur des impressions pénétrantes en recourant au montage ultra-rapide ; aujourd'hui, ce type de montage a pratiquement disparu, car il était étroitement lié à l'esthétique du muet [1].

Dans la plupart des cas, un montage *normal* peut être considéré comme avant tout *narratif ;* par contre un montage très rapide ou très lent est plutôt un montage expressif, car le rythme du montage joue alors un rôle directement psychologique, ainsi qu'on le verra plus loin. Mais il est évident qu'il n'y a pas de coupure nette entre ces deux types de montage : il y a des effets de montage qui sont encore narratifs et qui ont pourtant déjà une valeur expressive : c'est le cas de beaucoup de ceux qui ont été pris en exemple dans les chapitres sur les liaisons et sur les métaphores. C'est donc le *montage narratif,* c'est-à-dire le montage envisagé au niveau du film dans son ensemble (ou dans ses séquences), qui fera l'objet du présent chapitre.

Il est indispensable de procéder à un bref historique de l'apparition et de l'évolution du montage. J'ai étudié plus haut les étapes de la libération de la caméra ; or l'invention et les progrès du montage lui sont directement liés. Méliès, entravé par la fixité de sa caméra, ne comprit pas la nature du montage et n'en soupçonna pas les apports possibles. En 1904 encore, dans *Le Voyage à travers l'impossible,* il commet de graves erreurs de montage imputables à son optique théâtrale : « Il montrait d'abord les voyageurs à l'intérieur du wagon : le train s'arrête, le wagon se vide complètement. Dans la scène suivante, sur le quai de la gare, la foule attend le train : il arrive, il s'arrête et les voyageurs de la scène précédente en descendent seulement [2]. » Le progrès décisif fut accompli par

1. Il est peut-être bon de préciser toutefois que les films de cette époque ne sacrifiaient pas tous à l'esthétique du montage ; avec l'avant-garde française, le cinéma soviétique fut à peu près le seul à pousser le montage jusqu'à son paroxysme : ni le cinéma allemand, ni le cinéma suédois, ni le cinéma américain ne donnèrent dans ce style.

2. Sadoul, *Le cinéma,* p. 148.

l'Anglais George Albert Smith : dans des films tournés en 1900 (*La Loupe de grand-mère, Vu dans une lunette d'approche*), il intercale des gros plans, justifiés par le sujet, dans des plans moyens ou généraux : il s'agit d'un *montage* au sens propre du terme, du fait du changement de *point de vue*. La même année, son compatriote James Williamson tourne *L'Attaque d'une missioon en Chine*, premier exemple d'un récit proprement cinématographique. Il est, écrit Georges Sadoul, « incomparablement plus évolué qu'aucun film américain ou français de cette époque. L'action se transporte avec aisance d'un lieu dans un autre. (...) L'héroïne en danger se précipite au balcon pour agiter son mouchoir et, aussitôt, nous nous transportons à l'extérieur de la mission, dans une plaine où galope le bel officier qui vole à son secours. (...) Williamson usait d'un procédé qui n'est pas concevable au théâtre et découvrait un des grands moyens du cinéma : l'alternance des actions se déroulant simultanément dans deux lieux éloignés[1]. » Ainsi était accompli un progrès décisif, la mise en œuvre d'un *récit* fondé sur une continuité temporelle dans des espaces différents mais contigus.

C'est aussi à Williamson, principal représentant, avec Smith, de ce que Sadoul appelle « l'école de Brighton », qu'on doit le premier *film poursuite, Arrêtez le voleur !*, qui comporte un montage alterné entre poursuivants et poursuivi. « Mais si les pionniers de Brighton furent les premiers à poser les conditions élémentaires du montage, écrit Jean Mitry, c'est à l'Américain Edwin Porter qu'il appartient de leur avoir donné un *sens* », dans *La vie d'un pompier américain* (1902) et surtout *L'attaque du grand rapide* (1903) « qui peut être considéré comme le premier film réellement *cinématographique* »[2] par la fluidité et la cohérence du récit. Dès lors est inventé l'essentiel du cinéma, le *montage narratif* qui s'oppose radicalement au découpage du récit en scènes analogues aux tableaux de théâtre.

Mais c'est Griffith qui fera faire au langage filmique son progrès décisif. Dès 1911, dans *La Télégraphiste de Lonedale* puis dans *Les Mousquetaires de Pig Alley*, il pratique avec maîtrise le montage alterné et utilise toute la gamme des plans, y compris des gros plans d'objets (inserts) et des premiers plans de visages. « S'il ne fut l'inventeur ni du montage, ni du gros plan (...) du moins fut-il le premier à avoir su les organiser et en faire un

1. *Histoire générale du cinéma*, tome II, pp. 180-182.
2. *Esthétique et psychologie du cinéma*, tome I, pp. 274-275.

28. *Intolérance* (David W. Griffith, 1916)

29. *Metropolis* (Fritz Lang, 1926).

*moyen d'expression* »[1] souligne Mitry. Et Sadoul en fait la démonstration en analysant *Enoch Arden* où, écrit-il, Griffith « déploya pleinement pour la première fois les ressources de son style. La poursuite ne tenait plus aucun rôle dans ce film, mais l'auteur y conservait un procédé né de la poursuite : la juxtaposition de courtes scènes jouées dans des lieux différents. Le lien entre ces scènes n'était plus constitué ni par leur succession simultanée dans le temps, ni par le déplacement du héros dans l'espace, mais par une communauté de pensée, d'action dramatique. Ainsi voyait-on Enoch Arden dans son île déserte et sa fiancée Annie Lee, qui l'attendait, alterner sur l'écran, en gros plan, dans un montage rapide qui traduisait l'angoisse de la séparation pour deux êtres qui s'aiment[2] ».

Ainsi est accompli le deuxième progrès décisif, la découverte du *montage expressif*, qui comporte ici l'utilisation des deux types de montage que j'appelle *montage alterné* (fondé sur la simultanéité temporelle des deux actions) et *montage parallèle* (fondé sur un rapprochement symbolique) et dont on trouve un autre exemple dans la célèbre *Conscience vengeresse* du même Griffith par l'alternance entre la jeune fille pleurant le départ du garçon qu'elle aime et le vieillard qui se lamente au même moment sur sa jeunesse enfuie. Ce montage expressif, où la succession des plans n'est plus seulement dictée par le besoin de raconter une histoire mais aussi par la volonté de susciter chez le spectateur un choc psychologique, ce sont les Soviétiques qui vont le conduire à son apogée sous la forme du troisième progrès décisif, le *montage intellectuel* ou *idéologique*.

Le principal théoricien-praticien de ce type de montage c'est Eisenstein qui applique au cinéma (dans *La Grève*) la notion d'*attraction* qui lui vient de son maître Meyerhold et qu'il a mise en œuvre dans ses spectacles d'*agit-prop* pour le Proletkult en la comparant au style du caricaturiste George Grosz et aux photo-montages de Rodtchenko. Il la définit ainsi : « Chaque moment agressif — c'est-à-dire tout élément théâtral qui fait subir au spectateur

1. *Id.*, p. 276. Koulechov, dont le jugement ne peut être contesté en matière de montage, écrit : « Le premier réalisateur qui utilisa le montage comme un élément de création cinématographique fut Griffith... Les Américains de l'époque de la Première Guerre mondiale et des années suivantes (Ince, De Mille, Vidor, Griffith, Chaplin) furent les meilleurs cinéastes du monde et les techniciens et les artistes de cinéma de tous les pays apprirent les bases de leur art dans le cinéma nord-américain » (*Traité de la réalisation cinématographique*, p. 41).

2. *Op. cit.*, pp. 555-556.

30. *Le Cabinet du Dr Caligari* (Robert Wiene, 1920).

31. *La Nuit de la Saint-Sylvestre* (Lupu Pick, 1923).

une pression sensorielle ou psychologique (...) de façon à produire telle ou telle émotion choc. » Le *montage des attractions*, écrit-il, tire son nom de deux mots « dont l'un vient de l'industrie » (« assemblage des pièces de machines ») et « l'autre du music-hall » (« entrée de clowns excentriques ») et son but est « une mise en scène active », au lieu du « reflet statique d'un événement », et « le façonnage du spectateur dans le sens désiré à travers toute une série de pressions calculées sur son psychisme ». Par la suite, sa pratique évolua vers la notion plus large de ce qu'on peut appeler *montage réflexe* et il écrira en 1945 : « Si j'avais mieux connu Pavlov à cette époque, j'aurais appelé ça *théorie des excitants esthétiques*[1]. » Le plus frappant exemple de montage des attractions, c'est la fameuse séquence de *La grève* juxtaposant le massacre des ouvriers par l'armée et une scène d'égorgement d'un animal à l'abattoir et on peut trouver dans *Octobre* et *La Ligne générale* (mais non dans *Potemkine)* des exemples de *montage réflexe,* la notion devant s'enrichir, avec l'apparition du parlant, des concepts de *contrepoint audiovisuel* et de *montage vertical.*

On peut arrêter ici cet historique du montage : tout est dit dès 1925. Précisons cependant que la frénésie du montage dit « impressionniste » (par analogie avec la technique de fragmentation en taches colorées des peintres du même nom, mais plus encore par analogie avec la musique qui vise à produire une vive impression sensorielle) de la fin de la période muette, s'explique par les raisons que j'ai mises en relief plus haut à propos des phénomènes sonores. Cette esthétique du montage a deux raisons profondes : la volonté d'exploiter au maximum le montage rapide qui est la grande découverte des années 20 et, en second lieu, la nécessité où était l'image, on l'a vu, de compenser l'absence de la bande sonore et du registre expressif extrêmement riche qu'elle devait apporter quelques années plus tard. La preuve en est que le cinéma contemporain a vu disparaître pour ainsi dire complètement ce genre de montage, qui ne subsiste plus guère qu'au niveau des liaisons et des transitions et dans certains procédés d'ellipse.

Mais qu'est-ce que le montage ? A quelle nécessité répond-il ? « Le montage par plans successifs, écrit

---

1. *Réflexions d'un cinéaste*, p. 16 — *Le film : sa forme, son sens*, pp. 15-17 — *Au-delà des étoiles*, pp. 127-130.

J.-P. Chartier, correspond à la perception courante par mouvements d'attention successifs. De même que nous avons l'impression d'avoir sans cesse une vision globale de ce qui s'offre à notre regard parce que l'esprit construit cette vision avec les données successives de notre vue, de même dans un montage bien fait la succession des plans passe inaperçue parce qu'elle correspond aux mouvements normaux de l'attention et qu'elle construit pour le spectateur une représentation d'ensemble qui lui donne l'illusion de la perception réelle [1]. » Cette juste description me conduit à tenter de définir le mécanisme psychologique sur lequel se fonde le montage.

## FONDEMENTS PSYCHOLOGIQUES DU MONTAGE

Comment se justifie, de la façon la plus immédiate et la plus générale, le passage d'un plan à un autre, sans préjuger pour l'instant des divers types de rapports qui seront dénombrés plus loin entre les plans ?

On peut admettre que la succession des plans d'un film est fondée sur le *regard* ou la *pensée* (en un mot, la *tension mentale* puisque le regard n'est que l'extériorisation exploratrice de la pensée) des personnages ou du spectateur.

Etant donné un personnage qui apparaît dans un plan, le plan suivant pourra nous montrer :

1. ce qu'il voit réellement et actuellement ;

2. ce à quoi il pense, ce qu'il fait surgir de son imagination ou de sa mémoire (par exemple : les pendus apparaissant aux vergues en fondu-enchaîné, image prémonitoire du sort qui attend les marins s'ils se mutinent, dans *Le cuirassé Potemkine ;* l'image du soldat allemand tué, dans *Hiroshima mon amour*) ;

1. *Bulletin de l'IDHEC*, n° 3, juillet 1946.

3. ce qu'il cherche à voir, ce vers quoi il tend mentalement (l'inconnu montant l'escalier, dont les amants redoutent que ce soit le mari, dans *La Bête humaine*) ;

4. quelque chose ou quelqu'un qui est hors de sa vue, de sa conscience et de sa mémoire mais qui le concerne pour une raison quelconque (les poursuivants des voleurs, qui s'approchent d'eux sans être vus, dans *L'Attaque du grand rapide*).

Dans les cas 1 et 2, la liaison entre les plans est justifiée au niveau du personnage lui-même : dans les cas 3 et 4, c'est par l'intermédiaire du spectateur que se fait cette liaison. Qu'est-ce qui autorise, dira-t-on, à mettre en parallèle la conscience du spectateur et celle du personnage ? c'est que l'une et l'autre sont assimilables en vertu de l'identification perceptive du spectateur avec le personnage, phénomène fondamental du cinéma [1].

La tension psychologique, en définissant ce qu'on peut appeler le *dynamisme mental* comme facteur de liaison entre les plans, met en évidence la notion complémentaire, celle de *dynamisme visuel,* comprise également comme facteur de liaison : il s'agit de tous les raccords fondés directement sur la continuité du mouvement interne de l'image ; mais on voit bien que le mouvement visuel n'est qu'une forme extériorisée et réalisée de la tension mentale et obéit au même déterminisme.

Ainsi donc, que la liaison soit fondée sur le dynamisme mental (tension psychologique) ou visuel (mou-

---

1. Point n'est besoin d'ailleurs de recourir à cette explication psychologique si l'on songe que l'œuvre n'existe, en tant que totalité expressive, que dans la conscience du spectateur : un film n'est qu'une suite de fragments de réalité dont la liaison dramatique et l'unité signifiante sont l'œuvre de celui qui perçoit.

On trouvera plus loin (voir page 271) l'analyse d'un audacieux effet de montage utilisé par René Clément dans une première version du *Château de verre* : l'introduction brutale, dans le *présent* de deux amants, d'un plan *futur* montrant la jeune femme morte dans un accident d'avion (accident qui devait effectivement se produire par la suite) ; or l'effet était incompréhensible parce qu'il n'y avait entre les plans aucune liaison mentale possible, ni dans la conscience des personnages ni dans celle du spectateur, mais seulement dans celle du cinéaste.

vement), le montage repose sur le fait que chaque plan doit *préparer, susciter, conditionner* le suivant en contenant un élément qui demande une réponse (interrogation du regard, par exemple) ou un accomplissement (ébauche d'un geste ou d'un mouvement, par exemple) et que le plan suivant satisfera.

Le montage (c'est-à-dire, en fin de compte, la progression dramatique du film) obéit donc très exactement à une loi de type dialectique : chaque plan doit comporter un élément (*appel* ou *absence*) qui trouve sa réponse dans le plan suivant : la tension psychologique (*attention* ou *interrogation*) créée chez le spectateur doit être satisfaite par la suite des plans. Le récit filmique apparaît donc comme une suite de synthèses partielles (chaque plan est une unité, mais une unité incomplète) qui s'enchaînent dans un perpétuel dépassement dialectique [1].

## DÉFINITIONS ET RÈGLES

LE PLAN. Techniquement parlant d'abord, c'est, du point de vue du tournage, le fragment de pellicule impressionnée entre le moment où le moteur de la caméra est mis en route et celui où il est stoppé ; — du point de vue du monteur, le morceau de film entre deux coups de ciseaux puis entre deux *collures* ; — du point de vue du spectateur enfin (le seul qui nous intéresse ici), le morceau de film entre deux raccords.

Une définition psychologique et esthétique du plan est beaucoup plus délicate mais elle résulte directe-

1. Tous les raccords élémentaires de plans dans une même scène s'expliquent sans difficulté par cette loi de la tension mentale; d'une scène ou d'une séquence à une autre, la liaison peut être d'ordre infiniment plus complexe (on l'a vu dans le chapitre sur les liaisons) : mais si l'on admet que toute liaison repose sur un rapport logique, on admettra que la succession des parties d'un film est commandée par les interrogations du spectateur sur le déroulement de l'histoire et que la construction du film doit répondre clairement à ces interrogations sous peine de rester incompréhensible.

ment de ce qui vient d'être dit du montage : disons que *le plan est une totalité dynamique en devenir* qui contient en elle sa négation et son dépassement dialectiques c'est-à-dire qu'en incluant un manque, un appel, une tension esthétique ou dramatique, il suscite le plan suivant qui l'accomplira en l'intégrant visuellement et psychologiquement.

SCÈNE ET SÉQUENCE. La scène est déterminée plus particulièrement par l'unité de lieu et de temps : on parlera, par exemple, de la *scène* de la viande pourrie dans *Potemkine* (remarquer l'analogie avec une scène ou un tableau dans une pièce de théâtre) ; par contre la *séquence* est une notion spécifiquement cinématographique : c'est une *suite* de plans et ce qui la caractérise c'est plutôt l'unité d'action (par exemple : la séquence de la fusillade sur les escaliers, dans le même film) et l'unité organique, c'est-à-dire la structure propre qui lui est donnée par le montage [1].

Afin de créer une impression de continuité destinée à masquer la fragmentation créée par la division en scènes et en séquences (et en particulier par les fondus au noir), on admet qu'il est indispensable que chaque scène ou séquence s'ouvre sur une activité déjà en train et se termine sur une activité qui se poursuit, afin de suggérer que l'action continue même si la caméra la quitte : ainsi on commencera et on finira toujours une scène de bal sur une danse en train. Orson Welles a souvent eu recours à des images-chocs pour ouvrir ses séquences : témoins les premiers plans de la bande d'actualités, du chanteur noir et du perroquet hurlant dans *Citizen Kane*. De même les fins de séquence indiqueront que l'action continue : ainsi, dans *La Splendeur des Amberson*, la longue conversation entre Lucy et George, le soir où ils font connaissance,

1. « Une séquence se définit spécifiquement par l'organisation rythmique du matériel filmé, tandis qu'un épisode ou une partie sont les éléments qui composent un drame, de la même manière qu'une pièce de théâtre est composée de scènes et d'actes » (Serge Youtkevitch).

se clôt sur leur entrée dans la danse au son d'un air particulièrement dynamique.

De même donc que la composition de l'image ne doit pas laisser supposer que tout l'univers extérieur aurait cessé d'exister, de même scènes et séquences doivent apparaître comme des fragments de la continuité causale provisoirement amenés en pleine lumière.

Enfin, s'il est admis que les séquences (et les films eux-mêmes) doivent s'ouvrir et se clore sur des plans généraux, on connaît de plus en plus d'exceptions où des gros plans initiaux ont pour but de plonger le spectateur directement dans le drame du personnage par l'intermédiaire de son visage où se lit, par exemple, une curiosité dévorante (*Mademoiselle Julie*) ou une hébétude illuminée (*La Jeune folle*). Les gros plans terminaux visent à maintenir le spectateur dans la plénitude de l'envoûtement dramatique même après la fin de l'« histoire » : ainsi le gros plan de Gino après la mort tragique de celle qu'il aimait (*Ossessione*) ou le visage de la star rendue folle par l'effondrement de ses rêves (*Sunset Boulevard*).

Il n'est pas inutile de rappeler brièvement quelques principes de montage qui ont des incidences plastiques ou expressives. Entre deux plans, il doit y avoir d'abord *continuité de contenu matériel,* c'est-à-dire présence dans l'un et l'autre d'un élément identique qui permettra l'identification rapide du plan et de sa situation : par exemple, on montrera d'abord une vue générale de Paris avec la Tour Eiffel puis un individu devant un des pieds de la Tour. Il est indispensable également d'assurer une *continuité de contenu dynamique :* si on montre d'abord un personnage marchant à droite, il faudra éviter de le faire avancer en sens inverse dans le plan suivant, sous peine de faire croire au spectateur qu'il revient en arrière [1].

1. « Dans le film américain *La Bataille de Russie,* réalisé avec des actualités soviétiques, tous les plans de l'armée soviétique furent sélectionnés d'après la même caractéristique : le mouvement allait de droite à gauche. Par contre, les plans représentant l'armée allemande allaient de gauche à droite. Au moment du point culminant de la retraite allemande, le changement de direction du mouvement dans l'image, de droite à gauche, soulignait de façon visuelle la fuite des Allemands vers l'Ouest » (Serge Youtkevitch).

Eventuellement il devra y avoir aussi *continuité de contenu structural,* c'est-à-dire composition identique ou semblable de façon à assurer une liaison visuelle : la même rue, filmée d'abord d'une fenêtre du côté droit, puis d'une fenêtre du côté gauche, paraîtra différente ; ce principe commande en particulier la règle dite « règle des 180 degrés » dans le champ-contre-champ : en passant du *champ* au *contre-champ,* la caméra ne doit pas franchir le plan défini par les deux personnages sous peine de donner au spectateur l'impression qu'ils sautent alternativement d'un côté à l'autre de l'écran en permutant leurs places respectives. Il y a également un problème de *continuité de taille,* c'est-à-dire de mise en rapport des plans selon leur grosseur : il est bon de passer progressivement du plan général au gros plan et vice versa, sinon le spectateur risque, par suite de l'absence de références spatiales communes aux deux plans, de ne pas comprendre de quoi il s'agit : par exemple, on ne montrera pas une foule puis un gros plan d'un médaillon au cou d'une femme dans cette foule sans ménager une transition. Des problèmes se posent aussi en ce qui concerne les rapports de temps entre les plans : mais il semble qu'ici la liberté du réalisateur soit quasi complète étant donné le caractère d'ellipse permanente du langage filmique. Enfin il faut assurer une certaine *continuité de longueur :* on évitera de juxtaposer des plans de longueurs très différentes (sauf effets voulus) sous peine de donner l'impression d'un style haché et fâcheusement désordonné.

Il est bien évident que ces règles de principe ne sont pas intangibles et qu'on pourrait citer de nombreux exemples où elles ont été ignorées avec plus ou moins de bonheur. En tout cas la règle essentielle à respecter dans la succession des plans est celle-ci : devant chaque nouveau plan, afin que le récit soit parfaitement clair, le spectateur doit percevoir immédiatement ce que c'est (cela va de soi) et, éventuellement, où c'est et quand c'est (par rapport à ce qui précède). Il est cependant des cas où la définition des coordonnées spatiales et temporelles n'est pas nécessaire : c'est lorsque la suite des plans ne constitue pas un récit mais seulement une énumération ; on pourra ainsi montrer, sans autres précautions, des vues diverses d'un même objet ou bâtiment connu (des plans des poutrelles de la Tour Eiffel — *La Tour*) ou d'un ensemble non structuré (divers aspects d'une forêt — *L'Enfant sauvage*).

On a lu plus haut la justification que J.-P. Chartier donne du montage : il correspond, dit-il, à « notre perception courante par mouvements d'attention successifs ». Cette explication est juste mais insuffisante, me semble-t-il, car dans la vie réelle nous ne percevons du monde que ce qui est à notre portée et nous en avons le plus souvent une vue bien partielle et bien étroite, tandis qu'au contraire le metteur en scène reconstruit la réalité pour nous en donner la meilleure et la plus complète vision possible : le cinéma nous donne de la bataille d'Austerlitz une idée sans doute bien plus précise et bien plus exacte que celle que purent en avoir les témoins eux-mêmes.

Il faut donc souligner ici l'importance de la notion de *découpage,* qui est complémentaire de celle de *montage,* le premier étant l'aspect initial et virtuel du second. Pourtant le montage n'est pas simplement le découpage réalisé : sans doute le montage narratif n'est pas sensiblement différent du découpage tel qu'il se présente sur le *découpage technique,* le gros livre ronéotypé qui contient toutes les indications de mise en scène élaborées préalablement au tournage ; par contre les effets de montage expressif n'ont en général que peu de rapports directs avec le découpage. Il faut insister sur le fait que le montage est dialectiquement autre chose que le découpage.

Le découpage-montage (si nous assimilons les deux notions, par commodité) est justifié dans son principe par le fait que le cinéma est art, c'est-à-dire *choix* et *mise en ordre,* comme toute œuvre de création. Le metteur en scène choisit des éléments visuels et signifiants dont la continuité constituera l'histoire et le film, ainsi qu'on l'a vu à propos des ellipses.

Mais le découpage-montage ne se borne pas toujours à simplement mettre en évidence une suite d'événements liés par la logique ou la chronologie : sinon il serait une simple opération technique commandée par un souci de clarté. En fait, le découpage-montage a des fonctions bien plus vastes et bien plus profondes.

## FONCTIONS CRÉATRICES DU MONTAGE

CRÉATION DU MOUVEMENT. Rappelons-le pour mémoire, le montage est créateur du mouvement au sens large, c'est-à-dire de l'animation, de l'apparence de la vie et c'est bien là, si l'on en croit l'étymologie, le rôle premier, historiquement et esthétiquement, du cinématographe : chacune des images d'un film montre un aspect statique des êtres et des choses et c'est leur succession qui recrée le mouvement et la vie.

On trouve une application de ce phénomène dans le *dessin animé* (et l'on sait que le dessin animé a préexisté au cinéma proprement dit) ainsi que dans l'enregistrement de la croissance des plantes ou de la formation des cristaux : des images, prises à des intervalles plus ou moins éloignés, sont ensuite rapprochées dans une temporalité nouvelle considérablement accélérée ; autre application : l'animation de figures statiques comme ces anges voletant d'une fresque italienne rendus à la vie par la répétition en continuité de leurs diverses attitudes (*Il Dramma di Cristo* de L. Emmer). *Le Cuirassé Potemkine* contient un exemple fameux de ce procédé : trois lions de pierre, figés dans des attitudes différentes (couché, accroupi et levé), une fois juxtaposés dans le temps, donnent au spectateur l'impression de voir un lion endormi se dresser au bruit du canon.

On connaît l'anecdote célèbre d'après laquelle Méliès, filmant des scènes de rue place de l'Opéra et ayant dû stopper sa caméra quelques instants par suite d'un ennui mécanique, s'aperçut à la projection qu'un omnibus se changeait soudain en corbillard, celui-ci étant venu prendre la place du premier devant l'objectif pendant l'arrêt de l'appareil. Un truquage essentiel du cinéma était ainsi découvert : la transformation instantanée par substitution. Par exemple, dans *Le Golem,* le géant auquel le rabbin confère la vie est d'abord un mannequin puis (par substitution après arrêt de la caméra) l'acteur Paul Wegener.

C'est sur ce principe que repose la création de certains effets irréalisables autrement. Ainsi les blessures soudaines et violentes (un œil crevé, dans *Potemkine ;* une balle en pleine poitrine dans *Kanal ;* une flèche transperçant le cou, dans *Macbeth* de Kurosawa) sont réalisées par montage, la blessure étant « mise en place » au cours d'un arrêt de la caméra. Et voici encore une application du même principe : dans *Intolérance,* les figurants qu'on voit basculer dans le vide du haut des remparts de Babylone ne sont pas (pour des raisons faciles à comprendre) les mêmes que ceux qu'on voit s'écraser dans les fossés, vingt mètres plus bas ; le raccord de deux plans séparés crée l'illusion d'un mouvement continu.

CRÉATION DU RYTHME. Cette notion doit être soigneusement différenciée de celle de mouvement. Le mouvement, c'est l'animation, le déplacement, l'apparence de la continuité temporelle ou spatiale à l'intérieur de l'image ; par contre le *rythme* naît de la succession des plans selon leurs rapports de *longueur* (qui est, pour le spectateur, *impression de durée* déterminée à la fois par la longueur réelle du plan et par son contenu dramatique, plus ou moins attachant) et de *grosseur* (qui se traduit par un choc psychologique d'autant plus grand que le plan est plus rapproché). Dès 1925, Léon Moussinac caractérisait excellemment le rythme et son rôle : « Les combinaisons rythmiques qui résulteront du choix et de l'ordre des images provoqueront chez le spectateur une émotion complémentaire de l'émotion déterminée par le sujet du film... C'est du rythme que l'œuvre cinégraphique tire l'ordre et la proportion sans quoi elle ne saurait avoir les caractères d'une œuvre d'art [1]. »

Le rythme est donc affaire de distribution métrique

1. *Naissance du cinéma,* pp. 76-77.

et plastique : un film où dominent les plans courts ou les gros plans aura un rythme bien particulier ; le passage d'un panoramique très rapide à un gros plan fixe (*Le Chemin de la vie*) ou d'un plan de cavalerie au galop à celui d'un visage immobile (*Montagnes d'or*) crée un effet de rythme très caractéristique et très frappant.

CRÉATION DE L'IDÉE. C'est le rôle le plus important du montage, du moins lorsqu'il remplit un but expressif et pas seulement descriptif : il consiste alors à rapprocher des éléments divers pris dans la masse du réel et à faire surgir un sens nouveau de leur confrontation. « Photographier sous un seul angle n'importe quel geste ou paysage, écrit Poudovkine, ainsi que les pourrait enregistrer un simple observateur, c'est utiliser le cinéma pour créer une image d'un ordre purement technique, car on ne doit pas se contenter d'observer passivement la réalité. Il faut tenter de voir bien d'autres choses qui ne seraient pas perceptibles à quiconque. Il faut non seulement regarder, mais examiner, voir, mais concevoir, apprendre, mais comprendre. Et c'est en cela que les procédés de montage sont d'une aide efficace au cinéma... Le montage est donc inséparable de l'idée, qui analyse, critique, unit et généralise... Le montage est donc une nouvelle méthode, découverte et cultivée par le septième art, pour préciser et mettre en évidence tous les liens, extérieurs ou intérieurs, qui existent dans la réalité des événements divers [1]. »

Et Eisenstein : « L'attitude consciemment créatrice à l'égard du phénomène à représenter commence donc au moment où la coexistence indépendante des phénomènes se défait et qu'à sa place *s'institue* une corrélation causale de ses éléments dictée par l'attitude à l'égard du phénomène, attitude dictée par l'univers mental de l'auteur [2]. »

1. *Cinéma d'aujourd'hui et de demain*, pp. 58-59.
2. *Réflexions d'un cinéaste*, p. 151.

Ainsi dans *Nouvelle terre* Joris Ivens rapproche à plusieurs reprises des scènes de destruction de céréales (blé incendié ou jeté à la mer) pendant la crise capitaliste de 1930, de l'image bouleversante d'un enfant au visage émacié et aux yeux tristes. On voit que le montage joue ici son rôle essentiel en mettant en rapport direct deux faits dont la liaison causale peut ne pas apparaître au spectateur mal informé ; c'est parce qu'on jette du blé à la mer qu'il y a des enfants qui ont faim ou, plus précisément, ce double état de choses est la conséquence d'un même fait : la volonté de quelques-uns de maintenir leurs profits. D'où s'ensuit la mise en évidence par le montage de l'idée que Joris Ivens a voulu exprimer par son film : le caractère scandaleux et inhumain de l'incurie responsable à la fois de la destruction de richesses considérables et de la misère de nombreux individus. Un tel exemple prouve que lorsque Eisenstein entreprit, en 1927, de mettre en film *Le Capital* de Marx, l'idée qu'il exprimait dans un tel projet était loin d'être absurde. Il prouve aussi le rôle considérable que peut jouer le cinéma mis au service des idées, rôle bénéfique ou néfaste selon qu'il sert la vérité ou le mensonge : « Le réalisateur, écrit Balazs, ne fait que photographier la *réalité*... mais il y découpe un *sens,* quel qu'il soit. Ses *images* sont la réalité, c'est indéniable. Mais son *montage* leur donne un sens. Le reste peut aussi être faux. Le montage ne montre pas la réalité, mais inévitablement la « vérité » (ou le mensonge)[1]. »

## TABLES DE MONTAGE

Un court survol historique est ici nécessaire pour rappeler les diverses théories du montage qui ont été élaborées dans les années 20. Elles consistent le plus

1. *Le cinéma,* p. 154. On notera, bien entendu, que le montage est également créateur de l'*espace* (voir la « géographie créatrice » de Koulechov et du *temps* (ou plutôt de la *durée* spécifiquement filmique) : cela fait l'objet de nos deux derniers chapitres.

souvent, indépendamment des analyses théoriques du concept de montage, en *tables* essayant d'établir une classification rationnelle et exhaustive des divers types de montage possibles. Parmi tous ceux qui se sont penchés sur la question, citons les noms de Timochenko, Balazs, Poudovkine, Eisenstein, Arnheim, Rotha, May et Spottiswoode.

Dans sa fondamentale *Storia delle teoriche del film*, le critique italien Aristarco parle d'abord de ceux qu'il appelle les « précurseurs », les premiers qui aient réfléchi sur l'esthétique du cinéma : Canudo, Delluc, Dulac et Richter. Puis il étudie longuement les écrits critiques des « systématisateurs » : Bela Balazs d'abord, dont l'ouvrage *Der sichtbare Mensch* (1924) est le premier travail théorique important : Eisenstein, qui commence à écrire divers articles de revues vers 1923 puis Poudovkine, qui publie à Moscou en 1926 *Kinoregisseur i Kinomaterial ;* et enfin Arnheim dont l'importante synthèse *Film als Kunst* paraît en 1932. Il serait injuste de ne pas mentionner des théoriciens dont le mérite est grand également comme Moussinac qui publia dès 1925 une *Naissance du cinéma* ainsi que Timochenko, Koulechov et Vertov.

Prenons quelques exemples. Bela Balazs, sans donner à sa nomenclature une forme systématique, énumère un certain nombre de types de montage :

Montage idéologique (créateur de l'idée),
Montage métaphorique (plans de machines et de visages de marins dans *Potemkine*),
Montage poétique (la débâcle des glaces dans *La Mère*),
Montage allégorique (plans de mer dans *La Nuit de la Saint-Sylvestre*),
Montage intellectuel (la statue qui remonte sur son socle dans *Octobre*),
Montage rythmique (musical, et décoratif),
Montage formel (opposition de formes visuelles),
Montage subjectif (caméra « à la première personne »)[1].

1. *Le Cinéma*, pp. 109-129.

Poudovkine donne une table plus systématique[1] :

Contraste (le blé détruit — l'enfant affamé dans *Nouvelle terre*),
Parallélisme (les manifestants — les glaces dans *La Mère*),
Symbolisme (la métaphore des abattoirs dans *La Grève*),
Synchronisme (le sauvetage in extremis dans *Intolérance*),
Leitmotiv (la femme au berçeau dans *Intolérance*).

Mais c'est Eisenstein qui a donné la meilleure table parce qu'elle rend compte de tous les types de montage, des plus simples aux plus complexes[2] :

Montage métrique (ou « moteur primaire », analogue à la mesure musicale et fondé sur la longueur des plans),
Montage rythmique (ou « émotif primaire », fondé sur la longueur des plans et le mouvement dans le cadre),
Montage tonal (ou « émotif mélodique », fondé sur la résonance émotionnelle du plan),
Montage harmonique (ou « affectif polyphonique », fondé sur la dominante affective au niveau de la totalité du film),
Montage intellectuel (ou « affectif intellectuel », combinaison de la résonance intellectuelle et de la dominante affective au niveau de la conscience réfléchie).

Cela vu, il me paraît possible de ramener tous les types de montage (un simple raccord de plan étant un type de montage aussi bien que l'est un montage parallèle de longue durée) à trois catégories principales qui vont de l'*écriture* au *récit* en passant par l'*expression de l'idée.*

## LE MONTAGE RYTHMIQUE

C'est la forme première, élémentaire, technique, du montage encore qu'elle soit peut-être la plus difficile à analyser. Le montage rythmique a d'abord un *aspect*

1. *On Film Technique,* pp. 75-78.
2. *Le film : sa forme/son sens,* pp. 63-71.

*métrique*, qui concerne la longueur des plans déterminée par le degré d'intérêt psychologique que suscite leur contenu. « Un plan n'est pas perçu du début à la fin de la même façon. Il est d'abord reconnu et situé : c'est, si l'on veut, l'exposition. Alors se place un moment d'attention maximum où est saisie la signification, la raison d'être du plan : geste, mot ou mouvement qui font progresser le déroulement. Ensuite l'attention baisse et si le plan se prolonge naît un instant d'ennui, d'impatience. Si chaque plan est coupé exactement au moment où baisse l'attention pour être remplacé par un autre, l'attention sera sans cesse tenue en haleine, on dira que le film a du rythme. Ce qu'on appelle rythme cinématographique n'est donc pas la saisie des rapports de temps entre les plans, c'est la coïncidence entre la durée de chaque plan et les mouvements d'attention qu'il suscite et satisfait. Il ne s'agit pas d'un rythme temporel abstrait, mais d'un rythme de l'attention [1]. » Il y a peu de choses à ajouter à cette excellente définition du rythme. Il est exact en effet que le spectateur ne peut percevoir les rapports de durée des plans entre eux parce que sa saisie du temps — comme dans la vie d'ailleurs — est purement intuitive, étant donné qu'il n'a aucun système de références scientifique à sa disposition pendant la projection. Mais le problème de la durée respective des plans a une extrême importance au moment du montage, opération dont dépend l'impression finale du spectateur. Il est très difficile et très aléatoire de formuler des lois dans un domaine comme celui-ci, qui n'a jamais été étudié à fond et où les effets restent extrêmement subjectifs. Mais on peut cependant, semble-t-il, affirmer la nécessité d'une corrélation souhaitable entre le rythme (mouvement *de* l'image, des images entre elles) et le mouvement *dans* l'image : le rendu de la course rapide d'un train, par exemple, semble exiger de préférence des plans courts (*La Roue*), encore que le mouvement

1. J.-P. CHARTIER, in *Bulletin de l'IDHEC*, n° 4, septembre 1946.

dans le plan puisse (on le verra plus loin) compenser dans une certaine mesure le montage rapide ou « impressionniste » que le cinéma a pratiquement abandonné depuis vingt ans au profit d'un montage descriptif.

Toutefois, le point de vue de J.-P. Chartier demande à être quelque peu élargi, car il accorde trop d'importance à un facteur extrêmement subjectif et variable : l'attention du spectateur. Il est clair qu'à partir d'un certain niveau de subtilité, le réalisateur ne fixe plus la longueur de ses plans en fonction de ce qu'il a à montrer (matériellement) mais de ce qu'il a à suggérer (psychologiquement), c'est-à-dire en fonction de la dominante affective du scénario ou de telle ou telle partie du scénario. La longueur des plans, qui pour le spectateur est durée, est donc conditionnée en définitive moins par la nécessité de la perception de leur contenu que par l'adéquation indispensable entre le rythme à créer et la dominante psychologique que le réalisateur désire rendre sensible dans son film.

Ainsi dans le cas de plans en général longs, on aura un rythme lent donnant une impression de langueur (certaines séquences de *La Nuit*), de fusion sensuelle dans la nature *(La Terre)*, de désœuvrement et d'ennui (*Les Vacances de Monsieur Hulot, Les Vitelloni*), d'enlisement dans l'abjection (*Une si jolie petite plage*), d'impuissance devant un destin aveugle (la séquence finale des *Rapaces* et de *Profession reporter*), de monotonie désespérante dans la difficile recherche de la communication humaine (*La Strada, L'Avventura*). Par contre, des plans en majorité courts ou très courts (flashes) donneront un rythme rapide, nerveux, dynamique, facilement tragique (montage «impressionniste») avec effet de colère (flashes de visages indignés et de poings serrés dans *Potemkine*), de vitesse (flashes de pattes de chevaux au galop dans *L'Arsenal*), d'activité débordante (riveteurs au travail sur un cargo en construction dans *Le Déserteur*), d'effort (lutte entre une femme et un jeune voleur à la tire dans *Le Chemin de la vie*), de choc violent (l'écrasement de la voiture des Républicains contre le canon ennemi dans *L'Espoir*), de brutalité meurtrière (le tir d'une mitrailleuse dans *Octobre*, la chute d'une bombe dans *Jeux interdits*), d'affolement fatal (un suicide dans *Le Fantôme qui ne revient pas*).

Si les plans sont de plus en plus courts on a un rythme accéléré qui donne une impression de tension croissante, d'approche du nœud dramatique, d'angoisse même (voir la séquence contemporaine d'*Intolérance* avec le sauvetage in extremis du condamné innocent) alors que les plans de plus en plus longs amènent un retour au calme, une relaxation progressive après la crise ; enfin une suite de plans brefs ou longs dans un ordre quelconque donne un rythme sans tonalité spéciale (c'est le cas le plus général). Il faut encore signaler qu'un brusque changement de rythme peut créer de vigoureux effets de surprise : ainsi dans *Le Chemin de la vie*, à une suite de panoramiques filés exprimant le vertige des danseurs, succède soudain un gros plan du revolver que l'un des garçons braque sur les contre-révolutionnaires.

Si un plan très court crée une impression de choc, un plan exceptionnellement long (et dont la longueur ne paraît pas justifiée par son contenu) crée un sentiment d'attente et même d'inquiétude chez le spectateur, en tout cas une interrogation : ainsi dans *La Comtesse aux pieds nus* un long plan (à première vue inutile) du chauffeur laisse deviner au spectateur perspicace que ce personnage va jouer un rôle important dans la suite de l'action (il deviendra l'amant de la comtesse) ; de la même façon, dans *Le Salaire du péché*, un long premier plan du visage du protagoniste nous laisse entendre qu'il vient de prendre une très grave décision : tuer sa femme. Enfin voici un effet analogue mais plus subtil qu'on trouve dans *Un simple cas :* une femme vient de recevoir de son mari une lettre lui annonçant qu'il en aime une autre ; on la voit alors seule et immobile au milieu d'un pré, successi-

— une goutte d'encre tombe sur la feuille de revendications,

— l'officier abaisse la main ; salve ; un manifestant s'écroule,

— une deuxième goutte d'encre tombe sur le papier (cette deuxième goutte évoque symboliquement une goutte de sang) [1].

Ces deux exemples nous conduisent directement au paragraphe suivant car ils nous font passer de l'*expression de l'idée* au *récit.*

Auparavant, ouvrons ici une parenthèse pour dire un mot du *comique,* dont l'une des sources les plus pures, au point de vue cinématographique, est sans aucun doute celle qui réside dans le montage ou, pour être plus précis, dans *une rupture de la tension psychologique,* rupture due au montage (changement de plan ou, à la rigueur, mouvement d'appareil qui dans ce cas est assimilable à un simple raccord). On retrouve ici un phénomène déjà observé à propos des métaphores : s'il y a chute de la tension, le rire est le signe manifeste de la libération du spectateur. L'effet comique peut venir d'abord d'une surprise due au fait que le plan montre quelque chose que le précédent ne faisait pas attendre et dont le contenu affectif est moins élevé ou moins dense qu'on ne pouvait l'escompter : on en trouve un très bon exemple à la fin d'*Une vie de chien* lorsque Charlot et Edna sont penchés avec ravissement sur un berceau et que le plan suivant montre que le berceau ne contient que des chiots ; de même, dans *Umberto D,* on voit une Sœur absorbée dans des prières : un court travelling arrière fait alors entrer dans le champ des cuves de soupe fumante. Autre source de comique, la *création d'un rapport irréel et absurde :* ainsi l'héroïne d'*Un chien andalou* ouvre une porte de son appartement et se trouve... sur une plage battue par les vents, un dormeur mal éveillé, en appuyant sur le talon d'une chaussure, provoque l'arrêt de la sonnerie du réveil-matin (*Sous les toits de Paris*), ou c'est Michel Simon qui, frottant son doigt sur un disque, croit que c'est la cause de la musique qu'il entend (*L'Atalante*) et Gérard Philipe qui, dans un gag renouvelé d'*Hellzapoppin,* passe sans transition de la Révolution à l'âge des cavernes (*Les Belles de nuit*).

---

1. Cet épisode se trouvait dans la dernière bobine du film, aujourd'hui perdue.

## LE MONTAGE NARRATIF

Alors que les deux précédents ressortissent de ce que j'ai appelé l'expression et visent à créer une tonalité esthétique et à exprimer des idées, le *montage narratif* a pour rôle de raconter une action, de dérouler une suite d'événements. Il porte quelquefois sur les rapports de plan à plan mais surtout sur les rapports de scène à scène ou de séquence à séquence et nous amène à considérer le film comme une totalité significative. Je différencierai quatre types de montage narratif à quoi il me semble que les modes de récit les plus divers peuvent se ramener ; ils sont définis par référence au critère fondamental du récit filmique, de tout récit : *le temps,* c'est-à-dire l'*ordre des successions,* la position relative des événements dans leur suite causale naturelle sans fixation de date pour chacun d'eux :

A. — le montage *linéaire* : il désigne l'organisation d'un film comportant une action unique exposée en une suite de scènes placées dans un ordre logique et chronologique. C'est le plus simple et le plus courant des types de montage encore qu'il n'y ait guère de films, semble-t-il, où l'on ne trouverait pas le moindre chevauchement temporel de deux actions partielles. Disons, négativement, que le montage est linéaire lorsqu'il n'y a pas mise en parallèle systématique et lorsque la caméra se transporte librement d'un lieu dans un autre suivant les nécessités de l'action en respectant d'un bout à l'autre la succession temporelle.

B. — le montage *inversé* : je désigne sous ce nom les montages qui bouleversent l'ordre chronologique au profit d'une temporalité toute subjective et éminemment dramatique en sautant librement du présent au passé pour revenir au présent. Il peut s'agir d'un seul retour en arrière qui occupe pratiquement tout le film (*Le Crime de M. Lange, Brève rencontre, Elle n'a dansé qu'un seul été, Le Rouge et le Noir*) ou d'une série de flashbacks correspondant à autant de plongées dans le souvenir (*Le Jour se lève, Le Diable au corps, La Vérité sur Bébé Donge*), ou encore d'un mélange beaucoup plus audacieux du passé et du présent (*L'Affaire Maurizius, Monsieur Ripois*). Je n'insiste pas ici sur ce type de récit qui sera étudié en détail dans le chapitre consacré au temps.

C. — le montage *alterné* : il s'agit d'un montage par parallélisme fondé sur la *contemporanéité stricte* des deux (ou plusieurs) actions qu'il juxtapose, lesquelles finissent d'ailleurs le plus souvent par se rejoindre à la fin du film ; c'est le schéma traditionnel du film de poursuite, où le beau cavalier finit toujours par rejoindre, après une fantastique chevauchée, le bandit qui a enlevé la pure jeune fille. On en trouve un exemple fameux dans l'épisode moderne d'*Intolérance* où le montage montre alternativement le héros emmené au supplice et sa femme qui accourt en voiture avec la gibet et sa femme qui accourt en voiture avec la lettre qui va le sauver : les deux actions fusionnent au injuste. Même alternance dans *Potemkine* entre les scènes de la ville et les événements qui se déroulent à bord du cuirassé : dans *Nevsky* entre les chevaliers teutons qui chargent et les rangs serrés et inquiets des paysans russes ; dans *Chasse tragique* entre les ouvriers et les bandits ; dans *Huit heures de sursis* entre le révolutionnaire traqué et ses camarades lancés à sa recherche ; dans *Seuls les anges ont des ailes* entre le terrain d'atterrissage et les avions postaux ; dans *Le Tournant décisif* et *La Bataille de Stalingrad* entre l'état-major local ou le bureau de Staline au Kremlin et le champ de bataille ; dans *L'Inconnu du Nord-Express* enfin, entre le tennisman qui veut finir le match au plus vite et l'homme acharné à récupérer le briquet qui doit causer la perte de l'autre. Combiné avec un montage accéléré, l'alternance est capable d'exprimer avec une remarquable vigueur l'espèce d'unanimisme, de fusion dramatique qui peut se produire entre deux personnages ou deux groupes de personnages à l'intérieur de la même course fatale des événements ; l'exemple de *L'Inconnu du Nord-Express* que je viens de mentionner est une très belle réussite, ainsi que la séquence, déjà citée, de la marche à la mort des résistants dans *Le Soleil se lève encore,* où l'alternance entre les plans du curé et de son camarade et ceux de la foule accourue (des gros plans le plus souvent) d'une part, et entre les litanies récitées par le curé et les « ora pro nobis » repris par mille voix d'autre part, atteint une bouleversante grandeur.

Mais l'un des plus remarquables exemples de montage alterné se trouve dans la séquence de la procession de *La Ligne générale* où se combinent en une subtile et savante construction plusieurs lignes de force dramatiques et plastiques qu'Eisenstein a lui-même ainsi analysées :

1. La ligne de force de la chaleur, augmentant d'une image à l'autre.

2. La ligne de force des divers gros plans, croissant en intensité plastique.

3. La ligne de force de l'extase croissante, montrée à travers le contenu dramatique des gros plans.

4. La ligne de force des « voix » de femmes (visages des chanteuses).

5. La ligne de force des « voix » d'hommes (visages des chanteurs).

6. La ligne de force de ceux qui s'agenouillent sous les icônes qui passent (tempo en crescendo). Ce contre-courant anime un contre-courant plus ample qui interfère à travers le thème primaire — celui des porteurs d'icônes, de croix et de bannières.

7. La ligne de force de ceux qui se prosternent, unissant les deux courants dans le mouvement général de la séquence, « du ciel à la poussière ». Des pointes brillantes

des croix et des bannières dressées vers le ciel aux personnages prostrés plongeant leur tête dans la poussière [1]...

Dans un autre domaine, les films de la série *Pourquoi nous combattons*, ou les films soviétiques conçus dans le même esprit, comme *Un jour du monde nouveau* ou *Vingt-quatre heures de guerre en U.R.S.S.*, ont poussé à un haut degré de densité dramatique cette confrontation d'instants de grande portée historique et humaine dans une unité temporelle arbitraire mais privilégiée et symboliquement valorisée par le montage. Enfin, il faut signaler divers essais poétiques comme *Berlin, symphonie d'une grande ville* où, en menant de front le récit de toute une série d'actions simultanées, les auteurs ont voulu dépeindre les multiples aspects anecdotiques de la vie d'une grande cité et leur enchevêtrement dans un espace de temps limité.

A un niveau moins élevé, on trouve un procédé analogue dans *Jeunes filles en uniforme* où le montage rend sensible une sorte de communion de pensée entre Manuela décidant de se suicider et la surveillante qui a soudain l'intuition du drame imminent. Dans une perspective semblable, un montage alterné rapide entre le canon d'un fusil et le visage d'un homme exprime de façon saisissante la menace mortelle de la décharge qui va suivre (*La Révolte des pêcheurs*). A un niveau plus élémentaire encore, le montage alterné sert souvent à suggérer le choc violent de deux éléments de l'action, choc qu'il est impossible de réaliser et de montrer réellement pour des raisons faciles à comprendre : j'ai cité plus haut l'écrasement de la voiture contre le canon dans *L'Espoir ;* lorsque le torpilleur de *La Mer cruelle* éperonne un sous-marin allemand, le heurt des deux bâtiments est remplacé par un montage alterné de plans de plus en plus rapprochés et de plus en plus courts de l'étrave du navire anglais et du kiosque du submersible ; de la même façon nous est suggéré dans

1. *Le film : sa forme, son sens*. pp. 256-257.

*L'Equipée sauvage* le choc brutal d'une motocyclette contre un passant.

Le principe du montage alterné permet aussi (et malheureusement) des solutions de facilité regrettables : ainsi dans des films de chasse où l'on ne voit jamais dans le même plan le gibier et le chasseur, celui-ci ayant été filmé en studio en train de mimer la poursuite d'un animal qui ne coexistera avec lui que dans un espace filmique absolument factice.

D. — le montage *parallèle* : deux (et quelquefois plusieurs) actions sont menées de front par intercalation de fragments appartenant alternativement à chacune d'elles, en vue de *faire surgir une signification de leur confrontation.* La contemporanéité des actions n'est plus ici aucunement nécessaire et c'est pourquoi il est le type de montage parallèle le plus subtil mais aussi le plus vigoureux. Utilisé au niveau du récit, il n'est en quelque sorte qu'une extrapolation du montage idéologique dont nous avons donné plus haut des exemples détaillés. Ce montage se caractérise donc par son *indifférence au temps* puisqu'il consiste justement à rapprocher des événements qui peuvent être très éloignés dans le temps et dont la simultanéité stricte n'est absolument pas nécessaire pour que leur juxtaposition soit démonstrative. Le plus célèbre exemple de ce montage est *Intolérance* de Griffith où sont menées parallèlement quatre actions : la prise de Babylone par Cyrus, la passion du Christ, le massacre de la Saint-Barthélemy, un drame des U.S.A. contemporains où un innocent est injustement condamné à mort, et dont le rapprochement a pour but de montrer que l'intolérance est de tous les temps. Autre exemple fameux dans *La Fin de Saint-Pétersbourg* où l'affreuse tuerie de la guerre mondiale est mise en parallèle avec la Bourse débordante de l'activité des affairistes et des agioteurs ; effet analogue dans *La Mère* entre la ruée irrésistible des blocs de glace et la marche des manifestants ; dans *Mélodie du monde* entre les activités semblables et simultanées des hommes d'un bout à l'autre du globe ; dans *Jeunes filles en uniforme* la directrice du pensionnat, qui songe à faire de nouvelles économies sur la nourriture et affirme que la pauvreté est la source de la grandeur prussienne, alterne avec ses élèves en train de se décrire entre elles les plats succulents qu'elles aimeraient déguster ; dans *L'Atalante,* le mari et la femme, éloignés par un malentendu, font en quelque sorte l'amour à distance en se retournant simultanément chacun dans son lit ; dans *Peter Ibbetson,* tandis que les geôliers frappent son amant emprisonné, la jeune femme crie dans son cauchemar lointain ; effet semblable dans *Le Sel de la terre* où les cris de l'épouse en train d'accoucher sont montés en parallèle avec ceux de son mari brutalisé par des policiers.

On constate dans tous ces exemples que la simultanéité temporelle des diverses actions, même si elle est réelle, n'a que peu d'importance et que tout l'intérêt du montage vient du rapprochement symbolique de ces actions. On voit donc que les montages par antithèse, par analogie et par leitmotiv de Poudovkine correspondent à ce que j'appelle montage parallèle, lequel englobe aussi les montages métaphorique, allégorique et poétique définis par Balazs, tous ces montages consistant à rapprocher, sans considération quelconque de coexistence temporelle (ni spatiale, mais l'espace a beaucoup moins d'importance, on le verra), des événements dont la confrontation doit faire naître une signification idéologique précise et en général symbolique.

## LE CINÉMA, ART DU MONTAGE

Je pense que la justification et le mode d'action du montage sont maintenant clairs. On a vu la liaison entre l'esthétique du plan et sa psychologie : plus le plan est rapproché et court, plus sa composition et son angle de prise de vue sont inhabituels — plus grand est le choc psychologique que ce plan cause en nous, indépendamment même de son contenu émotionnel.

On a vu aussi que la notion de rythme est intimement liée à celle de montage, qu'elle en est en quelque sorte la résultante musicale sur le plan esthétique, le montage proprement dit étant d'abord une notion technique. Le rythme est déterminé dans une certaine mesure par le contenu dynamique et plastique des plans, mais surtout par l'organisation temporelle de leur succession, les problèmes de longueur se transposant en durée dans le film en train de se dérouler sur l'écran. « Films lents où tout le monde galope et gesticule ; films rapides où l'on bouge à peine[1] », écrit Bresson, donnant ainsi la plus subtile définition du rythme.

Il est donc clair que le montage (véhicule du rythme) est la notion la plus subtile et en même temps la plus essentielle de l'esthétique cinématographique, en un mot son élément le plus spécifique : on peut dire que *le montage est la condition nécessaire et suffisante de l'instauration esthétique du cinéma*[1].

Mais il faut encore souligner que le montage agit par sa masse, par sa totalité et sa tonalité : chacun des plans n'a pas de rôle direct et il n'est perçu comme

1. *Op. cit.*, p. 91.

2. Remarquons toutefois que le montage a préexisté au cinéma. Dans son célèbre texte *Montage 1938* (in *Réflexions d'un cinéaste*), Eisenstein en analyse des exemples chez Léonard de Vinci, Pouchkine, Maupassant et Maïakovski. On en trouve un exemple très caractéristique chez Rimbaud dans le poème *Marine* des *Illuminations* ; une disposition typographique particulière met ici en évidence l'alternance de deux actions parallèles qui fusionnent à deux reprises :

Les chars d'argent et de cuivre,
            Les roues d'acier et d'argent,
            Battent l'écume,
Soulèvent les souches des ronces.
Les courants de la lande,
            Et les ornières immenses du reflux
        Filent circulairement vers l'est,
Vers les piliers de la forêt,
            Vers les fûts de la jetée,
        Dont l'angle est heurté par des tourbillons de lumière.

Notons enfin qu'il est devenu très à la mode d'appliquer les méthodes d'analyse cinématographique aux textes littéraires. (Voir, par exemple, Paul LÉGLISE, *Une œuvre de pré-cinéma : L'Enéide*.)

tel que sur le plan de la signification dramatique ; en tant qu'élément créateur de la dominante psychologique de la séquence ou du film, il est emporté dans un processus dialectique qui fait qu'il ne prend sa valeur et son sens que par rapport à ceux qui le précèdent et le suivent. Nous avons donc ici une magnifique illustration de la loi dialectique du passage de la quantité à la qualité : « La juxtaposition de deux fragments de film, a écrit Eisenstein, ressemble plus à leur produit qu'à leur somme[1]. » Et encore : « Deux bouts quelconques accolés se combinent immanquablement en une représentation nouvelle, issue de cette juxtaposition comme une qualité nouvelle. »

Le montage idéologique tend à susciter la participation active du spectateur : « La vertu du montage consiste en ce que l'émotivité et la raison du spectateur s'insèrent dans le processus de création. (...) Le principe du *montage*, à la différence de celui de la *représentation*, oblige le spectateur à *créer*, et c'est grâce à cela qu'il atteint, chez le *spectateur*, à cette force d'émotion créatrice intérieure qui distingue l'œuvre pathétique du simple énoncé logique des événements. »

Et par le montage, le cinéaste nous donne sa vision personnelle du monde : « L'agencement du montage marie la réalité objective du phénomène à l'attitude subjective du créateur de l'œuvre. » Et comment cela ? En mettant en évidence par le montage des rapports cachés entre les choses, les êtres ou les événements : « Le montage, écrit encore Eisenstein, est une idée qui naît de la collision de deux plans indépendants. » Et aussi : « Le montage est pour moi le moyen de donner le mouvement (c'est-à-dire l'idée) à deux images statiques. »

---

1. (Et citations suivantes), in *Réflexions d'un cinéaste*, pp. 72 sqq. Le *pathétique* selon E. est « ce qui va éveiller au plus profond du spectateur un sentiment d'enthousiasme passionné ». A rapprocher de la notion de *théâtre épique* de Brecht : « Créer une technique de représentation qui (...) permette au spectateur d'adopter une attitude critique. » Et cette *note* de Bresson : « Émouvoir non pas avec des images émouvantes mais avec des rapports d'images qui les rendent à la fois vivantes et émouvantes » (*op. cit.*, p. 90).

### LES MOUVEMENTS DE CAMÉRA

Je dois revenir maintenant un peu en arrière pour formuler une justification psychologique des mouvements de caméra : une telle analyse sera plus à sa place ici qu'à la fin des pages consacrées à cette question dans le chapitre II, car elle implique la connaissance des règles psychologiques qui fondent les rapports des plans entre eux.

On a vu que le raccord par coupure franche est le facteur le plus simple de la création de la continuité filmique. Puisqu'en principe le changement de plan est suffisant pour mener le récit de façon compréhensible et spécifiquement cinématographique, on peut se demander quel est le rôle des mouvements d'appareil et quelle est leur justification esthétique et psychologique. On sait que la libération de la caméra (dialectique du progrès technique et de la recherche des moyens d'expression) a conduit les réalisateurs à recourir de plus en plus aux mouvements d'appareil et ceci dans la perspective des deux fonctions les plus fécondes parmi celles que j'ai recensées, à savoir : *la définition de relations spatiales entre deux éléments de l'action* et *l'expression de la tension mentale d'un personnage.*

Dans le premier cas, le mouvement d'appareil n'est qu'un moyen et n'a de valeur que par ce qu'il introduit dans le champ de la caméra. Le mouvement est alors justifié par le fait qu'il est impossible de faire se suivre deux plans pris d'un point de vue identique mais dont le second contiendrait un élément nouveau, sous peine de faire assister le spectateur à l'apparition subite et miraculeuse de l'élément en question. Mais il faut bien remarquer que le recours au mouvement d'appareil n'est jamais d'une nécessité absolue. Dans le célèbre exemple de *La Chevauchée fantastique,* le panoramique eût pu être remplacé par l'entrée des Indiens dans le champ sans changement de plan ni de point de vue — ou par le montage suivant :

1 — Plan général de la diligence (comme dans le film),

2 — Premier plan des Indiens (contrechamp),

3 — Plan général de la diligence avec les Indiens de dos en amorce en premier plan (même point de vue que 1).

Il serait assez vain de discuter des mérites respectifs de ce montage et du panoramique de Ford : l'apparition subite des Indiens en premier plan eût été sans nul doute une image-choc assez vigoureuse, mais il est certain que le panoramique a le mérite de susciter un certain *suspense* et de faire sentir la liaison des deux groupes d'hommes antagonistes dans la course fatale des événements. On voit donc l'intérêt du mouvement d'appareil : il densifie en quelque sorte, en donnant à l'espace une présence sensible (ce que ne fait pas le montage, qui « découpe » l'espace), l'intime coexistence des êtres dans la totalité. Contre le découpage, il restitue la présence indivise du monde, l'enchevêtrement des destinées, leur fusion dans le déterminisme universel.

La seconde fonction essentielle des mouvements d'appareil est *l'expression de la tension mentale d'un personnage.* Ils ont dans ce cas une valeur par eux-mêmes ; encore qu'ils aient aussi pour but d'amener dans le champ un élément important pour la suite de l'action, leur intérêt vient surtout du fait qu'ils matérialisent la tension mentale du personnage au compte duquel ils sont mis. Mais ici encore, le mouvement n'est pas absolument indispensable : j'ai cité l'exemple de *Voleur de bicyclettes* où l'on passe d'un plan général à un premier plan du gosse ou celui du *Quarante-et-unième* où nous voyons la mer directement en premier plan ; on trouve un montage analogue dans *Le Jour se lève* au moment où l'ouvrier prend la décision de se suicider : deux plans de plus en plus rapprochés du revolver sur la cheminée expriment l'intrusion de l'idée de suicide dans l'esprit de l'homme. On peut donc dire que les mouvements d'appareil trop voyants correspondent souvent à une volonté de « tape-à-l'œil » et à une technique mal assimilée. Mais il faut reconnaître aussitôt qu'on a su les utiliser dans cette perspective avec une singulière vigueur. Si le changement de plan direct peut avoir une grande puissance de choc, le mouvement de caméra (travelling avant, en particulier) intensifie considérablement l'action envoûtante de l'image sur le spectateur : la densité dramatique atteint son maximum.

Comment expliquer ce fait ? Comment se fait-il qu'un procédé d'expression absolument non réaliste (je veux dire : qui n'est justifié par aucun élément matériel de l'action — le travelling avant sur la bague dans *L'Ombre d'un doute* par exemple) soit admis comme esthétiquement valable et compris comme suggérant une modification du tonus mental du personnage ? Il semble que c'est parce que cet effet correspond sensiblement à ce que serait la perception de l'objet par le personnage (et par le spectateur, par le truchement de la caméra) dans des conditions réelles identiques à celles du film : il se produit chez le témoin un rétrécissement subit et considérable du champ de la vision et donc de la conscience claire ; il ne perçoit plus que l'objet en question, mais cette perception revêt une intensité d'autant plus grande que la mise au point du regard se fait sur un champ plus limité et que l'objet visé est plus susceptible de mettre en cause ou en danger le témoin ; or le grossissement rapide de l'image de l'objet sur l'écran et la densification perceptive qui s'attache au mouvement de la caméra traduisent fort bien, sur le plan esthétique (et donc sensoriel, en vertu de l'étymologie), le phénomène psychologique d'envahissement du champ de la conscience qui accompagnerait la perception réelle. En d'autres termes, ce travelling avant, bien que *matériellement invraisemblable*, est *psychologiquement justifié*.

On peut donc en fin de compte poser cette règle générale : *tout procédé d'expression filmique est valable dès qu'il est psychologiquement justifié, quelle que puisse être par ailleurs son invraisemblance matérielle*[1].

On en trouve la plus parfaite démonstration dans l'extraordinaire et admirable plan séquence final de *Profession reporter* quand la caméra s'ébranle dans la chambre du protagoniste en un lent travelling avant, traverse la grille de la fenêtre, effectue à l'extérieur une trajectoire semi-circulaire puis revient cadrer à travers la même fenêtre les gens qui découvrent le cadavre de l'homme assassiné. Au début, on peut penser que le travelling correspond à la *tension mentale* de l'homme étendu sur son lit et qui se demande où est la jeune fille qui l'accompagne puis, après le coup de feu mortel, que c'est avec son *regard spirituel* qu'il la suit à l'extérieur (ce qui correspond à l'image consistant à montrer, en surimpression, le mort sortir de son enveloppe charnelle) et vient assister à la découverte de son propre cadavre. Cette traversée virtuelle de la grille est comme un passage *au-delà du miroir* des apparences : le cinéma est en mesure de figurer le maximum d'irréalité avec le maximum de réalisme.

1. Bien entendu, cette justification psychologique n'est déterminable qu'*a posteriori* : tout procédé d'expression doit être déchiffré pour être compris et il faut apprendre à *lire* un film.

## IX

# LA PROFONDEUR DE CHAMP

En technique photographique, la définition de la profondeur de champ est la suivante : c'est *la zone de netteté qui (pour une focale et un diaphragme donnés) s'étend en avant et en arrière du plan de mise au point.* La profondeur de champ est d'autant plus grande que l'ouverture du diaphragme est plus faible et que la distance focale de l'objectif est plus courte.

Au cinéma, les problèmes sont les mêmes, mais la notion de profondeur de champ a une importance beaucoup plus grande, car la caméra est amenée à filmer des sujets qui se déplacent et à se déplacer elle-même. Mais c'est l'aspect esthétique de la profondeur de champ qui nous intéresse ici. De ce point de vue, la notion relève de la mise en scène. On appelle mise en scène en profondeur le fait d'étager les personnages (et les objets) sur plusieurs plans et de les faire jouer le plus possible selon une dominante spatiale longitudinale (l'axe optique de la caméra). La profondeur de champ est d'autant plus grande que les arrière-plans et le premier plan sont plus éloignés les uns de l'autre et que celui-ci est plus proche de l'objectif.

La profondeur de champ a une extrême importance, car elle implique *une conception de la mise en scène* et même *une conception du cinéma.* Très longtemps en effet la mise en scène de cinéma fut conçue comme une mise en scène de théâtre (le nom lui en est fâcheusement resté), c'est-à-dire que l'espace dramatique avait sensiblement la forme d'une scène de théâtre : les personnages « jouaient » devant un décor, placés sur une ligne perpendiculaire à l'axe optique de la caméra et tournés vers celle-ci, c'est-à-dire vers le spectateur. Par contre, la *mise en scène en profondeur* se construit autour de l'axe de la prise de vue, dans un espace longitudinal où les personnages évoluent librement : l'intérêt tout particulier de ce genre de réalisation vient essentiellement du fait que le gros plan s'y combine audacieusement au plan général, ajoutant ainsi son acuité d'analyse et sa puissance de choc psychologique à la présence du monde et à l'environnement des choses dans des cadrages d'une rare intensité esthétique et humaine. S'il était besoin de justifier le prestige de la profondeur de champ, il suffirait de faire remarquer qu'elle correspond à la *vocation dynamique et exploratrice du regard humain* qui fixe et fouille dans une direction précise (du fait de l'étroitesse de son champ de netteté) et à des distances très variées (du fait de son pouvoir d'accommodation). Au théâtre, nous balayons la scène du regard pour y chercher notre centre d'intérêt : la caméra par contre lance des coups de projecteur dans la profondeur du monde et des choses.

On ne saurait donc trop insister sur cet aspect important de l'activité créatrice du film. La profondeur de champ a suscité une littérature abondante depuis 1945 et la révélation de *Citizen Kane* (bien qu'elle ait été déjà utilisée par Stroheim, Wyler et Renoir, entre autres), mais elle était naturelle avant 1925 comme en témoignent la plupart des films muets : dans *L'Affaire Dreyfus* de Méliès on voit des personnages venir vers la caméra jusqu'à se trouver en gros plan sans changement de mise au point, tout comme dans le plan des *Musketeers of Pig Alley* de Griffith où l'un des personnages s'avance vers la caméra jusqu'en très gros plan alors que les comparses à l'arrière-plan restent parfaitement nets. Ce qui fait que la profondeur de champ n'avait pas alors (sauf peut-être dans cet exemple) de valeur expressive particulière, c'est qu'elle

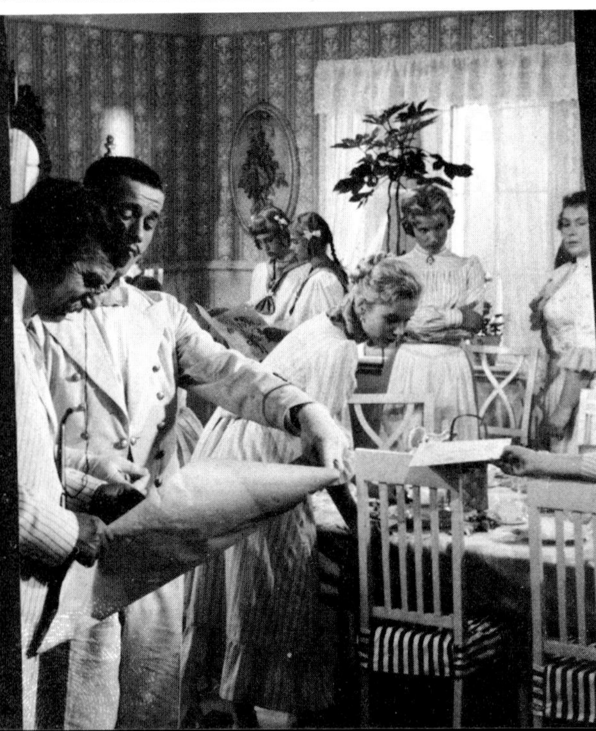

théâtre » à cause de l'unicité du point de vue et de la longueur des plans, des « tableaux » allais-je dire ; il n'y échappera qu'en compensant le statisme de la caméra par une dynamisation du contenu du cadre : soit par une composition audacieuse, soit par un angle « anormal » (la contre-plongée, par exemple), soit par une utilisation de structures lumineuses vigoureusement et violemment contrastées (la scène de la salle de projection de *Citizen Kane*, déjà citée), etc.

C'est ainsi que la fameuse scène de la cuisine, dans *La Splendeur des Amberson*, qui dure cinq minutes sans changement de plan et comporte seulement un court panoramique modifiant très légèrement le cadre, ne « passe l'écran » que parce que le drame y atteint une singulière vigueur doublée d'une attachante complexité. Cette utilisation de ce qu'on appelle le *plan-séquence* doit être évidemment justifiée par une volonté esthétique ou dramatique.

Pour éviter le risque de statisme et de monotonie, il est donc préférable de faire jouer les personnages dans l'espace de façon à créer une sorte de découpage virtuel fondé, non sur les changements de plan habituels, mais sur une variation de la distance relative des personnages par rapport à la caméra, changement du plan de perspective donc, au besoin souligné par des mouvements d'appareil.

Ainsi la souveraine liberté de Renoir, qui aurait pu paraître au premier abord quelque peu brouillonne, manifeste une géniale désinvolture [1] qui n'est pas l'un des moindres facteurs de sa vigueur expressive. C'est qu'il *a su utiliser au maximum la profondeur de champ sans contraindre sa caméra à l'immobilité complète et sans recourir à des plans interminables.* Il faut d'ailleurs noter que, même chez Welles, les scènes où la caméra est parfaitement statique (et parfois les personnages également) incluent un découpage virtuel.

1. Je pense à tel plan de l'arrivée des invités au château où un personnage traverse le champ en premier plan et « bouche » littéralement l'écran pendant une fraction de seconde (*La Règle du jeu*).

38. *Brève rencontre* (David Lean, 1945).

39. *Les Fraises sauvages* (Ingmar Bergman, 1957).

Ainsi la tentative de suicide de Susan, dans *Citizen Kane*, est traitée en un seul plan dans lequel on voit au premier plan (le double sens du mot « plan » est décidément bien gênant) le verre et la fiole de poison, au second plan et presque indiscernable dans l'ombre la tête de Susan et au fond la porte au bas de laquelle passe un rai de lumière et où Kane vient bientôt frapper. Il faut noter tout de suite l'importance du son (les halètements de Susan, les coups de Kane) : Welles a réalisé une remarquable mise en scène du son et on pourrait dire que la scène est « découpée » entre le son et l'image, puisque l'image du visage décomposé de la jeune femme et celle de Kane frappant à la porte sont remplacées par des plans sonores. Le découpage, resté virtuel, de la scène aurait donc pu être le suivant : plan général de la chambre, gros plan du visage de Susan, gros plan de la fiole de poison, plan général de la chambre avec le bruit off des premiers coups frappés par Kane, plan de Kane à l'extérieur martelant la porte, etc. Tous ces « plans » sont dans la séquence, mais certains sont purement sonores, et au lieu d'avoir été « découpés » et placés en continuité, ils sont simultanés ; il est évident que, malgré l'unicité du point de vue, nous sommes à cent lieues du théâtre ; mais c'est grâce, avant tout, à la prodigieuse richesse dramatique de ce « plan-synthèse », bien plus qu'à la profondeur de champ proprement dite.

*Les Plus belles années de notre vie* offrent également l'exemple *d'une mise en scène de la profondeur de champ.* On se souvient de l'arrivée d'Homer, le marin infirme, au bar de son ami Butch : Homer entre à l'arrière-plan et regarde en souriant Butch, au piano en premier plan, qui ne l'a pas encore aperçu ; un client, assis au second plan le dos à la caméra, lève les yeux vers le marin et se retourne pour voir à qui s'adresse ce sourire. Il est significatif que Wyler, dans une scène où la profondeur de champ est utilisée de façon claire et intelligente, ait éprouvé le besoin de balayer l'espace dramatique, dans la mesure où celui-ci inclut une dialectique spatiale entre des individus, par le regard du client, ce geste ne faisant que remplacer un plan qui, dans un découpage « normal », aurait montré ce que regardait le marin, c'est-à-dire Butch vu de l'entrée du bar [1].

Ainsi la profondeur de champ a réintroduit dans le cinéma, en réaction contre le découpage classique, la représentation de *l'univers comme totalité :* l'espace n'est plus fragmenté et temporalisé mais nous est livré en blocs massifs et, tout comme devant la réalité extérieure, nous avons à en extraire les structures relationnelles (entre personnages) et les séquences causales (d'événements). Faut-il se réjouir de cette diminution du rôle du découpage (et donc du montage) et affirmer, avec André Bazin, que le découpage classique « ne laisse aucune liberté au spectateur par rapport à l'événement » et qu'il « pose implicitement que telle réalité à tel moment a un sens et un seul par rapport à un événement donné » ? « Dans la réalité, continue Bazin, quand je suis engagé dans une action, mon attention, dirigée par mon projet, procède également à une sorte de découpage virtuel où l'objet perd effectivement pour moi certains de ses aspects pour devenir signe ou outil... Or le découpage classique supprime totalement cette espèce de liberté réciproque de nous-mêmes et de l'objet [2]... » Il me semble indispensable de souligner que cette liberté que nous restitue la profondeur de champ est assez utopique puisque l'expérience prouve, on vient de le voir, que dans la majorité des cas la mise en scène en profondeur nous impose un découpage virtuel qui joue dans l'espace du cadre ou même dans le temps de la scène et qui enchaîne notre attention. D'ailleurs, une telle liberté, à supposer qu'elle existât, serait peut-être contradictoire avec la notion d'œuvre d'art. Car ce qui apparaît sur l'écran, ce n'est évidemment pas la réalité, mais une image de la réalité,

---

1. Sur cette question, voir le très important article d'André BAZIN, in *Revue du Cinéma*, nos 10 et 11 (fév.-mars 1948).
2. *Orson Welles*, pp. 57-58.

la vision personnelle et subjective du réalisateur, et donc une *réalité esthétique*. En face de cette réalité seconde, notre liberté demeure mais elle change de plan : nous n'avons plus à porter des jugements de fait, mais des jugements de valeur ; le problème est alors de savoir si cette réalité seconde existe *esthétiquement :* si nous la refusons, cela veut dire que le réalisateur a échoué dans sa tentative de nous imposer sa vision du monde.

Un récent progrès technique est venu fournir aux réalisateurs un moyen d'expression à la fois pratique et vigoureux : il s'agit des objectifs à focale variable (*zoom, pancinor*) permettant de faire ce qu'on appelle des *travellings optiques*. Ces travellings sont purement virtuels puisqu'ils ne s'accompagnent pas d'un déplacement de la caméra et comme ils ne s'effectuent que dans l'axe de la caméra, il est logique de les étudier dans le cadre de la profondeur de champ.

En donnant au réalisateur une liberté pratiquement infinie, ces travellings optiques permettent des effets sensationnels, absolument irréalisables d'autre façon. Ainsi, dans *Les Etoiles de midi,* on nous montre en premier plan un alpiniste accroché à une paroi rocheuse puis un fulgurant travelling arrière nous restitue l'ensemble du paysage : l'homme, minuscule et fragile insecte, est en train de gravir la formidable aiguille de roc du Grand Capucin, dans les Alpes. La focale variable permet donc de combiner (dans certaines limites) les avantages de la courte focale (grand champ, grande profondeur) et ceux du téléobjectif (champ étroit mais fort grossissement) : le réalisateur n'est plus cloué au sol ou restreint aux possibilités d'une grue mais peut aller chercher presque instantanément dans un plan général tel détail qu'il désire faire apparaître en gros plan sur l'écran.

L'intérêt spectaculaire du procédé est donc évident ; son intérêt esthétique n'est pas moindre. Au cours d'un travelling optique (supposons un travelling avant), le spectateur n'a pas l'impression (contrairement à ce qui se passe dans un travelling ordinaire) de parcourir avec la caméra un espace solide et indéformable, mais il croit voir cet espace se comprimer (par aplatissement des plans les uns contre les autres) et donc se densifier : la variation de la focale modifie en effet la position relative des plans de l'espace entre eux. La focale variable cumule donc les avantages esthétiques de la courte focale (grande profondeur permettant de très gros plans dans un champ totalement net) et ceux de la longue focale (écrasement des plans éloignés, donnant à l'image une intensité dramatique et plastique absolument inégalable). En outre, par la vitesse et la brutalité dont il est capable, le travelling optique a une valeur de choc psychologique considérable.

La redécouverte des possibilités expressives de la profondeur de champ et son utilisation consciente marquent une étape importante de l'évolution du cinéma. Conditionnée en partie par des découvertes techniques (acquisition du son, pellicules rapides, objectifs à champ total et à focale variable), elle manifeste, sur le plan esthétique, l'ultime effort du cinéma pour rejeter l'emprise du théâtre et se caractérise par une réintroduction de l'espace, et donc du temps (nous y reviendrons), dans la mise en scène. A ce titre, l'assimilation de la profondeur de champ a peut-être marqué pour le cinéma contemporain la conquête suprême de son autonomie.

Car elle accentue la *stylisation* de la représentation du réel, comme l'a bien montré Jean Mitry : « Dans la réalité (...) nous ne pouvons pas saisir selon une même mise au point les objets situés devant nous et les arrière-plans. Le « rendu » de l'image filmique est donc celui d'une image « intellectuelle » assez éloignée de notre perception normale. Là encore la différence éclate entre le réel immédiat et l'image, plus que jamais *médiatisée.* » Grâce à la profondeur de champ, remarque-t-il encore, « l'espace et le temps (...) constituent un tout homogène », de sorte qu'« à la composition d'un espace indifférent à la durée qu'il contient succède aujourd'hui la structuration d'un véritable « espace-temps » (...). C'est la « durée vécue », cette durée « en train de se faire », que tente de cerner le cinéma contemporain[1] ».

1. *Op. cit.,* tome 2, pp. 50 et 51.

# X

## LES DIALOGUES

En bonne logique, les dialogues (et leurs formes annexes : monologue et commentaire) auraient dû trouver place dans le chapitre consacré aux *éléments filmiques non spécifiques*. Pourtant, leur étude avant celle des phénomènes sonores eût été incommode parce que présupposant un certain nombre de conclusions issues de ce chapitre VII.

Précisons immédiatement d'ailleurs que si les dialogues ne sont pas un moyen d'expression propre au cinéma, ils n'en sont pas moins pour lui un moyen d'expression essentiel. On aurait tort en effet, sous l'impulsion d'une inguérissable nostalgie du muet, de considérer les dialogues comme un procédé de récit parasite et accessoire. J'ai déjà dénoncé l'absurde et faux argument qui consiste à dire que le cinéma, en devenant parlant, cessa d'être un langage universel ; j'ai déjà dit que la plupart des films muets étaient bourrés d'intertitres dont le bavardage venait sans cesse interrompre la continuité des images. En devenant sonores les dialogues ont posé des problèmes techniques de traduction simultanée dont la moins mauvaise solution sont les sous-titres. Mais je répète que dans le cinéma parlant le rôle de la parole comme élément de la réalité et facteur de réalisme est normal et indiscutable. Reste à essayer de définir quel il peut être.

Le dialogue ne peut pas être mis sur le même plan d'importance que le montage, qui est bien l'élément le plus spécifique du langage filmique ; la parole est en effet un facteur constitutif de l'image (facteur privilégié certes par l'importance de son rôle signifiant) et à ce titre elle est soumise au découpage de la même façon que les autres bruits [1] et que la musique qui, tout comme elle, échappe pourtant dans une certaine mesure au découpage puisqu'elle sert aussi et accessoirement à lier les plans entre eux en créant une continuité sonore. En tant qu'élément de l'image, qui est réaliste en général, le dialogue doit être en principe utilisé de façon réaliste, c'est-à-dire conforme à la réalité : accompagner normalement le mouvement des lèvres d'un personnage. C'est le cas le plus général encore qu'il y ait des exceptions nombreuses et intéressantes sur lesquels je reviendrai plus longuement au chapitre suivant.

La vocation réaliste de la parole est conditionnée par le fait qu'elle est *un élément d'identification des personnages* au même titre que le costume, la couleur de la peau ou le comportement général — et aussi un élément d'exotisme d'ailleurs — ; il y a donc une adéquation nécessaire entre ce que dit un personnage et comment il le dit — et sa situation sociale et historique. Car *la parole est sens mais aussi tonalité humaine* et c'est pour cette raison que le doublage est une monstruosité artistique : Renoir aime à dire que ceux qui s'en rendent coupables, s'ils avaient vécu au Moyen Age, auraient été brûlés pour avoir donné à un corps une voix qui ne lui appartient pas. On l'a bien vu à propos des versions doublées de *Rocco et ses frères* ou du *Guépard :* il est bien moins arbitraire

1. « La voix est un « bruit » qui se mêle aux autres bruits », dit Antonioni.

de doubler des acteurs français en italien que d'enlever, par le doublage, sa couleur nationale spécifique à un dialogue ; rien n'est plus catastrophique à cet égard que le doublage des films italiens qui les émascule de ce rythme rapide et de cette tonalité chantante qui font le charme de la langue de Dante, sans parler de l'incompatibilité entre la mimique gestuelle italienne et les paroles françaises par exemple. Le respect de la langue nationale est une démarche d'honnêteté élémentaire et en même temps une preuve d'intelligence dramatique ; le fait pour les personnages de parler leur langue maternelle accroît en effet considérablement la crédibilité de l'histoire et permet des scènes empreintes d'un bouleversant symbolisme (les réfugiés de *La Dernière chance* chantant en chœur *Frère Jacques* chacun dans sa langue) ou d'une cruelle ironie : dans *Et l'acier fut trempé,* un officier allemand adresse aux cheminots russes qui refusent de travailler un petit discours en allemand d'où émergent les mots de « Kultur » et de « Zivilisation » ; puis l'officier Blanc qui l'accompagne, invité à traduire, se contente de proférer sur un ton menaçant : « Il faut travailler, sinon vous serez fusillés ! » La dualité des langues a fourni aussi à Poudovkine l'occasion d'un jeu de scène vigoureusement dramatique dans *Le Déserteur :* au moment où l'ouvrier allemand, venu en visite en U.R.S.S. en 1933, avoue à ses camarades russes qu'il se considère comme un déserteur parce qu'il a songé à rester dans ce pays plutôt que de rentrer en Allemagne pour lutter contre Hitler, les Russes commencent par applaudir à tout rompre des paroles qu'ils ne comprennent pas puis deviennent peu à peu silencieux en voyant l'émotion et le trouble de l'orateur. Effet analogue dans *Le Troisième homme* lorsque l'ami d'Harry Lime et la jeune Autrichienne arrivent devant l'immeuble où le concierge qu'ils voulaient voir vient d'être assassiné : un enfant commence à répéter « Mörder » (assassin) en désignant l'Américain ; celui-ci ne comprend pas, mais on sent croître la curiosité soupçonneuse de la foule en même temps que l'inquiétude de la jeune femme et ils vont être obligés de fuir tous des deux.

Renoir dans *La Grande illusion,* René Clément dans *La Bataille du rail* (en particulier dans un jeu de scène qui rappelle celui d'*Et l'acier fut trempé* que je viens de décrire) et *Les Maudits,* Melville dans *Le Silence de la mer,* Autant-Lara dans *La Traversée de Paris* et *Le Bois des amants,* Dewever dans *Les Honneurs de la guerre* n'ont pas hésité à faire parler les Allemands dans leur langue et cette simple honnêteté donne à leurs films un ton d'authenticité irremplaçable. A l'aube du parlant, dans *Allo Berlin ? Ici Paris !,* Duvivier avait pu en partie éviter le doublage de l'allemand en faisant se dérouler parallèlement deux actions identiques s'expliquant ainsi l'une (à Berlin) par l'autre (à Paris). La méconnaissance de leurs langues réciproques par les protagonistes a même servi d'argument dramatique dans *Châteaux en Espagne.*

Le principal danger qui guette les réalisateurs à l'endroit du dialogue, c'est de *faire prévaloir l'explication verbale sur l'expression visuelle :* je veux dire que tout récit purement verbal devrait avoir peu de place au cinéma, car l'image peut montrer les événements, mais surtout que, par les moyens qui sont à sa disposition (la métaphore et le symbole en particulier, mais aussi les mouvements d'appareil, les angles de prises de vues, les cadrages, les bruits), *le film peut signifier sans avoir à dire,* c'est-à-dire transposer le sens du plan du langage verbal à celui de l'expression plastique.

Il est donc clair que le plus possible *la parole doit éviter de jouer le rôle d'une simple paraphrase de l'image* (on retrouve là un principe qui est valable pour la musique). Mais aussi, et ceci est plus important, le réalisateur peut jouer sur la *dualité possible entre les paroles et le contenu événementiel de l'image :* il peut faire surgir de cette confrontation (en contrepoint ou en contraste) des effets symboliques très riches du point de vue du langage.

Ainsi il peut y avoir dualité entre la parole et l'expression du visage de celui qui parle ; le contrepoint dans ce cas est normal et il n'y a pas à y insister, mais le contraste est plus intéressant : dans *Tempête sur l'Asie* les officiers anglais, afin de donner le change à leurs hôtes mongols, affectent de sourire tandis qu'ils s'entretiennent de l'attaque soudaine des partisans soviétiques ; dénoncé par les cris du perroquet du matelot qu'il a saoulé pour le livrer à un capitaine cherchant des hommes, le racoleur du *Long voyage* s'efforce de chanter gaiement alors que son visage reflète la terreur qui le glace. La mise en parallèle de la parole et du geste peut susciter un effet de contrepoint (le jeune premier du *Silence est d'or* accompagne le récit de sa déception amoureuse de coups de marteau assénés sur un montant de décor), ou de contraste (dans *Tempête sur l'Asie,* un officier anglais suggère d'ajouter le terme de « liberté » à la déclaration que le commandant britannique se propose de faire au nom du « descendant de Gengis-Khan », et tout en parlant il agite son revolver — dans *L'Ombre d'un doute,* oncle Charlie affirme à sa nièce qu'il n'a commis que des vétilles tout en tordant un morceau de papier entre ses doigts avec des gestes d'étrangleur). Contrepoint parole-objet dans *La Corde,* où le battement de plus en plus rapide d'un métronome accompagne la montée de la peur panique que causent à l'un des assassins les questions insidieuses du professeur ; contraste parole-objet dans *Le Jour se lève* lorsque le dresseur de chiens essaye d'attendrir François en lui racontant qu'il est enfant de l'Assistance publique, cependant qu'à côté de lui un siphon « pleure » des larmes d'eau de Seltz. Entre la parole et la musique-bruit, il peut y avoir contrepoint (voir l'exemple déjà cité de *Rome ville ouverte* où un air de jazz avive la douleur de l'homme qui vient de perdre celle qu'il aimait) ou contraste (voir l'exemple, déjà cité lui aussi, de l'Ouverture d'*Egmont* réduisant à leur juste valeur les dérisoires mensonges du cynique « collabo » des *Portes de la nuit*). Enfin on pourrait voir un contraste de la parole avec elle-même dans le jeu de scène de *Et l'acier fut trempé* qui vient d'être cité. D'autre part, on a vu que la parole peut être élidée au profit de l'image et vice versa (*Sous les toits de Paris*), mais on notera aussi que la parole peut se trouver sur un autre plan que l'image : ainsi des dialogues en premier plan sonore sur une image où les interlocuteurs se trouvent en plan général, dans un avion (*Les Espions s'amusent*) ou une voiture (*L'Assassin vous parle*) et l'on trouve une utilisation systématique de ce bouleversement de la perspective sonore dans *La Pointe courte*, qui semble avoir marqué une date en ce domaine. Et bien entendu on n'oubliera pas que paroles et images peuvent être à des *temps* différents (*Hiroshima mon amour*) [1].

Cette technique du contrepoint et du contraste peut se réaliser encore dans le *champ-contre-champ*, couramment utilisé dans les dialogues, par la faculté qu'a le réalisateur de montrer celui qui parle ou celui qui écoute ; il semble qu'un individu ridicule et timide est intéressant à observer quand il dit : « Je vous aime », alors qu'on préférera voir le visage d'une laideronne à qui l'on fait une déclaration ; en règle générale, on montrera donc celui qui parle ou celui qui écoute selon que le contenu dramatique des paroles est plus important pour le premier ou pour le second ; on a toujours la liberté de faire voir l'expression du visage de celui qui parle, ou l'effet des paroles sur celui qui les reçoit comme un coup ou une blessure.

La *voix off* (venant d'une source extérieure au cadre de l'image) permet ainsi des effets fort intéressants. Dans *Les Vacances de M. Hulot*, on voit un estivant d'âge mûr suivre longuement des yeux une jeune et jolie baigneuse, tandis que sa revêche épouse (hors

1. Il faut signaler un très curieux effet utilisé dans *L'Homme à la cicatrice* : un individu raconte (voix off) son passé et l'on voit sur l'écran les événements qu'il évoque : mais on s'aperçoit vite que les images ne correspondent pas à ce qu'il dit et l'on comprend qu'il ment. Voir aussi des contradictions entre texte et images dans *La Vie en rose*, *Monsieur Ripois* et *La Femme modèle*.

cadre) l'appelle sur un ton de plus en plus exaspéré. Situation singulièrement plus tendue, cette fois, dans *La Corde* : en un long plan fixe, la caméra cadre la femme de ménage en train de débarrasser le dessus du coffre qui contient le cadavre et de rapporter les livres qu'elle compte replacer à l'intérieur — cependant qu'hors champ les parents de la victime et les assassins discutent des motifs possibles de l'absence du jeune homme et qu'on sent monter l'inquiétude des uns et la terreur des autres.

Enfin, le commentaire subjectif à la troisième ou à la première personne (monologue intérieur) est couramment utilisé [1]. Il permet de décharger les images d'une partie de leur rôle figuratif et explicatif et surtout d'exprimer des subtilités et des nuances que les images seules sont incapables de traduire (voir tout le cinéma psychologique : Resnais, Kast, Astruc, etc.).

## LES DIVERS TYPES DE DIALOGUES [2]

On peut en distinguer plusieurs, du point de vue de la nature et de la qualité de la langue qu'ils utilisent :

— *les dialogues théâtraux* : ils sont strictement écrits comme pour le théâtre et faits pour être *dits* devant la caméra comme devant les fauteuils d'orchestre ; c'est le triomphe du mot d'auteur et de l'esprit boulevardier, typiquement français, illustré par Marcel Pa-

1. Il sera plus longuement analysé au chapitre suivant.
2. Voici comment André Malraux caractérise, dans son *Esquisse d'une psychologie du cinéma*, les divers types de dialogue cinématographique (par rapport à ceux du roman et du théâtre) : « Le dialogue dans le roman sert d'abord à exposer. (...) Le cinéma essaye de se servir le moins possible de ce dialogue-là. (...) Ensuite à caractériser les personnages. (...) Mais le cinéma, comme le théâtre, attache moins d'importance que le roman au dialogue de ton, parce que *l'acteur* suffit à donner au personnage une existence physique et même une part de personnalité. (...) Enfin, le dialogue essentiel : celui de la « scène ». (...) C'est sur ce dialogue (...) que le cinéma fonde maintenant une partie de sa force. »

gnol, Sacha Guitry, Henri Jeanson, Pierre Laroche, Michel Audiard et bien d'autres ;

— *les dialogues littéraires* : l'ellipse, l'allusion, la demi-teinte, le silence y ont leur place : les *mots d'auteur* y abondent encore mais la soumission nécessaire à l'image y est plus accomplie ; typiquement français eux aussi, on y trouve toutes les tendances possibles : la belle langue littéraire (inspirée des XVII^e^ et XVIII^e^ siècles) et introduite dans le cinéma par Giraudoux (*La Duchesse de Langeais*) et Cocteau (*Les Dames du Bois de Boulogne*) ; l'humour aristocratique et la préciosité raffinée (chez Alain Resnais, Pierre Kast et Chris Marker, par exemple) ; les récitatifs lyriques inspirés de l'opéra (ceux de Marguerite Duras pour *Hiroshima mon amour* et ceux d'Alain Robbe-Grillet pour *L'Année dernière à Marienbad*) ; enfin la poésie farfelue et insolite dont Prévert reste le meilleur exemple dans les tons les plus divers, le feu d'artifice verbal se chargeant souvent de délicates nuances : une prétention caricaturale à la profondeur (« Je peins les choses qui sont derrière les choses » — *Quai des brumes*), une logique passionnelle fort émouvante (« Tu ne peux pas être mauvais, puisque je t'aime » — *Quai des brumes*), une résonance poétique assez insolite (« Vous la rejetterez à la mer, l'étoile de mer » — *Remorques*), un humour qui atteint au loufoque (« Vous avez dit : Bizarre, bizarre — j'ai dit : Bizarre, bizarre ? Comme c'est bizarre ! » — *Drôle de drame*) ;

— *les dialogues « réalistes »*, je veux dire quotidiens, plus parlés qu'écrits et traduisant un souci de s'exprimer par la langue de tout le monde avec naturel, simplicité et clarté. On peut inclure dans cette catégorie, bien qu'il ne s'agisse pas à proprement parler de dialogue, la parole improvisée mise en honneur par le *cinéma direct* : dans les films relevant de ce genre, les individus disent en quelque sorte leur propre texte avec plus ou moins de spontanéité et de naturel.

En liaison avec le style des dialogues, il me faut ouvrir ici une parenthèse sur le temps grammatical de l'accompagnement verbal des images. On peut dénombrer deux temps privilégiés, le *présent* et *l'imparfait* de l'indicatif. Le présent (même et surtout lorsqu'il est appliqué à des images du passé) donne au complexe texte-image une intensité dramatique exceptionnelle parce qu'il actualise le passé, comme le fait notre conscience : il a été admirablement utilisé dans *Hiroshima mon amour* et naguère dans *Terre sans pain* et *Le Journal d'un curé de campagne*. L'imparfait (le temps de l'action en train de se faire, donc de la *durée*) est un puissant facteur de poésie, de rêverie, de nostalgie, de tristesse.

Le très beau commentaire de Jean Cayrol pour *Nuit et Brouillard* combine magistralement les effets respectifs des deux temps : aux images du présent (les images en couleurs du camp de concentration aujourd'hui abandonné), l'imparfait ajoute une méditation douloureuse sur l'oublieuse mémoire des hommes et de la nature ; aux images du passé (les scènes d'archives en noir et blanc), le présent donne une violence déchirante en réactualisant les horreurs nazies et l'angoisse des années de guerre.

Les dialogues ont une grande importance au cinéma et s'il semble que les dialogues « réalistes » soient les plus spécifiquement cinématographiques, on ne peut guère cependant définir ce qui doit être la règle en la matière : tout est permis, ici comme dans les autres domaines du langage filmique, et il semble qu'un seul défaut soit rédhibitoire : *ne pas être en situation*. Mais on peut tout de même penser que le dialogue devrait toujours céder la préséance à l'image, dont il n'est qu'un des composants, et également se garder du pléonasme au profit du contrepoint : comme la musique, la parole doit suivre sa ligne propre.

Est-il vrai selon le mot de Bresson, que c'est le cinéma sonore qui a inventé le silence ? Certes, le silence s'est trouvé valorisé comme élément dramatique et il est certain que le gros plan d'un visage est infiniment plus éloquent que les plus belles envolées lyriques.

Cependant, cela admis, on ne saurait se scandaliser, au nom d'une prétendue supériorité du muet que je trouve pour ma part tout à fait erronée, de la place considérable que tiennent les dialogues à l'écran : l'essentiel est qu'ils soient intelligemment utilisés, c'est-à-dire qu'il y ait entre eux et l'image une relation dialectique valorisante. Et le plus important n'est-il pas que les réalisateurs se soient définitivement libérés à la fois de l'esthétique du muet et de la tyrannie du théâtre filmé ?

# XI

## LES PROCÉDÉS NARRATIFS SECONDAIRES

A côté du montage, des mouvements d'appareil et des dialogues, il existe un grand nombre d'autres procédés narratifs, c'est-à-dire de jeux de scène et d'effets visuels et sonores dont le but est de faire avancer l'action en apportant un élément dramatique ou en signifiant une attitude ou un contenu mental des personnages. Ces procédés sont sans doute moins importants, moins fondamentaux que ceux qui ont été étudiés précédemment, mais ils n'en sont pas moins spécifiquement cinématographiques et c'est à ce titre qu'ils méritent tout particulièrement de retenir notre attention. Leur nombre et leur diversité rendant difficile une classification plus précise, je me bornerai à les répartir en deux grandes catégories.

### PROCÉDÉS OBJECTIFS

Ainsi désignés parce qu'ils font une utilisation « réaliste » des éléments de l'action, c'est-à-dire qu'ils ne recourent à aucun moyen d'expression portant atteinte à la vraisemblance représentative (matériellement ou psychologiquement) de l'image ou du son ; en second lieu, parce que leur but n'est pas avant tout d'exprimer le contenu mental d'un individu, mais de faire progresser le récit : ce sont donc des *procédés dramatiques* plutôt que psychologiques.

Ouvrons tout d'abord une parenthèse pour dire quelques mots des *intertitres* (ou *sous-titres,* ou *cartons*) des films muets, qui furent pendant trente ans le principal de ces procédés secondaires. Evidemment indispensables, ils furent souvent une solution de facilité (de même que les dialogues aujourd'hui) dans la mesure où leur emploi dispensait de rechercher des moyens d'expression originaux.

Nombre de bons cinéastes ont été gênés par cette nécessité et ont tenté d'y échapper. Ainsi *Le Rail,* de Lupu Pick, comporte un seul intertitre, la phrase « Je suis un assassin » que jette à la face des voyageurs d'un train l'aiguilleur qui vient de tuer le séducteur de sa fille. Lorsque Dreyer réalisa sa *Jeanne d'Arc,* à l'extrême fin du muet, il fut terriblement gêné par l'impossibilité d'utiliser le parlant pour éviter les cartons qui viennent sans cesse briser la magie des visages.

Pourtant il sut donner à ces cartons une qualité émouvante que Léon Moussinac n'hésita pas à comparer à la qualité plastique des images. Nombre de réalisateurs firent en effet jouer à leurs intertitres un rôle lyrique (Griffith, Gance) ou épique (Vertov, Eisenstein) ou un rôle dramatiquement figuratif grâce à des dispositions graphiques : ainsi le mot « Frères », de plus en plus gros lorsque l'escadre passe devant le Potemkine victorieux — ou, dans *L'Aurore,* la phrase « Ne pourrait-on la noyer ? » qui semble *couler* vers le bas de l'écran comme le futur cadavre de la jeune femme que vise cette intention criminelle.

Il y avait là une tentative d'intégrer visuellement et dramatiquement les intertitres au film — tout comme aujourd'hui le *générique,* qui est de plus en plus souvent placé après une séquence d'introduction et directement surimpressionné à des images de l'action.

Notons d'ailleurs que le principe de l'intertitre a subsisté jusqu'à nos jours : ils servent à indiquer, en tête d'un film ou d'une séquence, la date et le lieu d'une action ; dans un autre ordre d'idées, Autant-Lara a placé une épigraphe stendhalienne en tête de chacune des séquences du *Rouge et le Noir*.

Il arrive aussi que des paroles soient surimpressionnées à l'image (dans *Caligari*, les mots « Tu dois devenir Caligari » expriment la pensée du diabolique propriétaire du somnambule Cesare) et qu'elles soient littéralement « mises en scène » : ainsi, dans *La Femme sur la lune*, un homme ayant trouvé de l'or dans une caverne, le mot « Gold » apparaît en surimpression, se répercute de paroi en paroi et grossit vers la caméra.

Autre procédé fréquent : faire voir des titres de journaux ou des pages de livres dont le texte annonce, commente ou remplace (ellipse) le contenu de l'action visuelle — ou encore des pages de journaux intimes rédigés par le héros de l'action : Sacha Guitry apparaît ainsi dans *Le Roman d'un tricheur* en train de rédiger ses mémoires et au début de chaque séquence nous pouvons lire les premières lignes de ce qu'il écrit avant que le récit ne se poursuive en « voix off » ; plus près de nous, *La Symphonie pastorale* et *Le Journal d'un curé de campagne* utilisent un journal écrit sous nos yeux comme liaison entre les scènes et comme leitmotiv temporel ; mais, de manière plus originale, dans le film de Pabst du même nom, *Trois pages d'un journal* tiennent un rôle important dans l'action en apportant à un conseil de famille scandalisé la preuve de la séduction d'une pauvre fille par un voyou[1].

Très courant aussi, le procédé qui consiste à montrer à l'écran ou à faire lire la lettre ou le billet que vient de recevoir un personnage : les prétextes invoqués pour justifier cette lecture sont les plus divers (et parfois les plus pittoresques), de même que les cir-

1. Procédé courant dans le dessin animé : les inscriptions en forme de clins d'œil au public (« *Silly, isn'it ?* », etc.).

constances de la lecture : dans *La Splendeur des Amberson,* Eugène se relit mentalement (*voix off*) la lettre qu'il vient d'écrire à l'intention d'Isabelle puis un fondu-enchaîné fait apparaître Isabelle lisant la lettre tandis qu'on entend toujours la voix d'Eugène *off.*

Mais la lecture d'une lettre peut jouer directement un rôle dans l'action : dans *Le Trésor de la Sierra Madre,* trois chercheurs d'or apprennent la véritable identité de l'intrus qui voulait s'associer à eux en lisant une lettre trouvée sur son cadavre ; d'une façon analogue, c'est en déchiffrant des lettres à lui adressées par sa femme que les marins du *Long voyage* comprennent que l'homme qu'ils prenaient pour un espion est en réalité un officier dégradé.

La *voix off* joue un rôle considérable au cinéma. Elle peut être utilisée *à la troisième personne,* lorsque le speaker ne participe pas lui-même à l'action (*Les Inconnus dans la maison, La Splendeur des Amberson,* par exemple, et tous les documentaires) ou *à la première personne* si le commentateur est un personnage de l'action (*Le Roman d'un tricheur*[1], *Le Silence de la mer, Journal d'un curé de campagne, Hiroshima mon amour,* etc.) et le procédé peut intervenir dans les situations les plus inattendues : dans *Assurance sur la mort,* c'est l'assureur assassin qui raconte son histoire, tandis que dans *Sunset Boulevard* le récit est fait par le journaliste que la police trouve mort dans la piscine de l'ancienne vedette. Enfin il faut signaler un cas assez rare qui consiste dans l'extériorisation du monologue intérieur d'un individu pour une meilleure compréhension de l'action : bien que ces paroles soient prononcées sur l'écran par un personnage de l'action, on ne peut guère les rattacher au dialogue ordinaire ; on en trouve un exemple dans *Le Trésor de la Sierra Madre* au moment où Dobbs, l'esprit dérangé par la

1. *Le Roman d'un tricheur* constitue la première utilisation systématique (d'un bout à l'autre du film) du commentaire off à la première personne.

chaleur torride du désert, exprime en un monologue solitaire sa crainte de se voir volé par ses compagnons : cette réflexion à voix haute, ainsi justifiée par un élément de la situation, ne tombe pas trop dans l'invraisemblance.

## PROCÉDÉS SUBJECTIFS

Ainsi désignés à la fois parce qu'ils visent à matérialiser sur l'écran le contenu mental d'un personnage et parce qu'ils le font en portant atteinte à l'exactitude réaliste et à la vraisemblance représentative de l'image ou du son : bref, en ayant recours à un arsenal de procédés expressifs plus ou moins symboliques de l'intériorité des personnages.

Revenons d'abord à la *voix off,* utilisée cette fois de manière subjective, car analogue à l'emploi de la caméra dite subjective : elle consiste à faire entendre le monologue intérieur d'un personnage apparaissant sur l'écran sans que ses lèvres bougent. Le procédé date pratiquement des origines du parlant. Dès 1930, en effet, Bunuel et Hitchcock, simultanément, en découvrent l'utilisation. Dans *L'Age d'or,* sur les étreintes silencieuses de Lya Lys et de Gaston Modot, on entend un dialogue enamouré et la fameuse phrase : « Quelle joie d'avoir assassiné nos enfants ! » Dans *Murder,* sur un long gros plan d'Herbert Marshall vu dans son miroir alors qu'il est en train de se raser, se superpose *off* sa voix débattant des problèmes de conscience.

Le procédé est d'un effet particulièrement vigoureux lorsqu'il est intelligemment et sobrement utilisé ; citons quelques exemples réussis : *L'Ombre d'un doute* (l'assassin Charlie, dans sa chambre surveillée par deux policiers, se dit en lui-même : « Vous ne savez rien »), *Brève rencontre* (chaque fois que commencent les retours de Laura sur son passé), *Hamlet* (le fameux monologue « To be or not to be »), *Touchez pas au grisbi*

(Gabin se demande s'il va sacrifier sa sécurité pour sauver son ami) et, sur le mode comique, *Phffft* (les désopilantes mimiques faciales de Judy Holliday pendant qu'elle s'interroge).

On retrouve ici une autre démonstration de la loi de *vraisemblance psychologique* définie au chapitre VIII : le gros plan nous a habitués à une telle puissance de pénétration dans l'intimité mentale des personnages de cinéma qu'il nous semble parfaitement vraisemblable d'*entendre* les pensées d'un individu que nous voyons absorbé dans une méditation muette. Ainsi donc, ici encore, un procédé matériellement « non réaliste » apparaît comme naturel dès qu'il est justifié du point de vue psychologique.

Le recours à la *voix off* risque d'être une solution de facilité si les images se bornent à être une illustration visuelle du commentaire ; mais, dans des limites raisonnables, il apporte au film une réelle *dimension psychologique* en donnant au réalisateur la possibilité de faire connaître les pensées les plus intimes et les plus subtiles de ses personnages sans risquer de tomber dans l'invraisemblance de l'expression et d'exprimer des débats de conscience qu'il n'est pas possible de rendre autrement que par la parole à moins de retomber dans l'esthétique du muet.

Nous ne reviendrons pas ici sur les procédés d'expression déjà étudiés auparavant : ceux qui sont fondés sur le rythme du montage, les mouvements d'appareil expressifs et les dialogues.

Les procédés subjectifs (qui sont plutôt de nature *psychologique*) se ramènent, grosso modo, à deux types :

1. introduction d'un plan ou d'une séquence n'appartenant pas directement à l'action présente et figurant le contenu de pensée d'un personnage (souvenir, imagination, hallucination) : de brèves images de guerre expliquent pourquoi un officier a perdu les deux bras (*Folies de femmes*) ; on dit à une femme qu'« une bataille

fameuse a eu lieu ici » et l'on en voit par-dessus son épaule une séquence objectivée (*Le Lac des larmes*).

2. modification de l'apparence normale des êtres, des choses ou du décor sous l'effet d'un trouble psychologique ou physique existant chez le personnage : l'éclairage d'abord réaliste devient de plus en plus *théâtral* et transforme la cadre réel en une scène à mesure que l'atmosphère tourne à la *tragédie* (*La Tristesse est aux femmes*).

On aura remarqué que ces procédés expriment le *contenu* mental (1) ou le *comportement* mental (2).

Les *trucs* techniques utilisés sont les suivants : flou, filage, ralenti, accéléré, inversion ou arrêt du mouvement, surimpression visuelle ou sonore [1], distorsion de l'image et du son, introduction ou transformation ou disparition de la couleur, modification de l'éclairage ambiant, dessin animé [2] ; les procédés d'introduction proprement dits sont la coupure franche, le fondu-enchaîné, le fondu au noir, le travelling avant.

Tous ces procédés peuvent être employés de façon « réaliste » (ou « subjective ») lorsque la caméra adopte le point de vue du personnage et que nous voyons sur l'écran ce qu'il est censé percevoir ou ressentir, ou de façon « non réaliste (ou « objective ») si le personnage apparaît lui-même dans le plan qui matérialise son contenu mental, le point de vue de la caméra étant alors celui même du spectateur ayant sous les yeux à la fois le héros et l'objet ou l'effet de son attitude psychique actuelle ; cette audace d'expression est extrêmement intéressante et je l'appelle « non réa-

---

1. Aujourd'hui démodée, la *surimpression*, qui exprime (on l'a vu, p. 125) une compénétration perceptive, a permis de beaux effets psychologiques (expression du rêve, de l'hallucination, voir ci-dessous) et symboliques (superposée à l'image de deux amants, la mer signifie la plénitude de leur passion — *Cœur fidèle*). Mais on a pu voir plus récemment, à la fin du *Faux coupable*, un très bel effet où la surimpression était utilisée en quelque sorte dans son sens propre : sur le visage en gros plan du protagoniste injustement accusé, apparaît en surimpression le vrai coupable venant du fond de l'écran vers la caméra jusqu'à ce que son visage se confonde avec celui de l'innocent ; ainsi est exprimé de façon vigoureuse le thème spécifiquement hitchcockien du transfert d'identité.

2. Et même des passages en *négatif*, dans un but d'étrangeté onirique (*Le Brasier ardent*, *Nosferatu*, *Orphée*).

liste » étant donné le double plan de réalité sur lequel se place le contenu de cette sorte de plan : nous percevons en effet directement le personnage et, au second degré mais simultanément, comme perception de sa propre perception, son contenu ou son attitude psychiques.

Passons maintenant en revue un certain nombre de comportements psychologiques ou psychiques que le cinéma a pu *visualiser* par divers moyens.

LE RÊVE :

*La Maison du Dr Edwardes* contient une belle séquence de rêve imaginée par le fameux peintre Salvador Dali : le rêve du héros, décrypté par la psychanalyse, dévoile la cause de son amnésie : il a été témoin d'un crime ; de son côté, le malade de *Après le crépuscule vient la nuit* voit en songe des yeux crevés, des flammes et des serpents ; dans *Le Quarante-et-unième*, la sentinelle rêve (plans intercalés) à son Ukraine natale. Dans une perspective non réaliste cette fois, *Le Dernier des hommes* contient un rêve où l'on voit le visage déformé du portier surimpressionné par l'image distendue de la porte tournante de son hôtel, tandis que dans *Le Procès des trois millions*, lorsqu'un homme rêve que des voleurs s'attaquent à son coffre-fort, l'image du cambriolage apparaît en surimpression sur le gros plan de son visage endormi ; très frappantes séquences de cauchemar également dans *Los Olvidados* et dans *Et mourir de plaisir* : dans ce dernier film la couleur fait soudain place au noir-et-blanc et l'univers du rêve devient exsangue tout comme l'héroïne en proie au vampire. La jolie fille qu'embrasse Charlot se transforme en balai lorsqu'il se réveille (*Charlot à la banque*) ; une kolkhozienne rêve (dessin animé) qu'après avoir été décorée, elle se promène au bras de Staline qui porte son enfant (*Les Paysans*).

Enfin, dans *Vampyr*, Dreyer a matérialisé d'étrange façon (à partir d'un dédoublement de personnalité obtenu par surimpression — on se souvient que *La Charrette fantôme* fit grand usage de ce procédé) un rêve du héros qui se voit porté dans un cercueil par quatre hommes : après un passage subjectif, l'apparition « objectivée » disparaît lorsque le double du héros rentre en lui.

LA RÊVERIE ÉVEILLÉE :

Dans *La souriante Mme Beudet* l'héroïne, feuilletant un album de mode, imagine (au ralenti) un séduisant tennisman en train de chasser son tyrannique mari ; le protagoniste de *Fait divers* songe à tuer l'amant de sa femme : on voit le crime imaginé se dérouler au ralenti ; le jeune marié d'*Un chapeau de paille d'Italie* s'imagine que le militaire irascible est en train de tout casser dans son appartement : on voit des meubles voler par la fenêtre au ralenti, puis d'autres sortir tout seuls dans la rue en accéléré ; un des personnage du *Déserteur* songe à se suicider et on le voit, au ralenti, se précipiter à l'eau.

Dreyfus, prisonnier à l'île du Diable, songe à sa famille lointaine : Zecca fait apparaître sous les yeux du proscrit sa femme et ses enfants éplorés entre des plantes vertes dans un ciel de carton-pâte (*L'Affaire Dreyfus*) ; Eve Francis, chanteuse de cabaret, « absente en pensée au milieu de ses compagnes, apparaît en un flou impressionniste [1] » comme si son point de vue (elle regarde « dans le vague ») était transféré sur sa propre image (*Eldorado*) ; la silhouette de sa femme vient se superposer au gros plan du visage du marinier qui croit la voir en nageant sous l'eau (*L'Atalante*) ; le médecin fou du film de Wiene voit apparaître sur les murs et dans le ciel l'inscription : « Tu dois devenir Caligari » ; Greta Garbo fait au tribunal le récit du drame : un intertitre reproduit ses paroles : « Les fenêtres étaient ouvertes... Non, je crois qu'elle étaient... »

1. SADOUL, *Histoire du cinéma mondial*, p. 169 (photo).

et l'on voit alors les fenêtres de l'appartement se fermer toutes seules (*Le Baiser*) ; un espion songe aux effets de la bombe qu'il va déposer : l'image d'un quartier de Londres lui apparaît en fondu-enchaîné dans un miroir puis s'écroule et s'estompe en flou dans un sourd grondement (*Sabotage*) ; Marilyn, se trouvant devant un milliardaire, voit la tête du bonhomme se transformer en un énorme diamant (*Les Hommes préfèrent les blondes*) ; un scénariste propose à son collaborateur divers développements d'une même situation : les séquences évoquées sont montrées en cadrage penché (*La Fête à Henriette*).

Un garçon est au piano avec sa fiancée : il est « aux anges » et on le voit (dessin animé) en angelot gambadant et hilare (*Le Cirque,* d'Alexandrov) ; on trouve d'autres évocations en dessin animé dans *Zéro de conduite* (le surveillant général caricaturé en Napoléon par le pion), *Le Poème de la mer* (l'illustration d'une légende racontée par un enfant) et *Jeux d'été* (les amoureux dessinant leur joie de vivre).

En ce qui concerne l'utilisation de la couleur, j'ai déjà cité le magistral final d'*Ivan le Terrible* et des exemples de coexistence psychologique du noir et blanc et de la couleur ou du passage de l'un à l'autre.

Sur le plan sonore, d'autre part, de nombreux films matérialisent le surgissement d'un souvenir ou d'une réflexion à la conscience d'un individu par une voix off répétant des paroles déjà entendues par lui antérieurement ou exprimant l'idée qui lui vient à l'esprit à ce moment : ainsi une chanson off commente les débats de conscience des deux héros dont l'amitié est aux prises avec leur intérêt personnel (*Le Million*) ; Ramon parti à la chasse « réentend » les paroles d'Espéranza lui reprochant son aveuglement politique (*Le Sel de la terre*) ; Jeanne d'Arc entend les voix qui lui dictent sa mission salvatrice (*Destinées*) ; des gens songent aux applaudissements qui ont salué ou salueront leur apparition sur la scène (*Murder, La Fin du jour, Les Feux du music-hall, Comicos*) ou sur le ring (*L'Air de Paris*) ; la féerie nocturne et bruyante des Champs-Elysées se fige avec un decrescendo sonore et l'image devient une carte postale que contemple l'un des fugitifs perdus dans la forêt vierge (*La Mort en ce jardin*).

Enfin, j'ai déjà parlé de l'utilisation d'un thème musical pour exprimer les pensées et les obsessions des personnages (la ritournelle que sifflote *le Maudit*, le thème lancinant qui accompagne l'ivrogne du *Poison* ou le meurtrier de *Psychose*).

LE VERTIGE :

Les exemples sont innombrables : le vertige d'un automobiliste lancé dans une course folle est rendu par des flashes, des flous, des filés, des fondus-enchaînés et des distorsions de l'image (*L'Inhumaine*), le vertige d'un alpiniste par des flous distordus (*Premier de cordée*) et le trac d'un trapéziste par une multitude d'yeux géants qui tournoient et son vertige par un brouillard lumineux (*Variété*) ; un homme surpris par le grand air après être resté caché plusieurs mois, est pris de vertige et son désarroi est rendu par des travellings filés et par des flous qui viennent brouiller sa propre image (*Huit heures de sursis*).

L'*ivresse* s'exprime de façon analogue : des gens ivres apparaissent en flou (*Eldorado*), une sorte de brume descend sur l'écran et rend floue l'image du personnage tandis que sa voix résonne comme dans une cathédrale (*Temps sans pitié*) ; un homme, qui a « la gueule de bois », voit le ciel tout rouge et entend les bruits beaucoup plus forts que dans la réalité (*La Femme modèle*).

Il en est de même pour la *confusion* (un personnage *rougit* et son visage devient effectivement écarlate, gag imité du dessin animé — *Zazie dans le métro*) et pour l'*indécision* : à la Chambre, le Centre est flou puis, à mesure que parle l'orateur de la Droite, les députés indécis prennent parti et le flou disparaît de la droite vers la gauche en même temps que naissent les applaudissements (*Les Nouveaux Messieurs*) ou encore pour l'éblouissement (l'apparition de la rutilante écrémeuse dans *La Ligne générale*).

L'ÉVANOUISSEMENT :

Il est rendu le plus souvent par un flou finissant en grisaille. Un homme se trouvant mal sous l'effet de la drogue, l'image de son visage devient de plus en plus floue à mesure qu'il perd conscience (*Gossette*) ; un boxeur knock-out voit, en surimpression sur le plafonnier du ring, l'image du gong dont il attend le coup qui annoncera la fin du round et le sauvera ainsi de la défaite (*Le Ring*) ; le héros revient à lui après un knock-out et *met au point* sur le visage de sa partenaire (*La Dame du lac*).

Il peut s'agir aussi d'un évanouissement *moral* et *symbolique,* lorsque le personnage est « anéanti » par un échec, une déception ou une humiliation. Un bourgeois venu prendre le train apprend que les cheminots sont en grève : il fait demi-tour et s'évanouit en fondu (*L'Arsenal*) ; démasqué en pleine réunion publique à la suite d'une mauvaise action, un garçon baisse la tête et disparaît en fondu (*Les Dentelles*) ; sa femme ayant proclamé que c'est elle qui commande, un homme se rapetisse (trucage) et sort tête basse (*Les Surprises de la T.S.F.*) ; les clients de l'impitoyable usurière apparaissent (surimpression) *diminués* devant elle (*Raskolnikov*).

Effet analogue, mais signifiant l'orgueil : un homme, se croyant l'objet de l'attention de celle qu'il aime, se retrouve seul devant elle, la foule autour d'eux ayant subitement disparu par fondu (*Le Manteau,* de Kozintsev et Trauberg) — ou la jalousie : dans un dancing, seul reste en piste aux yeux d'un jaloux le couple qui monopolise son attention, celui de la femme qu'il aime et de son rival (*Fait-divers*).

L'HALLUCINATION :

Il s'agit d'une obsession mentale due à un état physique ou psychique anormal. Le vieux portier, relégué aux lavabos, vole son bel uniforme pour pouvoir le porter au mariage de sa fille : il fuit et, pris de panique, croit voir les murs des maisons s'écrouler sur lui (*Le Dernier des hommes*) ; la petite salutiste fiévreuse et mourante croit voir apparaître (en surimpression) la Mort à son chevet (*La Charrette fantôme*) ; le paranoïaque, dévoré par la jalousie, se croit poursuivi par les sarcasmes des fidèles assemblés dans l'église et par les railleries du curé lui-même (*El*) ; le garçon atteint de la rage voit des lumières tournoyer autour de lui et sa fiancée, fort loin de là cependant, lui apparaître (*Gardiens de phare*) ; le gros chercheur d'or affamé croit voir Charlot se changer en poulet (*La Ruée vers l'or*) ; un mineur français, blessé par une explosion de grisou, voit apparaître un sauveteur allemand et croit se retouver au front : plans de lutte corps à corps (*La Tragédie de la mine*) ; en proie au delirium tremens, un ivrogne voit voler une chauve-souris (*Le Poison*), des rats l'assaillir (*Le Cercle rouge*) ; impressionnisme et expressionnisme se conjuguent dans l'évocation délirante du dérangement mental (*Une page folle*).

La transformation progressive de l'éclairage du décor, destinée à suggérer le passage à un autre plan de réalité, permet des effets puissamment évocateurs : ainsi dans *Le Montreur d'Ombres*, le passage de la séance d'ombres chinoises au meurtre (imaginé ? rêvé ?) de la jeune femme par son mari jaloux, se fait par un étrange et insensible déplacement des lumières ; le héros d'un des épisodes d'*Au cœur de la nuit* est en train de lire la nuit dans son lit ; soudain les bruits réels s'estompent et une lumière filtre de l'extérieur ; intrigué, l'homme va à la fenêtre : il s'aperçoit qu'il fait jour dehors et qu'un mystérieux cocher de fiacre lui fait signe de le suivre ; mais il s'arrache à la vision et vient se recoucher : l'univers réel réinstalle alors son obscurité et sa présence sonore ; au moment où Muychkine tente, en recourant aux paroles du Christ, de convaincre l'amant jaloux de renoncer à sa haine, un éclairage particulier lui entoure le visage d'une auréole de lumière quasi divine (*L'Idiot,* de Lampin) ; lorsque Willy part en voiture pour se suicider, son frère apparaît sur le siège à côté de lui dans une lumière surnaturelle qui souligne le caractère hallucinatoire de sa présence (*Mort d'un commis-voyageur*).

Les exemples d'hallucinations auditives abondent également : dans *La Rue rouge* le meurtrier entend la voix de la femme qu'il vient de tuer appeler son amant au secours et finira par se pendre ; au moment où l'infirmière du *Corbeau* est poursuivie par la foule ameutée (qu'on ne voit pas), les hurlements et les cris de mort se font entendre avec une force invraisemblable mais qui suggère de façon vigoureuse la terreur de la femme ; à la fin de *La Corde,* la sirène des voitures de police croît jusqu'à une intensité irréelle qui exprime l'angoisse des assassins ; même effet avec les cloches des villages des alentours au moment où le fermier voleur et criminel va basculer dans le précipice (*Pâques sanglantes*) ; un étudiant ouvre le robinet du gaz pour se suicider et, bien que la caméra s'éloigne, l'intensité du sifflement ne cesse de croître avec le désordre mental du garçon (*Après le crépuscule vient la nuit*).

LA MORT :

Elle a été rarement exprimée à l'écran de façon subjective : j'ai déjà cité l'exemple de *La Maison du Dr Edwardes* où l'on voit le criminel retourner son revolver face à son visage (l'objectif) et faire feu ; dans *Le Cavalier du désert* la mort du « Juge » Roy Bean est signifiée par l'image de la belle chanteuse Lily, debout devant lui, qui se brouille et s'amenuise sur l'écran ;

enfin, au début de *La Tour des ambitieux,* lorsque le capitaliste meurt subitement dans la rue, l'écran blanchit et se vide et les bruits s'estompent jusqu'au silence.

Par contre, la mort est plus souvent « objectivée » par des procédés qui viennent se superposer à l'image de la victime : ainsi, lorsque meurt *Kean,* l'éclairage de la pièce perd ses contrastes et devient terne et uniforme ; dans *Gaslight,* au moment où une rentière est étranglée, une horloge sonne et on entend les coups distordus comme la mourante pourrait les percevoir à cet instant ; dans le dernier plan du *Salaire de la peur,* la mort de Jo est symbolisée par le hurlement de la sirène du camion qui s'éteint en un decrescendo déchirant par-dessus son visage léché par les flammes.

Enfin la mort peut être signifiée par une image qui devient fixe : au moment où un homme est assassiné, un cheval tourne la tête vers la caméra et son image se fige (*Les Paysans*) ; même effet au moment de l'accident de Pierre Curie : son visage se fige dans la mort (*Monsieur et Madame Curie*) ; un homme est tué : on entend un cri suraigu (off) puis son image devient fixe et s'évanouit en *fondu au blanc* (*Sur une petite île*) ; le paysage que regarde un mourant devient fixe et flou (*La Lettre inachevée*).

## XII

## L'ESPACE

Elie Faure, dans un célèbre texte intitulé *Introduction à la mystique du cinéma*, a écrit que le cinéma « fait de la durée une dimension de l'espace [1] ». De son côté Maurice Schérer a titré naguère « Le cinéma, art de l'espace » un article où il exprimait l'idée que « l'espace semble bien être la forme générale de sensibilité qui lui est la plus essentielle, dans la mesure où le cinéma est un art de la vue [2] ». Voilà donc deux témoignages qui tendent à affirmer la primauté de l'espace dans une définition de la spécificité de l'art du film.

Certes, le cinéma est le premier art qui ait pu s'assurer la domination de l'espace avec autant de plénitude. « Jamais avant le cinéma, a écrit Jean Epstein, notre imagination n'avait été entraînée à un exercice aussi acrobatique de la représentation de l'espace que celui auquel nous obligent les films où se succèdent sans cesse gros plans et longs shots, vues plongeantes et montantes, normales et obliques selon tous les rayons de la sphère [3]. » Mais cela est surtout vrai depuis la fin de la période du montage triomphant qui avait été marquée, entre autres caractéristiques, par une quasi-négation de l'espace dramatique (l'espace du

1. *Fonction du Cinéma,* Plon, 1953.
2. *Revue du Cinéma,* n° 14, juin 1948.
3. *Le Cinéma du Diable,* p. 103.

monde représenté où se déroule l'action filmique) au profit du seul espace plastique (le fragment d'espace construit dans l'image et soumis à des lois purement esthétiques), le montage mettant l'accent plus sur l'expression que sur la description. Il fallut attendre la redécouverte de la profondeur de champ pour que l'espace fût réintroduit dans l'image et les noms de Renoir, Welles, Wyler et Hitchcock jalonnent cette nouvelle étape du cinéma ; aujourd'hui, la profondeur de champ et les mouvements d'appareil tendent de plus en plus à remplacer le montage et l'usage du *plan séquence* (plan de longue durée) valorise tout naturellement l'espace puisqu'il ne le fragmente pas.

Le cinéma traite l'espace de deux façons : ou bien il se contente de le *reproduire* et de nous le faire expérimenter par des mouvements d'appareil (« Avec les mouvements d'appareil, écrit Balazs, l'espace lui-même devient sensible et non pas l'image de l'espace représentée dans la perspective photographique [1] ») ou bien il le *produit* en créant un espace global synthétique perçu par le spectateur comme unique, mais fait de la juxtaposition-succession d'espaces fragmentaires qui peuvent n'avoir aucun rapport matériel entre eux. On connaît l'expérience de Koulechov mettant en évidence ce qu'il appelait la « géographie créatrice » ; le réalisateur soviétique avait assemblé cinq plans représentant respectivement :

1 — un homme marchant de gauche à droite,
2 — une femme marchant de droite à gauche,
3 — l'homme et la femme se rencontrant et se serrant la main,
4 — un vaste bâtiment blanc précédé d'un large escalier,
5 — les deux montant ensemble l'escalier ;

bien que les plans eussent été tournés dans des endroits fort éloignés les uns des autres (le vaste bâtiment

1. *Le cinéma*, p. 131 (la traduction est de moi).

n'était autre que la Maison Blanche de Washington prise dans un film américain et le plan numéro 5 avait été tourné devant une cathédrale de Moscou), la scène donna l'impression d'une parfaite unité de lieu [1] : l'espace filmique est ainsi souvent fait de pièces et de morceaux et son unité vient de leur juxtaposition dans une succession créatrice.

On pourrait parler ici d'une *conceptualisation de l'espace* : Koulechov crée expérimentalement un espace artificiel à partir de fragments d'espace réel ; de façon analogue, dans *Potemkine,* Eisenstein crée un espace virtuel en suscitant à notre esprit l'idée d'un espace unique qui ne nous est jamais représenté comme totalité. Il est en effet absolument impossible, en voyant le film, de se faire une idée précise de la topographie de la ville d'Odessa, de son port et de sa rade et de la position du cuirassé par rapport aux escaliers.

Il est à noter qu'avec cette notion de *géographie créatrice* nous rejoignons le montage dans la mesure où il est aussi créateur d'espace. Il en est ainsi dans les films de chasse où l'on ne voit jamais dans le même plan le chasseur et son gibier (qui a été filmé à part pour des raisons de sécurité ou de facilité — *Les Dents du Diable* [2]) et dans ceux où le *champ* est tourné dans la nature et le *contre-champ* en studio (dans *Fièvre sur Anatahan,* une jungle de studio *et* un océan réel).

Conséquence de cette remarque, voici quelques exemples précis de création d'un *espace purement conceptuel* et *d'ordre mental,* exemples qui se rapprochent de certains déjà cités précédemment. Le montage tend à établir entre les contenus respectifs de deux plans consécutifs une relation de contiguïté spatiale purement virtuelle. Le rapprochement peut être

1. Cité par POUDOVKINE, *On film technique,* p. 88.
2. A propos de ce type de montage, André Bazin a formulé cette *loi esthétique :* « Quand l'essentiel d'un événement est dépendant d'une présence simultanée de deux ou plusieurs facteurs de l'action, le montage est interdit. » *Qu'est-ce que le cinéma ?,* t. 1, p. 127.

justifié tout d'abord par une analogie de contenu nominal, déjà étudié dans le chapitre des Liaisons. Ainsi un homme en proie à la fièvre appelle sa fiancée qui, loin de là, se réveille en sursaut comme si elle avait entendu l'appel (*Gardiens de phare*) ; une femme appelle : « Joe » (intertitre) — Joe (dans un plan au passé qui marque le point de départ d'un retour en arrière) se retourne et répond : « Sally » (*Un cottage à Dartmoor*) ; un jeune garçon bouleversé par sa solitude appelle celle qu'il aime, laquelle, fort loin de là également, de retourne vers la caméra et lui sourit : le plan introduit alors un retour en arrière (*Les Pêcheurs de crabes*).

Autre justification du montage : le regard (intérieur), la tension mentale. Une jeune femme se prend la tête dans les mains et se retourne, hagarde, vers la caméra ; le plan qui suit montre son mari en prison (*Intolérance*) ; l'héroïne regarde fixement vers l'angle inférieur droit de l'écran — son amant vu de dos en légère plongée, tandis qu'il attend le mari pour le tuer : l'angle de prise de vue prolonge en quelque sorte la direction du regard de la femme (*Chronique d'un amour*) ; frappant exemple encore lorsque Danton, au pied de la guillotine, se tourne vers la caméra et que, dans le plan suivant, Robespierre se cache le visage sous les draps (*Danton*) : la relation mentale ainsi suggérée est accentuée par l'angle de prise de vues (contre-plongée puis plongée).

Enfin la relation peut être purement intellectuelle : un canon descendu par un palan dans le hall d'une usine — plan suivant : dans une tranchée des soldats baissent la tête (*Octobre*) ; des gens regardent (face à la caméra) — le pope impuissant à faire tomber la pluie — d'autres gens regardent (même point de vue et même expression des visages) — une écrémeuse rutilante (*La Ligne générale*) : la transition d'un espace à un autre se fait tout naturellement par l'expression identique des visages (scepticisme un peu hostile) ; des cadavres de Communards fusillés — des bourgeois qui applaudissent — un soldat se retourne, l'air furieux : le montage de ces trois éléments indépendants semble faire que les bourgeois applaudissent en voyant les cadavres et que le soldat, écœuré par le massacre, se retourne vers eux pour exprimer sa colère (*La Nouvelle Babylone*).

Mais l'espace conceptuel peut être le fait, non du montage idéologique, mais de la coexistence dans le même plan de deux éléments ayant le même coefficient de réalité figurative mais point le même coefficient d'existence dramatique. Ces deux éléments, cohabitant dans un espace unique, peuvent d'abord appartenir à des temps identiques : c'est le cas lorsqu'un personnage se trouve confronté à un ou plusieurs autres qui n'existent que dans son imagination. La plus ancienne utilisation de ce procédé connue de moi se trouve dans un film danois de 1913 : introduits par un fondu-enchaîné, trois joueurs de cartes coexistent avec le protagoniste dans le même plan et au même degré de réalité filmique alors qu'ils n'ont qu'une existence dramatique d'ordre imaginaire ou mémoriel (*Atlantis*). On trouve dans *Le Fantôme qui ne revient pas* un autre exemple de ce procédé très frappant : dans la cellule du prisonnier apparaissent soudain (et sans aucune transition visuelle) des personnages qui n'y sont évidemment pas en réalité (son épouse, son père, ses camarades de travail) et qui n'existent que dans son imagination. De même dans *Peter Ibbetson*, l'épouse du prisonnier lui apparaît alors qu'elle n'est à cet instant que le produit de sa nostalgie et de son désir. Et dans *Le Charme discret de la bourgeoisie*, les dîneurs se trouvent subitement sous le regard d'un public, comme dans une salle de théâtre. Dans tous ces exemples, le cinéaste signifie que les deux (groupes de) personnages appartiennent à deux mondes dramaturgiquement différents bien que se compénétrant filmiquement[1].

1. Mais dans *Kaos*, Pirandello converse avec le « fantôme » de sa mère.

Le même audacieux effet peut être utilisé pour matérialiser un souvenir, c'est-à-dire des personnages appartenant à une temporalité différente : ainsi un homme, rentrant de la guerre, voit assise au foyer familial sa femme pourtant morte depuis longtemps (*Les Contes de la lune vague*). Mais ces exemples, qui ressortissent plutôt au concept du temps, seront analysés dans le chapitre suivant.

Mais peut-on affirmer que le cinéma soit d'abord un art de l'espace ? Il ne semble pas, car malgré les apparences réalistes et figuratives de l'image filmique, lorsque nous prenons contact avec le film ce n'est pas l'espace qui s'impose à nous dès l'abord avec le plus de force, mais *le temps.* On pourrait en effet concevoir un film qui serait *temporalité pure,* un film dont les images seraient blanches, ou noires comme dans *L'homme atlantique* où les séquences sans images figuratives ne laissent deviner que le cadre obscur de l'écran (expérience analogue à celle du fameux tableau de Malevitch, *Carré blanc sur fond blanc*). On peut donc percevoir le temps *du* film (durée vécue) même en l'absence du temps *dans* le film (temps de l'action)[1].

Par contre, on ne peut pas parler d'un espace du film (seule exception : certains films non figuratifs comme ceux de Fischinger, de Len Lye ou de Mc Laren) alors qu'on peut le faire pour la peinture par exemple, où il est possible de distinguer un espace « organisé » (la surface plane quadrangulaire de la toile) et un espace « représenté » (l'univers à trois dimensions que montre le tableau) : car l'écran n'est pas une surface mais une *ouverture* et une *profondeur,* et j'ai dit que l'écran et son cadre devaient rester virtuels sous peine d'introduire une fausse conception (statique et picturale justement) de l'image filmique. On ne peut donc pas parler d'un espace du film mais seulement d'un espace *dans* le film, c'est-à-dire de l'espace où se déroule l'action, de l'*univers dramatique.*

1. « Un film n'est pas une suite d'images mais une *forme* temporelle » (M. Merleau-Ponty, *Sens et non-sens,* p. 110).

Il semble donc indiscutable que le cinéma est *d'abord un art du temps* puisque c'est cette donnée qui est la plus immédiatement saisissable dans toute démarche d'appréhension du film. Cela tient sans doute au fait que l'espace est objet de *perception,* alors que le temps est objet d'*intuition.* L'espace est un cadre fixe, rigide et objectif, indépendant de nous, et nous sommes dans l'espace (*représenté*) du film tout comme nous sommes dans l'espace réel. Par contre, si le temps est lui aussi un cadre fixe, rigide et objectif (il implique un système de référence social : heures, jours, mois, années), seule la *durée* a une valeur *esthétique* et, alors que nous sommes *dans le temps,* la durée, elle, est *en nous,* fluide, contractile et subjective.

Car l'espace filmique n'est pas fondamentalement différent de l'espace réel même si le cinéma nous permet une *ubiquité* que nous sommes incapables de réaliser dans la vie normale. Par contre, la domination absolue que le cinéma exerce sur le temps est un phénomène tout à fait spécifique. Non seulement il le *valorise,* mais il le *bouleverse :* il transforme le courant irrésistible et irréversible qu'est le temps en une réalité totalement libre de toute contrainte extérieure, qui est la *durée.* C'est là sans doute l'un des secrets essentiels de la fascination et du ravissement (au sens étymologique de ce mot) qu'il exerce : car dans la réalité nous ne percevons la durée que lorsque la vie consciente prend le pas en nous sur la vie subconsciente et automatique ; c'est pourquoi la durée cinématographique, découpée, décantée, restructurée, est si proche de notre intuition personnelle de la durée réelle.

On peut donc dire que l'univers filmique est un *complexe espace-temps,* ou encore un *continuum espace-durée* où la nature de l'espace n'est pas fondamentalement modifiée (mais seulement nos possibilités de l'expérimenter et de le parcourir), alors que la durée s'y voit conférer une liberté et une fluidité absolues, son écoulement pouvant être accéléré, ralenti, inversé ou stoppé, ou tout simplement ignoré.

Il paraît donc tout à fait impossible de définir le cinéma comme un art de l'espace bien qu'il soit parmi tous les arts le plus capable de donner de l'espace une représentation à la fois rigoureuse et libre. Mais comme tout film est d'abord soumis au temps, le découpage-temps prévaut toujours sur le découpage-espace et la représentation de l'espace est donc toujours secondaire et contingente : l'espace implique toujours le temps alors que la réciproque n'est évidemment pas vraie.

Pour éclairer l'histoire de l'évolution de la représentation de l'espace et de la durée dans le cinéma, il n'est pas inutile de se référer à cette même représentation dans l'histoire de la peinture. L'espace *plastique* (*représenté*) de la peinture est en effet celui qui préfigure le mieux ce qu'est aujourd'hui l'espace filmique et il est intéressant de voir comment y a été différemment résolu au cours des siècles ce problème des rapports espace-temps. Dans un ouvrage extrêmement riche[1], Pierre Francastel a analysé l'évolution des conceptions de l'espace pictural depuis la Renaissance italienne jusqu'à la peinture française des Impressionnistes à nos jours. Je voudrais, en m'inspirant de son livre, reprendre rapidement cette étude mais en essayant d'y intégrer une analyse personnelle des diverses solutions apportées au problème des rapports de l'espace et du temps dans un complexe visuel représentatif. Il serait erroné de croire en effet que parce que la peinture montre un aspect statique du monde, la question de la durée ne s'y pose pas : c'est au contraire par suite de cette relative infirmité que les artistes ont cherché à *compenser par des moyens visuels l'impossible expression de la temporalité.*

A l'époque du Quattrocento donc (les années « quatorze cents » de la Renaissance italienne), l'espace plastique de la peinture annonce ce que sera celui de la scène de théâtre classique « à l'italienne » : il représente un espace, un volume tridimensionnel découpé en largeur et en hauteur par le cadre du tableau comme par les portants d'une scène et dont la profondeur est fermée par un mur (comme la scène par le mur de fond) ou bien s'ouvre sur un panorama (analogue au décor en trompe-l'œil) ; mais cet espace

1. *Peinture et Société*, Lyon, 1951.

construit arbitrairement n'a pas de valeur représentative par lui-même : il est un simple cadre offert à l'action, un support non pas purement abstrait certes, mais construit en fonction des nécessités de la « mise en scène » du contenu figuratif ; en tout cas l'espace est absolument soumis à l'action, il est un moyen et non une fin plastique. Le point de vue du « spectateur » d'un tel espace est très exactement celui du « monsieur de l'orchestre » au théâtre : de face, à hauteur d'homme ; les bâtiments représentés sont ouverts du côté de « la salle » ; l'étagement des plans dramatiques à partir d'une certaine distance de la « rampe » et pratiquement jusqu'à l'infini d'une perspective souvent cavalière, correspond aussi au point de vue du spectateur de théâtre ; bref tout l'espace est construit conventionnellement par rapport au spectateur et en fonction d'une structure spatiale longitudinale.

Que devient dans une telle conception de l'espace la représentation du temps ? Eh bien ! le temps est « spatialisé ». Ainsi lorsque Giotto peint sur les murs de la chapelle des Scrovegni de Padoue les épisodes de la vie du Christ, la surface totale de la fresque est fragmentée en autant de petits univers montrant chacun une scène : ici, l'espace est un pur support, de même que dans une autre œuvre de Giotto, « La Naissance de Sainte Elisabeth », où l'on voit dans un bâtiment la Vierge couchée à droite et, à gauche, Elisabeth présentée à Saint Joseph, les deux scènes étant séparées par une colonne qui délimite deux espaces cubiques ; « Les rapports des espaces locaux entre eux, écrit P. Francastel, ne sont que des relations de passage ou de succession[1]. » Notons dès maintenant que cette conception de l'espace, on la retrouve quasi identique dans la scène déjà citée de *La Passion* de Zecca, l'adoration des Mages, où l'étable (ouverte du côté du spectateur) et la cour qui lui est contiguë sur la droite sont balayées par un court panoramique qui laisse subsister leur dualité partageant l'écran en deux espaces[2].

---

1. *Op. cit.*, p. 21.
2. On peut même retrouver (dans le cinéma muet surtout) des vestiges beaucoup plus nets de la fragmentation de l'espace plastique destinée à montrer simultanément plusieurs actions : lorsque *Charlot soldat* rêve à la vie civile, l'écran se divise en deux et l'on voit d'un côté une rue de grande ville et de l'autre un barman à son comptoir ; dans la séquence finale des *Deux timides*, l'écran est divisé en trois parties montrant, tous au lit, le gros prétendant éconduit, le père de la mariée et, au milieu, les jeunes époux enlacés. En outre, les deux interlocuteurs d'une conversation téléphonique étaient souvent représentés simultanément sur l'écran.

Rappelons, d'autre part, la triple image simultanée (*Polyvision*) de la fameuse séquence de la « campagne d'Italie » du *Napoléon* d'Abel Gance,

Mais on constate dès la même époque une tendance à l'unification plastique par le moyen d'une unité de lieu renforcée : ainsi, dans *Le Déluge* de Paolo Ucello, on a affaire à une « composition synthétique où les deux moments successifs d'une action sont représentés comme juxtaposés, mais où il n'y a qu'une ordonnance plastique. Deux Noés et surtout deux arches, mais le premier Noé se regarde lui-même dans la seconde. L'unité plastique a précédé l'unification symbolique [1] ».

A côté de cette coexistence spatiale de deux temporalités différentes mais qui se situent sur le même plan de réalité dramatique, on trouve également des exemples de représentation simultanée d'événements se situant à des niveaux de réalité différents. Ainsi dans « La Flagellation », de Piero della Francesca, peinte vers 1460, on voit au premier plan trois hommes dont le regard est tourné *vers l'intérieur* en une attitude de contemplation mystique et, derrière eux, au fond de l'espace du tableau, le Christ subissant la flagellation : il est clair que cette scène de flagellation est la représentation réaliste du contenu mental des trois personnages et que cela nous ramène directement à l'exemple cité plus haut du *Fantôme qui ne revient pas*, qui en est le strict parallèle.

Tout au long de l'époque classique et romantique, la conquête de l'espace s'affirme : il est à la fois de plus en plus libre, car il s'affranchit de la théâtralité originelle, et plus enchaîné, car il est soumis au rigoureux système de la perspective géométrique. Simple cadre conventionnel à la période précédente, il est devenu un des éléments plastiques constitutifs de la représentation et possède une unité structurale.

Avec les Impressionnistes, la représentation réaliste de l'espace reste en gros ce qu'elle était durant la période classique. Et pourtant un bouleversement, une « destruction de l'espace », selon l'expression de P. Francastel, commence à se faire jour : on voit apparaître « un espace dépourvu de contours aussi bien que de profondeur encadrée et mesurable [2] » ; le cadre du tableau ne coïncide plus avec celui de l'espace plastique dont l'axe bascule par rapport à la verticale du cadre : ainsi dans le « Portrait de Mme Cézanne » (1887) le personnage est penché

---

lequel avait même divisé son écran en neuf images pour un très court épisode de la bataille dans le dortoir de Brienne, dans le même film.

Ce montage spatial remplace un montage temporel normal (montage alterné) : on pourrait parler d'un montage *horizontal* remplaçant le montage *vertical*.

1. *Op. cit.*, p. 37.
2. *Op. cit.*, p. 58.

et vu en légère plongée et le même angle se retrouve dans « La Chaise et la Pipe » de Van Gogh (1888) ; P. Francastel écrit à propos du premier de ces tableaux : « L'image... évoque une vision détachée des lois pratiques de la vraisemblance. C'est la projection d'une image mentale, non la projection d'un spectacle [1] » ; on voit donc apparaître des points de vue qui seront bientôt ceux du cinéma : la plongée et les cadrages penchés et qui serviront eux aussi à exprimer, on l'a vu, des contenus mentaux. A la même époque, Auguste Renoir découvre le gros plan et la profondeur de champ dans son étonnante « Place Pigalle » (1880) : une jeune femme est vue de trois quarts de dos en premier plan, cependant que derrière elle s'étage une perspective de promeneurs endimanchés peints en un léger flou très impressionniste ; c'est là un cadrage spécifiquement cinématographique, à la fois par son caractère imprévu, par la façon dont nous sommes pris dans l'action et par la vigueur d'une composition étonnamment dynamique. Ce même caractère « vivant », cette impression d'un instantané pris à l'improviste, on les retrouve dans le cadrage de Cézanne pour sa toile intitulée « Pot au lait, pommes et citron », et dans ceux de Degas pour sa « Danseuse sur une pointe » et pour sa célèbre « Absinthe », *cadrages* éminemment cinématographiques par l'espèce de « négligence » qui en caractérise la composition et qui semble supposer un mouvement de caméra figé dans sa course. Ce mépris de la composition et de l'équilibre est absolument étranger à l'esthétique de la peinture traditionnelle et même à celle de la photographie, dont les lois sont pratiquement les mêmes bien que ce nouvel art ait très évidemment influencé l'impressionnisme de manière décisive : on sent que le mouvement est prêt à faire éclater les cadres et les compositions statiques. Enfin le montage dans l'image apparaît nettement dans le « Portrait de l'artiste au Christ jaune » de Gauguin (1890) : le visage du peintre est en premier plan tandis qu'à sa droite on voit un gros pot à tabac et que le fond du tableau est occupé à gauche par un grand Christ en croix, le tout dans un cadrage spécifiquement filmique à la fois par son caractère « construit » et insolite et par son intensité dramatique.

Au cours de cette période, le temps recommence à hanter certains artistes et l'on pourrait parler ici d'une temporalité « intégrée ». On sait que Monet peignait la cathédrale de Rouen à différentes heures du jour et il est évident

1. *Op. cit.*, p. 164.

qu'il cherchait désespérément par ce moyen à fixer une évanescente fluidité des rapports d'ombres et de lumières : toutes proportions gardées, ce problème était le même que celui qui se posait jadis à Giotto voulant représenter la vie du Christ ; mais la peinture requérant maintenant son unité plastique et dramatique, il manquait à Monet une caméra enregistrant au ralenti toute une journée de la cathédrale de Rouen comme devait le faire par la suite celle de Rouquier montrant en un instant plusieurs heures de la course du soleil au-dessus de la campagne de *Farrebique*. Le même Monet peignant « Le Boulevard des Capucines » représente la foule et le paysage en un léger flou comme s'il avait surimpressionné toute une série de photos prises les unes après les autres, les promeneurs étant chaque fois décalés et l'éclairage ayant imperceptiblement changé par rapport à la précédente : on voit apparaître ici sans aucun doute possible ce qui sera plus tard le « fondu-enchaîné », dont j'ai dit qu'il matérialisait très exactement la quasi-fusion de deux ou plusieurs moments successifs dans une expression de durée indéterminée mais vivante. Enfin, lorsque Cézanne peint « Les Régates à Argenteuil » ou Renoir ses « Femmes dans un champ » ou Turner ses marines, on sent qu'ils veulent densifier, valoriser, dilater un moment dont la plénitude sensuelle les a frappés pour essayer de lui conférer plastiquement une sorte d'équivalence de la durée, une présence insistante et enveloppante : le temps est alors « intégré » aux objets dont le dessin tente de rendre la palpitation en nous les montrant comme s'ils étaient vivants, vibrants d'un flou où se lit la tentative impuissante, mais pour peu d'années encore, de suspendre le vol du temps.

Enfin, avec les Cubistes et surtout les Abstraits, s'ouvre une nouvelle période où l'espace plastique traditionnel tend à se résorber en une surface à deux dimensions, celle de la toile même. Quant au temps, il est par là même de plus en plus ignoré. Signalons cependant telle « Etude de nu » de Picasso où le dessin apparaît « fondé sur une appréhension nouvelle de l'espace. Imaginons que nous ayons noté sur une feuille, en trait continu, les résultats successifs de notre examen d'une figure couchée en nous déplaçant nous-mêmes autour du modèle immobile. Je ne vois pas en quoi le procédé est plus absurde que celui de l'espace cavalier, qui nous fait aussi présenter simultanément des choses insaisissables d'un même coup d'œil [1] » : cette description est intéressante car elle nous

1. P. Francastel, *op. cit.*, p. 226.

fait saisir une influence du cinéma sur le dessin, celui-ci constituant une sorte de synthèse des points de vue successifs donnés par un panoramique.

Après cette rétrospective, on peut formuler deux remarques très importantes. D'abord il apparaît que *toute l'histoire de la peinture nous achemine vers la liberté de point de vue qui sera celle du cinéma ;* on pourrait même prétendre que l'histoire esthétique du cinéma est un condensé de celle de la peinture. L'espace dramatique de type théâtral de la Renaissance est exactement celui de Méliès et de ses contemporains, conçu en fonction du « monsieur de l'orchestre » cloué à son fauteuil.

Puis la peinture classique et romantique conquiert un espace illimité et réaliste qui sera celui des films de la grande période muette (si l'on met à part ceux qui sacrifient exclusivement à l'« esthétique du montage » et qui ne représentent en fait qu'une minorité de la production) et dont j'ai dit que la profondeur de champ y était déjà, quoique instinctive, saisissante.

Mais on a vu qu'il faut attendre les Impressionnistes pour trouver dans la peinture ce bouleversement de la représentation de l'espace et cette apparition de points de vue insolites à quoi correspond sensiblement la période de la « libération » de la caméra, avec tous les cadrages étonnants, les mouvements d'appareil vertigineux et plus tard la profondeur de champ utilisée de façon dramatique, mais aussi certaines déformations de l'espace qu'on trouve dans des films expressionnistes tels que *Caligari, Métropolis* ou *Le Dernier des hommes.*

En même temps, la conception « bi-dimensionnelle » de l'espace pictural se retrouve dans des films qui utilisent l'écran comme une simple surface plane, tels les films abstraits expérimentaux d'Eggeling ou de Fischinger vers 1925, puis ceux de Len Lye ou de Mc Laren plus récemment.

Deuxième conclusion importante : *toute l'histoire*

*de la peinture, envisagée du point de vue de l'expression de la temporalité, « appelle » le cinéma.* C'est particulièrement évident pour les fresques du Quattrocento devant lesquelles Luciano Emmer n'a eu qu'à promener sa caméra pour restituer la succession temporelle que les peintres de l'époque avaient dû remplacer par une contiguïté spatiale. Qu'Emmer se soit parfois trompé, qu'il ait défiguré dans *Il Dramma di Cristo* par exemple la plastique admirable et spécifique de Giotto en « animant » ses compositions hiératiques et monumentales, ceci est une autre histoire ; l'essentiel est que le cinéma était dans son rôle d'art du découpage-montage en « dramatisant » une action qui se trouvait figée dans une temporalité demeurée virtuelle. De la même façon, le film a pu « raconter » l'« Embarquement pour Cythère » (*Fêtes galantes* de Jean Aurel) ou « l'Enfer » de Bosch (*Le Démoniaque dans l'Art* de Gattinara et Fulchignoni) ou encore les kermesses joyeuses de Rubens (Storck et Haesaerts)[1].

Mais un problème général se pose à propos de l'utilisation des œuvres picturales par la caméra et spécialement de celles qui ne comportent aucune temporalité spatialisée. Doit-on montrer les toiles en tant qu'elles sont des surfaces quadrangulaires entourées d'un cadre qui délimite un espace précis (c'est ce que font le plus souvent Storck et Haesaerts ainsi qu'Emmer) ou peut-on se dispenser de cette obligation et montrer l'univers pictural de l'artiste conçu comme totalité d'un certain nombre de toiles restant virtuelles quant à leur individualité propre : c'est le cas du remarquable *Van Gogh* d'Alain Resnais, où la caméra explore divers tableaux en tant qu'ils sont des frag-

1. Voir, un peu en marge de notre propos, le très intéressant article de Jean George Auriol sur *Les origines de la mise en scène* dans le nº d'octobre 1946 de la *Revue du Cinéma* : l'auteur prétend montrer que depuis la Renaissance peintres, écrivains et musiciens ont fait des « films » ; ainsi « La Tour de Babel » de Breughel le Vieux est un « film-fleuve » et son « Mauvais Berger » implique un travelling arrière, cependant que Botticelli a créé le culte de la vedette et que les scènes de bataille de Paolo Ucello annoncent celles de *Naissance d'une Nation* et de *Nevsky*. J'ajouterais pour ma part le caractère étonnamment cinématographique des *éclairages* de Georges de La Tour.

ments multiples d'un même univers mental — ainsi que du *Monde de Paul Delvaux* où, de manière analogue, Henri Storck nous promène, selon un dessein que révèle le titre de son film, dans l'univers artistique du peintre sans jamais nous faire prendre par rapport à ses toiles le recul qui nous permettrait de porter un jugement esthétique sur elles en tant qu'œuvres individuelles ?

Sans doute, le choix de l'une ou l'autre méthode est-il affaire de cas d'espèce (univers du peintre, tempérament du cinéaste). Mais il est clair que la seconde attitude est la seule qui puisse réellement donner des œuvres cinématographiques valables et qui ne soient pas une simple transcription, même si elle est quelque peu discutable sur le plan du respect documentaire dans la mesure où elle recrée sur l'écran un *univers esthétique global* qui est bien conforme à celui du peintre, mais qui escamote les tableaux qui en sont pourtant les composants élémentaires et inaliénables. D'ailleurs on ne conçoit pas l'application d'une telle méthode à des abstraits purs, comme Kandinsky, Malevitch ou Mondrian : la temporalisation filmique n'aurait que faire dans de telles œuvres qui sont *spatialité pure.* D'autre part, preuve par l'absurde, on imagine mal un cinéaste qui, faisant un film sur Eiffel, ne nous ferait voir qu'une suite de fragments et de détails de sa fameuse Tour sans jamais nous la montrer dans son intégralité en plan général.

Le cinéma a donc le privilège d'être *un art du temps* qui jouit également d'*une maîtrise absolue de l'espace.* S'il est indéniable que la domination qu'il exerce sur le temps et la vigueur avec laquelle il peut rendre sensible la durée sont ses caractères les plus spécifiques et les plus originaux, par contre il est le seul art qui, parachevant des tentatives picturales séculaires, a pu créer un espace vivant et lui intégrer le temps avec une telle intimité, au point d'en faire *un continuum espace-durée* absolument spécifique.

Si l'on excepte la peinture, en effet, tous les autres arts plastiques et le théâtre se réalisent *dans* l'espace matériel, créent des formes qui se développent dans l'espace, celui-ci n'étant que leur support, leur réceptacle, le lieu virtuel de tous leurs possibles. Architecture et sculpture ne se définissent pas par l'espace où elles déploient leurs formes, et leur volume, bien qu'occupant un certain espace, n'est pas perçu comme espace mais comme une masse pesante et impénétrable : il y a complémentarité dialectique entre l'espace-réceptacle d'une part et, d'autre part, l'espace-forme (le premier est matériel et « ouvert », le second esthétique et « fermé ») qui est l'œuvre même et qui n'offre pas au spectateur la possibilité d'une expérimentation personnelle et arbitraire.

Théâtre et danse utilisent l'espace comme un pur support matériel : la mise en scène théâtrale ou chorégraphique ne consiste pas à proprement parler en la construction ou en l'organisation d'un espace esthétique, mais dans la *mise en rapport de mouvements* dans une structure expressive définie. L'espace chorégraphique n'a aucune importance comme tel ; d'ailleurs, on ne peut guère parler d'un espace chorégraphique spécifique, mais seulement d'espaces divers où évoluent des danseurs. Quant à la mise en scène de théâtre elle n'est, à la limite, jamais indispensable : une tragédie antique peut fort bien se jouer devant un rideau par des personnages parfaitement immobiles et d'ailleurs on ne perd rien d'essentiel, dans la plupart des cas, à se borner à la seule lecture d'une pièce de théâtre[1] sauf, bien entendu, lorsque le metteur en scène a effectué sur le texte un véritable travail de création plastique et/ou dramatique.

Architecture, sculpture, théâtre et danse sont donc des arts *dans* l'espace : par contre — et la différence est essentielle — le cinéma est un art *de* l'espace. Je veux dire que le cinéma *reproduit* de façon assez réa-

1. De même que, malheureusement, l'intérêt de trop de films se limite à celui de leur scénario.

liste l'espace matériel réel, mais qu'en outre *il crée un espace esthétique absolument spécifique* dont j'ai déjà montré le caractère artificiel, construit, synthétique. En tout cas l'espace dramatique tel qu'il apparaît sur l'écran n'est nullement dissociable des personnages qui y évoluent : il n'est pas un support, un lieu où l'action serait « mise en scène » (on voit combien est faux ce terme, appliqué au cinéma) car dans ce cas un individu se trouvant à côté de la caméra pendant la prise de vue verrait l'essentiel du film ; alors qu'au contraire seul ce qui apparaît sur l'écran est vraiment spécifique de cet art. L'espace filmique est donc *un espace vivant, figuratif, tridimensionnel,* doué de temporalité comme l'espace réel et que la caméra expérimente et explore comme nous le faisons pour celui-ci et en même temps *une réalité esthétique* au même titre que celui de la peinture, synthétique, et densifié, comme le temps, par le découpage et le montage.

Ce « réalisme » spatial du film explique que nous puissions si facilement « pénétrer » dans l'espace dramatique et adhérer à l'action. On a vu que la redécouverte de l'espace par le cinéma est liée à l'utilisation consciente de la profondeur de champ et à l'abandon de l'esthétique du montage qui aboutissait à temporaliser, à conceptualiser l'espace. En même temps, l'espace est intimement compénétré par la durée dans un continuum indissociable, identique à celui de la vie réelle, mais où la durée est activée et valorisée, rendue sensoriellement perceptible alors que dans la réalité elle est le plus souvent inconsciemment ou subconsciemment subie. C'est grâce à cette domination absolue sur la durée que le film s'intègre si aisément à notre rêverie personnelle, à notre aventure intérieure.

Le cinéma « triture » l'espace et le temps au point de les *transformer l'un en l'autre dans une interaction dialectique :* c'est comme si, grâce à l'accéléré et au ralenti, il montrait tantôt l'une, tantôt l'autre des deux faces de la réalité : la vie en acte, les choses en mouvement. Ainsi la croissance des plantes nous apparaît d'abord comme un rythme temporel : vue en accéléré, elle devient en premier lieu un mouvement dans l'espace ; inversement lorsque nous suivons par la pensée la trajectoire d'une balle de fusil, nous sommes sensibles d'abord à sa structure spatiale ; par contre, quand elle est vue au ralenti, c'est son aspect temporel qui nous frappe avant tout. Cela confirme ce que je disais plus haut sur la dualité des dimensions de notre monde: lorsque nous expérimentons activement l'espace, le temps s'estompe dans notre perception (tout le monde sait que lorsqu'on voyage la tyrannie du temps se fait moins obsédante) ; par contre, il impose sa présence impitoyable si l'espace reste pour nous à l'état de virtualité (un homme qui passe dix ans de sa vie dans un cachot subit le temps avec une douloureuse acuité). Concluons avec Jean Epstein que « si... le cinéma inscrit la dimension dans le temps avec la dimension dans l'espace, il démontre aussi que toutes ces relations n'ont rien d'absolu, rien de fixe, qu'elles sont, au contraire, naturellement et expérimentalement variables à l'infini [1] ».

Après cette longue mais nécessaire étude de l'espace filmique, il faut mentionner rapidement les divers procédés d'expression ou d'évocation de l'espace dramatique, c'est-à-dire *l'espace représenté.*

Il peut s'agir d'abord d'une *localisation* spatiale, de la désignation d'un lieu : auquel cas on aura recours tout simplement à un intertitre, ou bien le physique et le costume des personnages et les éléments du décor (paysage, monuments connus) se chargeront de la localisation.

D'autre part, on peut avoir à évoquer ou à signifier un *déplacement* dans l'espace : on l'exprimera donc par une trajectoire se déroulant sur une carte et indiquant le voyage effectué (*Je suis un évadé, Le Dernier milliardaire, Les Révoltés du Bounty*), ou par des éti-

1. *Le Cinéma du Diable*, p. 101.

quettes d'hôtel qui s'accumulent sur une valise (*Soupçons*), ou par un globe terrestre qui tourne et s'arrête en montrant le but du voyage (*Le Cirque,* d'Alexandrov), ou par une succession de décors typiques en fondus-enchaînés (*Les Raisins de la colère* : panneaux indiquant les divers Etats traversés et les numéros des routes — *La Grande illusion* : les noms des camps de prisonniers successifs), ou simplement, si le déplacement est indéterminé et n'offre pas d'intérêt géographique, par des paysages vus en travellings (*La Strada*) ou enfin par un leitmotiv visuel (des roues de locomotive à chaque voyage de *Monsieur Verdoux*).

L'évocation du déplacement peut aussi se faire au moyen d'un décor *en transparence* changeant derrière un personnage réel qui ne bouge pas (*La Tête d'un homme*) ou par enchaînement en fondu sur un objet identique ou semblable que la caméra est venue saisir en gros plan tandis qu'un travelling arrière dévoile ensuite un autre décor environnant (*Le Duel*).

Le cinéma est particulièrement apte à nous aider à *vaincre l'espace* en nous transportant en un instant en n'importe quel point de la planète, du Groenland de *Nanouk* à l'Australie des *Overlanders,* des steppes de *Tempête sur l'Asie* à la forêt aquatique de *Louisiana Story.* Mais par-delà cette fonction de *connaissance,* le cinéma est surtout magistralement propre à faire paraître devant nos yeux des *espaces dramatiques.* Ou bien ce seront des espaces fermés, des huis clos étouffants où des êtres humains s'aiment ou s'entre-déchirent selon le schéma éternel de la tragédie : tels sont le cabaret de *La Nuit de la Saint-Sylvestre* ou la baraque en planches du *Vent,* le fortin de *La Patrouille perdue* ou la diligence de *La Chevauchée fantastique,* le sous-marin des *Maudits* ou le palais monstrueux de *Citizen Kane.* Mais souvent aussi l'espace se dilate jusqu'à l'horizon et les êtres semblent alors absorbés par la nature, qui les protège (les marais de *Païsa*) ou les écrase (le désert des *Rapaces*) ou est simplement le cadre sublime de leur amour (la plage de *Remorques*).

Dans l'œuvre de Fellini (du moins dans ses premiers films) et surtout d'Antonioni, l'espace joue un rôle majeur : il n'est jamais un simple environnement descriptif mais un volume dramatique privilégié qui joue un rôle analogue, mais inverse, à celui qu'il tient dans les huis-clos du *Kammerspiel.* Chez Fellini, il accentue la misère morale des personnages et les scènes cruciales ont lieu le plus souvent devant des horizons infinis (*Il Bidone, La Dolce vita*), Chez Antonioni, la relation est plus subtile car l'espace n'a pas de signification proprement symbolique (la plaine du Po dans *Le Cri,* le paysage lunaire de *l'Avventura,* la ville tentaculaire de *La Nuit,* le désert de *Profession reporter*) mais seulement métaphorique en tant que donnée figurative et plastique qui le fait entrer en résonance avec l'intériorité des individus.

Ils ont été précédés dans cette voie par Rossellini (*Païsa, Allemagne année zéro, Stromboli, Voyage en Italie*) et plus encore par le Japonais Ozu dont le rôle de pionnier est resté trop longtemps ignoré en Europe mais qui est sans aucun doute l'initiateur de la conception du décor comme élément dramatiquement *neutre* et purement esthétique.

Chez les cinéastes *modernes* comme Wim Wenders (*Au fil du temps*), Theo Angelopoulos (*Le Voyage des comédiens*), Chantal Akerman (*Jeanne Dielman*) et André Téchiné (*Souvenirs d'en France*), l'espace est un déterminant essentiel de l'univers filmique sans intervenir autrement que comme cadre objectif de l'action. Mettant en œuvre cette nouvelle « règles des trois unités » que sont le *plan fixe,* le *plan général* et le *plan séquence,* ces cinéastes (et quelques autres comme Philippe Garrel, Marguerite Duras ou Jean-Marie Straub) ont incarné, vers le milieu des années 70, l'extrême avant-garde du « nouveau cinéma » en valorisant l'espace (et donc le temps) par la fixité et l'objectivité du regard porté sur lui : ce faisant, ils instauraient un espace non pittoresque et non symbolique mais purement psychologique et plastique et donc spécifiquement filmique.

## XIII

## LE TEMPS

« L'expérience qui nous a appris, a écrit Jean Epstein, à distinguer trois sortes de dimensions, perpendiculaires entre elles, pour nous orienter commodément dans l'espace, ne nous a enseigné, grosso modo, qu'une seule dimension de temps. Celle-ci a ceci de particulier que nous lui attribuons, toujours en gros, un sens rigoureusement unique, comme l'écoulement entre le passé et l'avenir [1]... » Le temps est en effet une force irrésistible et irréversible, du moins le temps objectif et scientifique. Mais (et il a été déjà suffisamment question du temps dans le chapitre précédent pour que cette constatation soit maintenant évidente) il n'en est pas de même pour l'homme quand « il interroge sa perception intérieure, dont les renseignements confus, divers, contradictoires restent irréductibles à une commune mesure exacte. Souvent il semble même qu'il n'y ait pas de durée du tout, dans un esprit absorbé par le présent... L'inconstance, le vague du temps vécu proviennent de ce que la durée du moi est perçue par un sens intérieur complexe, obtus, imprécis : la cénesthésie [2] ».

Il est important tout d'abord de noter, avec Bela Balazs, que le cinéma (ou plutôt : le découpage-mon-

1. *Le Cinéma du Diable*, pp. 107-108.
2. *Id.*, pp. 109-110.

tage) introduit une triple notion de temps : le temps de la *projection* (la durée du film), le temps de l'*action* (la durée diégétique de l'histoire racontée) et le temps de la *perception* (l'impression de durée intuitivement ressentie par le spectateur, éminemment arbitraire et subjective tout comme sa conséquence négative éventuelle, la notion d'ennui, c'est-à-dire le sentiment d'une longueur excessive né d'une impression de durée insupportable).

Or, devant ce système de référence fugitif et évanescent, et en même temps tyrannique, qu'est le temps, l'homme dispose pour la première fois d'un instrument capable de maîtriser le temps : la caméra peut en effet aussi bien accélérer que ralentir, inverser ou stopper le mouvement, donc le temps.

L'*accéléré* a d'abord un intérêt scientifique et permet de rendre perceptibles les mouvements extrêmement lents, les rythmes les plus imperceptibles tels que la croissance des plantes ou la formation des cristaux : « La caméra ignore la nature morte », écrit justement Jean Epstein, et Blaise Cendrars : « A l'accéléré la vie des fleurs est shakespearienne. » Rouquier s'est servi du procédé dans *Farrebique* pour condenser en quelques minutes de longs espaces de temps, faisant courir les ombres du soir au flanc des collines à la vitesse d'un foudroyant et obscur raz de marée. L'accéléré a également été très tôt une source d'effets comiques ; dans *Onésime horloger,* on voit le héros, pour entrer plus vite en possession d'un héritage, détraquer l'horloge régulatrice de l'Observatoire : alors tous les rythmes temporels sont fantastiquement accélérés et l'on voit un enfant naître et devenir homme dans l'instant ; dans *A propos de Nice,* la vue d'un convoi funèbre en accéléré crée une irrésistible impression de ridicule et de dérision ; dans *La Ligne générale,* un ouvrier fulmine contre la lenteur des procédures administratives et l'on voit les bureaucrates effrayés régler la question à toute vitesse ; l'héroïne d'*Une femme qui s'affiche* s'impatiente de la lenteur des ouvriers qui peignent son nom sur un panneau publicitaire : on voit alors les peintres se mettre à travailler à une vitesse folle qui correspond au rêve de la jeune femme de voir la besogne bientôt terminée. Mais l'accéléré peut aussi créer de curieux effets dramatiques en matérialisant par exemple la fuite du temps par une course effrénée de nuages dans le ciel (*Le Tempestaire, Cœur de verre, Rusty James*) ou en créant une atmosphère d'étrangeté, comme dans *Nosferatu* la chevauchée fantastique du fiacre au pays des fantômes ou le chargement des cercueils par le vampire.

Le *ralenti* permet, lui, de percevoir les mouvements très rapides insaisissables à l'œil nu (balle de revolver, pales d'une hélice en action), mais peut donner aussi, sur le plan dramatique, une singulière impression de puissance (la tempête au ralenti dans *Le Tempestaire*) ou d'effort intense et continu (cf. l'expérience de Poudovkine intercalant dans une scène représentant un homme en train de faucher de l'herbe mouillée des gros plans au ralenti des muscles de son dos et de la lame en action) [1]. Il peut prendre également une valeur symbolique. Dans *Tempête sur l'Asie* le général anglais donne l'ordre de pourchasser les partisans soviétiques ; on voit alors une compagnie de soldats faire demi-tour au ralenti et cet effet technique exprime assez bien l'impuissance de l'occupant dans sa lutte contre les patriotes. Les scènes de mort violente sont souvent montrées au ralenti comme par une dilatation dramatisante de l'instant fatal : ainsi le mitraillage des amants par la police (*Bonnie and Clyde*) et le meurtre de l'épouse (*Woyzeck*)[2]. Le ralenti suggère en général l'exceptionnelle intensité du moment, la félicité ou l'affliction : une femme se coiffe et sa longue chevelure

1. Cité par LINDGREN, *op. cit.*, p. 138. Signalons la beauté de l'effort humain vu au ralenti dans certains reportages sportifs.

2. Il peut suggérer un phénomène impossible à faire voir : les inexorables parcours inverses de la balle et du couteau qui vont abattre deux antagonistes (*Un Colt pour trois salopards*).

semble flotter doucement dans l'air, image d'un bonheur paisible (*Le Chemin de la vie*) ; c'est par contre la fin de sa jeunesse heureuse et insouciante que symbolise la lente chute de l'ample chevelure que doit couper une jeune fille pour échapper au mari qu'on voulait lui imposer (*Au prix de sa vie*) ; enfin on connaît la célèbre et admirable séquence du défilé au ralenti (avec une curieuse et envoûtante musique de Jaubert, enregistrée à l'envers[1]) des élèves dans le dortoir dévasté de *Zéro de conduite*, effet par lequel Vigo a voulu, semble-t-il, exprimer à la fois l'étrangeté poétique du rêve et la nostalgie des révoltes impossibles.

L'*inversion* du temps a été souvent utilisée comme source comique. Dès 1896, Lumière s'en servait pour montrer un mur démoli se reconstruisant tout seul. René Clair l'utilisa pour suggérer le trouble du jeune avocat des *Deux timides* qui s'embrouille dans le fil de ses idées et recommence sans cesse sa plaidoirie : on voit alors la scène déjà décrite (l'accusé apportant des fleurs à sa femme) se dérouler à l'envers à plusieurs reprises et de plus en plus vite au fur et à mesure que s'accroît le désarroi du jeune homme. Dans *Vampyr* l'inversion est destinée à ajouter au mystère de l'histoire : on voit l'ombre d'un homme pelleter de la terre à l'envers ; lorsque le vieux marin apaise la tempête, les vagues semblent des fleurs d'écume qui se referment sur elles-mêmes en de merveilleux effets poétiques (*Le Tempestaire*) ; image analogue lorsque Cégeste surgit de la mer au milieu d'une corolle d'écume qui se clôt et le projette vers le ciel (*Le Testament d'Orphée*). Dans une autre perspective, Sacha Guitry eut recours au procédé pour faire danser une sorte de ballet à la garde du palais princier de Monaco (*Le Roman d'un tricheur*) et l'idée fut reprise dans un court métrage anglais réalisé pendant la guerre et où l'armée nazie était ridiculisée par un montage habile qui lui faisait exécuter de savants va-et-vient au son

1. JAUBERT, in *Esprit*, 1er avril 1936.

d'une musique de brasserie (*Lambeth Walk*). Signalons que Chaplin utilisa le truc (sans que le spectateur s'en aperçoive) dans *Jour de paye* au moment où il entasse à une cadence infernale sur un échafaudage des briques qui lui sont lancées du sol par un collègue et qu'il attrape dans les positions les plus invraisemblables ; d'autre part, on se souvient sans doute qu'*Hellzapoppin* offre quelques inénarrables exemples d'inversion. Mais Eisenstein s'est servi du procédé de façon beaucoup plus originale et dans un but expressif, dans *Octobre* : au moment où Kérenski prend le pouvoir, une statue du Tzar, abattue peu avant, revient en place d'elle-même, signifiant que le règne de la réaction va recommencer.

Enfin, *l'arrêt* du mouvement permet d'étranges et prenants effets déjà mentionnés à propos de l'évocation de la mort. Voici un exemple d'utilisation plus symbolique du procédé : au moment où un justicier va frapper le traître de son épée, un plan (étranger à l'action) montre une vague qui se fige en pleine course, tout comme le traître est cloué par la peur (*Skanderbeg*). Le plus célèbre de ces effets se trouve dans *Les Visiteurs du soir* : les envoyés du Diable suspendent la marche du temps et cela se matérialise par un arrêt du mouvement qui fige les danseurs en plein bal. Il est clair cependant que le procédé aboutit à un échec, car en nous représentant le temps *en train de s'arrêter* il met fâcheusement (et naïvement) l'accent sur la réalité même de l'écoulement du temps alors que, du point de vue psychologique, il aurait fallu au contraire nous faire oublier que le temps est un flux irrésistible, *inarrêtable* faudrait-il dire ; pour que le temps *s'arrête*, il faut que nous n'ayons plus conscience de son écoulement et si on le matérialise par un ralentissement du mouvement de l'image il s'en impose d'autant plus à la conscience.

Quant à *l'arrêt sur image* (non précédé d'une décélération), il est devenu d'un usage assez courant, en particulier à la fin des films pour signifier justement l'arrêt du déroulement du récit. L'un des plus efficaces (parce que des plus discrets) exemples d'utilisation de ce procédé se trouve dans *Jules et Jim* (Truffaut semble en avoir été l'un des initiateurs et il a été souvent copié) : au moment où les deux amis se retrouvent après cinq ans de séparation, un bref et presque imperceptible arrêt sur l'image semble vouloir éterniser cet instant de bonheur.

Venons-en maintenant à la formulation d'une distinction essentielle : le concept de temps implique à la fois celui de *date* et celui de *durée.* Les moyens ne manquent pas pour indiquer la date de façon plus ou moins précise, mais ils ne présentent à vrai dire pas grand intérêt : on aura recours par exemple aux intertitres placés en tête du film ou des séquences (« La scène se passe à Paris en 1890 ») — ou à la présence d'un calendrier (une scène de *Tant qu'il y aura des hommes,* qui se passe la veille de l'attaque japonaise sur Pearl Harbor est ainsi authentifiée par un calendrier portant la date du 6 décembre 1941) — ou à une allusion à un événement historique exactement localisé dans le temps (la mobilisation d'août 1914 dans *Limelight*), — ou à la référence à un événement d'ordre social (le Carnaval, dans *Les Vitelloni*) — ou encore à la présence (ou à l'absence) d'un monument dont la date de construction (ou de démolition) est connue (la Tour Eiffel en construction, dans *Douce*) ; — enfin le genre des costumes suffit en général à localiser à peu près l'action dans le temps ; quant à la saison, elle est indiquée par le paysage (feuilles mortes, neige, etc.), tandis que l'heure sera au besoin précisée par une horloge qu'on verra ou qu'on entendra sonner.

L'expression de la *durée* est bien plus intéressante, car elle met en jeu des procédés proprement filmiques. Le terme de durée est susceptible d'être pris dans deux acceptions sensiblement différentes. On peut d'abord vouloir insister sur l'*écoulement* du temps, mettre l'accent sur sa fuite, sur *le temps qui passe.* Pour cela on a recours à un grand nombre de procédés techniques dans des perspectives diverses ; on peut envisager d'abord ce que j'appellerai un point de vue « objectif », c'est-à-dire que les événements se trouveront confrontés à un système de référence scientifique et social : ou aura ainsi recours à l'effeuillement d'un calendrier (dans *L'Ange bleu* le Professeur arrache avec le fer à friser les dernières feuilles de l'année 1924, puis un fondu-enchaîné fait apparaître le millésime 1929) ou à un objet dont la transformation en fondu-enchaîné indique l'écoulement d'un certain laps de temps plus ou moins exactement déterminable (une horloge dont les aiguilles changent de place, une cigarette à peine commencée puis entièrement consumée, une fenêtre d'abord éclairée par le soleil puis ouverte sur la nuit, etc.), ou à la croissance d'un enfant (*Le Kid, Miracle à Milan, Les Enfants d'Hiroshima, Citizen Kane.* etc.), ou encore au développement d'une grossesse (*La Terre, Monika, Les Fruits sauvages, Les Cinq survivants, Le Sel de la terre*).

Mais il peut se faire que le réalisateur veuille suggérer simplement une *durée indéterminée,* c'est-à-dire sans qu'il soit possible ni d'ailleurs utile de préciser la longueur de la période écoulée ; le truc du calendrier pourra encore être employé, comme dans *Scarface* où l'on voit un calendrier s'effeuiller au rythme des rafales de mitraillette ; dans *La Symphonie pastorale* et dans *Le Journal d'un curé de campagne,* ce sont les cahiers d'un journal intime qui marquent, par leur accumulation progressive, l'écoulement du temps ; ou bien on aura recours à un jeu de scène de caractère expressif : ainsi la croissance de l'intimité et des sentiments amoureux entre deux personnages est-elle évoquée par des poignées de mains de plus en plus longues (*Fait divers*) ou par des coups de sonnette d'abord hésitants puis résolus (*L'Eventail de Lady Windermere*) ; il arrive aussi que l'écoulement du temps soit exprimé par un plan n'ayant pas grand rôle dans l'action et dont la valeur et l'intérêt sont plutôt symboliques : dans *Le Kid* un plan de nuages traversant lentement le ciel est intercalé entre la séquence initiale où l'enfant est encore un bébé et la suite du film où il a cinq ou six ans ; montage analogue dans *Varsovie quand même* où un long panoramique sur un ciel chargé symbolise les cinq années d'oppression nazie sur la capitale polonaise ; dans *Une Partie de campagne* le long travelling arrière (déjà cité) sur la rivière piquetée de pluie se trouve avoir, outre une valeur dramatique assez étonnante et insolite, le sens d'une fuite du temps vers un passé irrémédiable ; enfin, dernier procédé mais non le moins intéressant et sans aucun doute le plus filmique, le recours à un effet de montage en fondus-enchaînés de type impressionniste : ainsi dans *Les Bas-fonds de Frisco,* le voyage nocturne du routier est évoqué par une série de fondus et de surimpressions de l'autoroute balayée par les phares et du visage attentif de l'homme ; un tel montage exprime avec une remarquable vigueur la monotonie du voyage et la densité de l'effort physique du chauffeur et en même temps l'espèce de fusion indéfinie et homogène de tous les instants de ce voyage dont aucun n'a eu un caractère bien particulier. Le même procédé sert à symboliser dans *Citizen Kane* la tournée de Susan à travers les Etats-Unis : série de fondus où se superposent le visage de l'héroïne, des titres de journaux, la face exubérante du professeur de chant et la lampe qui donne le signal du début des représentations ; enfin Welles a encore employé cet effet pour exprimer, par des fondus de rues et d'usines en travelling avant, les démarches répétées de George à la recherche d'un travail (*La Splendeur des Amberson*) : ce montage a une valeur de répétition et il correspond très exactement à un imparfait fréquentatif, le mélange des images créé par les fondus suggérant assez bien le chevauchement indistinct de ses diverses démarches dans la mémoire du héros. Enfin, les voyages indéterminés des artistes ambulants de *La Strada* sont évoqués par un procédé analogue mais de traitement plus réaliste (car l'accent n'est pas mis spécialement sur leur durée) : des travellings de paysages reliés par des fondus-enchaînés — cependant que dans *Souvenirs de la maison des morts* la durée de la longue marche des prisonniers politiques de Saint-Pétersbourg jusqu'en Sibérie est évoquée par la succession des saisons (la neige, les bourgeons, les fleurs, les moissons)[1].

Mais on peut au contraire vouloir exprimer la *permanence* du temps, mettre l'accent sur le temps qui dure en accentuant les moments où il ne se passe pratiquement rien mais où la durée est intensément vécue : on aura alors recours à divers procédés. J'ai précédemment cité le procédé utilisé par Epstein dans *La Chute de la Maison Usher*, des sortes de palpitations de la photo, pour rendre le martèlement déchirant des heures dans l'esprit troublé du châtelain ; dans *La Volonté du mort*, un mécanisme d'horlogerie est surimpressionné à l'image de gens qui attendent ; dans *Le Rythme de la ville*, Sucksdorff rend l'oppression physique qui précède l'orage par des images de gens affalés et suants avec une musique lancinante et le bruit envahissant d'un tic-tac de montre ; ce sont des gouttes d'eau tombant d'un robinet en un rythme immuable qui créent l'atmosphère lourde de la veillée funèbre du mari dans *La Mère ;* l'attente angoissée des hommes dissimulés dans le tender est scandée par le halètement de la locomotive de *La Bataille du rail.*

Mais en essayant de donner une image (et donc une transcription *spatiale*) de la durée, tous ces effets, répétons-le, matérialisent le temps sans pour autant faire ressentir l'impression subjective de la durée.

---

1. Rappelons aussi qu'un montage rapide peut exprimer avec force la vivacité d'une action (course d'une locomotive, dans *La Roue* ; chevaux au galop, dans *L'Arsenal*) et donc, accessoirement, la fuite du temps.

On se souvient, d'autre part, que le chevauchement partiel des plans peut dilater et densifier la durée (voir note p. 119) et qu'un plan « anormalement » long peut prendre une signification psychologique particulière (voir pp. 87 et 172.

En définitive, donc, le meilleur procédé d'expression de la durée intuitivement vécue, c'est le montage.

La lenteur du montage (c'est-à-dire l'utilisation de plans longs et très longs) est le moyen le plus efficace de faire ressentir la stagnation du temps, la durée, et cela de façon non consciente (étant donné qu'aucun truc technique ne vient essayer de *représenter* cette durée) : or il est clair, depuis Bergson, que notre saisie de la durée est intuitive et que ce que nous percevons consciemment n'est que le système de référence temporel à la fois rationalisé et socialisé dans lequel nous vivons.

Et s'il est vrai, comme nous l'avons dit, qu'espace et temps sont, au cinéma, intimement liés dans un continuum à l'intérieur duquel nous évoluons sans aucune contrainte, il est normal, l'espace nous étant présenté par blocs massifs (grâce à des plans longs), que le temps s'impose à nous lui aussi comme une totalité indivise, c'est-à-dire non comme une suite d'instants, mais comme une *durée.*

Le montage serait donc le moyen le plus spécifique d'expression de la durée. Cet aspect de son rôle créateur est de redécouverte relativement récente. Presque simultanément *Okasan, Les Vitelloni, Umberto D* (en 1952-53), pour ne citer que quelques exemples significatifs avant ceux d'Ozu, Mizoguchi et Antonioni, découverts un peu plus tard, ont réussi à exprimer la durée par un montage de plans très longs. On pourrait dire qu'on parvient à représenter la durée, à la concrétiser, *en la filmant dans son intégralité.* Encore faut-il que l'action ne vienne pas, par son caractère rapide ou mouvementé, contrecarrer la lenteur du montage et c'est pourquoi un tel procédé n'est pas valable pour tous les sujets. Mais dans certains cas privilégiés, des réalisateurs sont parvenus à donner au spectateur la sensation interne de la durée, du temps qui se fait et s'impose : ainsi la quotidienneté besogneuse de la mère (*Okasan*) et de la petite bonne (*Umberto D*) ou le désœuvrement des *Vitelloni.*

Cette utilisation du plan long est devenue à la mode dans les films occidentaux dans le courant des années 60 mais il est important de noter que le cinéma asiatique l'a toujours plus ou moins pratiquée, en fonction d'une conception de la durée radicalement différente : il faut souligner que le génial cinéaste japonais Yasujiro Ozu (1903-1963) a constamment et consciemment utilisé, dès les années 30, le *plan séquence* (et le plan fixe), ce qui confère à ses films une haute capacité de fascination.

Le plan séquence instaure une continuité *espace-durée* où la durée est déterminante, comme le montre la longue scène de *Grand-rue* où une jeune fille raconte son adolescence au garçon qui la courtise : on a du moins l'impression qu'il s'agit temporellement d'une même scène mais les divers moments de la conversation se déroulent (sans rupture du dialogue) dans des lieux différents (bien que Bardem ne suggère pas visuellement que les personnages se déplacent) ; il y a donc création d'un espace-durée où la continuité temporelle ignore la (possible) contiguïté spatiale (superflue).

## LES DIVERSES STRUCTURES TEMPORELLES DU RÉCIT

Dans le complexe espace-temps (ou continuité espace-durée) qui charpente l'univers filmique, il est clair maintenant que c'est le temps, et lui seul, qui structure de manière fondamentale et déterminante tout récit cinématographique, l'espace n'étant jamais qu'un cadre de référence secondaire et annexe. C'est donc par rapport au traitement qu'elle fait subir au temps que doit être analysée la construction d'un film. Essayons maintenant de recenser les divers traitements possibles.

A. *Le temps condensé* : c'est l'usage habituel que le cinéma fait du temps ; j'ai déjà insisté sur cette activité créatrice du découpage et du montage et je me bornerai donc ici à en rappeler les deux étapes principales : d'abord la mise en évidence d'une continuité causale unique et linéaire dans l'enchevêtrement des séries multiples de la réalité courante, puis suppression des temps faibles de l'action, c'est-à-dire de ceux qui ne participent pas directement et utilement à la définition et au progrès de la séquence dramatique : d'où cette condensation de la durée et cette impression de plénitude vécue qu'on éprouve devant le film et qui n'est pas l'un des moindres facteurs de sa puissance d'envoûtement ; le temps de l'action filmique ainsi condensé est une donnée spécifiquement esthétique (les règles d'unité d'action et de temps, malgré le caractère artificiel qu'on leur reproche parfois à juste titre, restent parfaitement valables), mais qui n'est pas sans rappeler les alternances d'automatisme et de conscience claire de la vie réelle et surtout la décantation qui se produit dans la mémoire au seul profit des événements qui nous « concernent » directement et profondément, même si les mobiles de notre sélection mémorielle sont inconscients.

B. *Le temps respecté* : quelques rares films ont essayé de respecter le déroulement temporel dans son intégralité en présentant sur l'écran une action dont la durée était donnée comme identique à celle du film lui-même. Déjà Hitchcock, dans *La Corde*, avait, involontairement sans doute (je veux dire que ce n'était pas là son souci majeur), respecté cette gageure en tournant son film pratiquement en un seul plan : la caméra suivait sans cesse les personnages à travers le décor, et les raccords de bobines se faisaient sans changement de plan à la faveur de fondus au noir. De façon plus systématique, des films ont prétendu, en une heure et demie de projection, nous faire vivre une tranche de durée strictement identique (ou à peu près) de la vie d'un boxeur (*Nous avons gagné ce soir*) ou d'un shérif (*Le Train sifflera trois fois*). Il y a là bien entendu une fiction : si dans le premier de ces films une horloge publique n'était visible dans le plan initial (elle marque 21 heures 05) et dans le plan final (elle marque alors 22 heures 15), si dans le second une pendule n'était visible dans de nombreux plans, le spectateur n'aurait aucun moyen de vérifier si le postulat de base a été respecté : c'est qu'en effet le temps scientifique ne coïncide absolument pas avec le temps de la perception, le temps psychologique du spectateur, c'est-à-dire l'intuition subjective et personnelle de la durée, qui dépend de notre état physique et mental du moment, de notre intérêt et de notre « engagement » dans l'histoire. Ce qui est beaucoup plus important c'est que le découpage-temps a été remplacé par le découpage-espace : c'est-à-dire qu'au lieu de choisir à son gré et seulement en fonction de leur intérêt dramatique des fragments temporels à placer dans le film, le réalisateur à été tenu de respecter l'intégralité de la durée : il a donc dû se déterminer dans son choix (du moins est-ce là la conséquence logique du postulat de départ) par la nécessité d'assurer de façon stricte le non-chevauchement temporel des divers fragments d'action qui constituent le film. Bien plus qu'à cause de son parti pris (qui n'est d'ailleurs au fond qu'une variante de l'unité de temps, dont j'affirme l'éminente valeur dramatique), *Le Train sifflera trois fois* est important parce qu'en fixant un terme fatal et irrémédiable à l'action (ici l'arrivée du train qui amène le bandit qui a juré de se venger du shérif), il valorise la durée et lui fait jouer un rôle dramatique particulièrement dense : il en est ainsi dans les nombreux films où un terme tragique est fixé à l'action (l'explosion de la bombe atomique dans *Les Enfants d'Hiroshima,* l'assaut de la police dans *Le Jour se lève,* une exécution capitale dans *Nous sommes tous des assassins,* la mort de l'héroïne dans *Elle n'a dansé qu'un seul été*).

C. *Le temps aboli* : sous ce titre, il sera question de trois films réalisés presque à la même époque et qui offrent une conception extrêmement audacieuse de la temporalité dans l'action. Il s'agit d'abord du film d'Alf Sjöberg, *Mademoiselle Julie* (1950). L'héroïne et le valet de chambre de son père, Jean, échangent des confidences dans la nuit de la Saint-Jean. L'homme raconte comment, étant gamin, il fut poursuivi par la gouvernante du château pour avoir volé des pommes : on assiste alors à la poursuite de l'enfant, puis un panoramique découvre (sans changement de plan) Julie et Jean qui se promènent à quelque distance ; à la suite d'une autre incartade il avait été battu : on voit le gamin fouetté puis un panoramique nous montre les domestiques assemblés (passé) avant d'aboutir au visage en gros plan de Julie écoutant (présent) le récit de Jean. Plus tard Julie s'enivre pour oublier la honte de s'être donnée à son valet et évoque à son tour son enfance : on voit alors à côté des héros et dans le même plan qu'eux passer Julie encore enfant et sa mère avant sa mort. Enfin, décidée à s'enfuir avec Jean, la jeune fille a fracturé le secrétaire de son père ; à ce moment celui-ci rentre au château et elle imagine ce qui va se passer ; elle apparaît alors en premier plan cependant que sa voix raconte *off* les événements qu'elle croit devoir arriver et qu'on voit se dérouler derrière elle : son père, qui s'est aperçu du vol et a fait venir un policier, lui pose une question (futur) et ce qu'elle (présent et futur) lui répond peut s'appliquer au présent et au futur (paroles adressées à Jean — réponse à la question de son père). Il y a donc ici une audacieuse synthèse entre un commentaire *off* au *présent* et une scène matérialisant un *futur* (imaginé d'ailleurs et qui reste un pur possible), synthèse non pas seulement technique mais dramatique puisque c'est pour éviter de se trouver dans l'intolérable et humiliante situation qu'elle redoute et imagine ainsi que la jeune fille va se trancher la gorge, seule possibilité d'échapper à son « déshonneur ».

La polyvalence temporelle ainsi réalisée par Sjöberg possède une étonnante vigueur expressive et se trouve être, en dépit de son audace et de sa « lecture » relativement difficile, parfaitement valable au point de vue psychologique malgré son caractère très évidemment non réaliste : le mélange des temps s'explique par le fait que Jean et Julie songent ; or tout est au présent dans la conscience, *au présent de la conscience* et le déroulement du film, je l'ai déjà signalé, ressemble fort au courant de la conscience où les perceptions extérieures réelles et les motivations psychiques les plus profondes surgies de l'histoire de l'individu s'inscrivent dans le même plan de conscience vécue : dans le film, les événements présents et les souvenirs ou les « projets » de l'imagination s'inscrivent eux aussi, et l'identité des termes est curieuse, dans le même plan.

Laslo Benedek, dans *Mort d'un commis voyageur* (1952), a eu recours avec la même maîtrise au mélange de temporalités différentes dans le même espace dramatique. Le commis voyageur Willy Loman, épuisé par toute une vie de travail acharné, a des hallucinations qui évoquent les épisodes du passé et sont matérialisées dans l'image même où évolue le héros et avec le même réalisme. Voici un premier exemple de ce procédé, la scène où le protagoniste se trouve avec sa femme dans la cuisine de leur maison : il est cadré de face en premier plan, sa femme est assise au second plan tandis qu'au fond une porte s'ouvre sur le vestibule ; sa femme lui dit, en réponse à une réflexion qu'il vient de faire : « Tu es l'homme le plus élégant du monde ! » et elle rit : on entend alors surgir un autre rire, plus fort et plus vulgaire ; l'homme se retourne face à ce rire et l'on s'aperçoit que le vestibule de tout à l'heure s'est transformé en une chambre d'hôtel sordide : une femme est en train de s'y rhabiller et elle répond à une question que l'homme pose à son épouse tandis qu'il s'avance vers le fond, pénètre dans la chambre et prend la femme dans ses bras ; puis après une courte scène qui constitue la matérialisation d'un épisode du *passé*, l'homme revient dans la cuisine au *présent* et l'on entend son épouse répondre à la question qu'il lui posait au moment de passer dans l'autre pièce. Ainsi en l'espace d'un instant l'homme a revécu une scène entière du passé que le réalisateur a matérialisée dans la mise en scène en lui donnant le même caractère de réalité qu'à la trame présente de l'histoire ; mais on admettra qu'il s'agit bien plus que d'une représentation ordinaire du souvenir puisqu'il y a coexistence matérielle dans le même plan dramatique et technique de la réalité objective et d'un contenu mémoriel. Autre exemple dans une scène ultérieure : Willy s'est mis à jouer aux cartes avec son voisin Charley et il commence à évoquer le passé en voyant un portrait de son frère Ben ; on voit alors au fond de la pièce, qui s'est allongée et obscurcie, apparaître Ben qui intervient dans la conversation entre Willy et Charley sans que ce dernier s'aperçoive évidemment de rien ; puis Charley s'en va et Willy court après Ben, le rejoint et débouche avec lui dans le passé.

Enfin, on trouve de semblables effets (moins constants toutefois) dans *Les Contes de la lune vague,* de Mizoguchi (1952). Le héros du film, Genjuro, venu au marché vendre des poteries, voit paraître une princesse et sa dame de compagnie qui l'invitent à venir à leur manoir : or on comprend peu à peu que ces deux personnes sont des fantômes bien qu'elles soient douées de la même apparence de réalité que les êtres vivants qui les environnent. La découverte de cette fantomatique existence est en quelque sorte annoncée par une apparition à Genjuro de sa femme, pourtant fort loin de là, parmi les soieries d'un marchand ambulant ; et elle est suivie par une nouvelle apparition lorsque le héros, de retour à la maison familiale, voit au foyer l'épouse bien-aimée pourtant morte depuis longtemps.

J'ai analysé en détail ces trois films parce qu'ils mettent brillamment en œuvre la fusion de temporalités différentes dans un espace filmique unique. J'ai déjà cité des exemples frappants (*Le Fantôme qui ne revient pas, Peter Ibbetson*) de la coexistence de réalités de natures différentes dans un même espace conceptuel. En voici d'autres : dans *Contes fantastiques de Yotsuya,* Kinoshita fait apparaître à un personnage le fantôme, en chair et en os, de sa femme morte. Bergman fait coexister son protagoniste avec des personnages qui sont la matérialisation réaliste de ses souvenirs (*Les Fraises sauvages*) et, plus audacieusement encore, montre dans la même image ses deux héros et les adolescents qu'ils ont été (*Après la répétition*). Dans *Mishima* de Paul Schrader, on aperçoit un instant l'enfant que le poète a été regardant, depuis une fenêtre, le départ de l'adulte vers la mort. Parmi les effets psychologiques ainsi obtenus, les plus saisissants sont ceux qui ont un caractère onirique ou fantasmatique, les plus poétiques ceux qui suggèrent la survivance de l'enfant dans l'adulte.

D. Enfin *le temps bouleversé* (fondé sur le *retour en arrière* ou *flashback*) est sans doute le procédé d'interprétation du temps le plus intéressant au point de vue du récit filmique et il semble avoir été utilisé très tôt de manière consciente[1] ; mais s'il a de toute évidence été inspiré aux réalisateurs par le roman, il faut admettre que le cinéma l'a employé souvent et parfois avec bonheur pour diverses raisons qu'il faut maintenant analyser.

1. Raisons *esthétiques* tout d'abord, dans le but d'appliquer de façon rigoureuse la règle de l'unité de temps (et celle de lieu éventuellement) : on aurait tort de sous-estimer l'importance de l'unité de temps dans la genèse d'une atmosphère dramatique et de nombreux films y ont trouvé une des raisons de leur valeur (*La Nuit de la Saint-Sylvestre, Le Jour se lève, Huit heures de sursis, Le Mouchard, Les Portes de la nuit,* etc.). Cette unité de temps peut être fort relâchée dans le cas d'une action qui se divise en deux tranches séparées par une longue période : au lieu donc de pré-

1. SADOUL en a trouvé un exemple précoce dans un film italien en 1911, *Les Noces d'or,* où un vieux couple évoque la guerre d'indépendance (*Histoire générale du cinéma,* t. III, 1, p. 94).

senter les origines du drame puis d'en montrer la conclusion vingt ou trente ans après, on fera débuter le film à cette seconde période, puis un retour en arrière exposera le passé avant qu'on ne revienne au présent pour le dénouement du drame ; ainsi l'œuvre est-elle refermée sur elle-même à la fois selon une symétrie structurale fort satisfaisante du point de vue esthétique et selon une symétrie temporelle qui lui donne une unité centrée sur le présent, qui est le temps le plus éminemment *participable,* ainsi que je l'ai montré à plusieurs reprises.

2. Raisons *dramatiques* : le flashback consiste alors à mettre dès le début du film le spectateur dans la confidence du dénouement : cette construction, outre l'intérêt structurel qu'elle présente (cf. paragraphe précédent), a le considérable avantage de supprimer tout élément de dramatisation artificielle due à l'ignorance du dénouement et de mettre en valeur le contenu humain de l'œuvre et la solidité de sa construction. Ce procédé aide ainsi puissamment à la création de l'*unité de ton,* si importante dans une œuvre : il enlève aux événements leur apparente disponibilité et révèle leur *sens* profond en indiquant au spectateur la tournure de l'action à venir. Dans le cas d'un film de qualité comme *Elle n'a dansé qu'un seul été,* ce genre de récit sans surprise dépouille le drame de tout « suspense » et concentre l'intérêt sur la trajectoire psychologique des personnages et sur la construction dramatique dont l'architecture et la rigueur psychologique sont alors mises en pleine lumière. Même procédé dans *Assurance sur la mort* où le film commence lorsque l'assureur blessé arrive dans son bureau et s'installe devant son dictaphone pour raconter son histoire : le fait pour le spectateur de savoir que le drame finira mal pour le protagoniste, introduit une atmosphère de fatalité irrémédiable qui contribue beaucoup à donner au film son caractère si envoûtant. On aura remarqué d'ailleurs que cette construction ne fait qu'instaurer l'état

de choses qui existe à propos de la tragédie antique : le dénouement fatal de l'histoire d'Œdipe ou d'Antigone est connu d'avance et le drame n'en excite pas moins la terreur sacrée des spectateurs ; c'est ce qu'ont bien compris Laurence Olivier et Orson Welles qui ont ouvert leurs films sur l'image du cortège funèbre d'Hamlet et d'Othello.

3. Raisons *psychologiques* : elles peuvent aussi justifier le bouleversement de la suite temporelle normale des événements. C'est le cas par exemple lorsque le film est centré sur un personnage qui se souvient : plutôt que de dérouler l'action en y faisant intervenir le héros à titre d'élément, il est beaucoup plus judicieux de centrer le drame sur lui, en faisant de la plus grande partie du film la matérialisation de son souvenir : parvenu au paroxysme de son drame, le héros revit en déchirements successifs les circonstances qui l'ont amené à ce point de désespoir et de solitude. Ainsi l'ouvrier sableur du *Jour se lève,* barricadé dans sa chambre après avoir abattu le dresseur de chiens, revoit les étapes d'un amour que la vilenie de l'homme a rendu sans espoir ; ou c'est le lycéen du *Diable au corps* qui voit resurgir à sa mémoire les épisodes de sa passion pour la jeune femme qui vient de mourir ; ou encore, après sa *Brève rencontre* avec Alec, Laura rentrée chez elle revit douloureusement les brefs instants de cet amour impossible.

Par ailleurs les films à témoignages multiples sur un même événement ou un même personnage apparaissent comme un développement de ce procédé de récit. *The Power and the Glory* en offre un curieux exemple à travers un double flashback donnant, d'une part le point de vue d'un mort sur lui-même, en quelque sorte, de l'autre celui de son secrétaire qui vient d'assister à son enterrement : c'est le secrétaire qui évoque la seconde partie de la vie de son patron, le magnat Thomas Garner, alors que la jeunesse de celui-ci, dont il n'a pas été témoin, est en quelque sorte *objectivée.* De plus, à l'intérieur des deux parties du flashback, le passé objectif et le passé subjectif sont mêlés dans des séquences librement alternées : le récit n'est donc pas chronologique, comme si les auteurs voulaient suggérer que tout témoignage est sujet à caution (le secrétaire n'est peut-être pas plus sincère que les confidences que son patron a pu lui faire sur son propre passé) et qu'il est sans doute vain de tenter de répondre à la question « Qui était Thomas Garner ? »

Il est fort probable que Welles, quand il a conçu *Citizen Kane,* avait en tête cet étonnant film qui est comme une étude phénoménologique (le protagoniste est toujours vu de l'extérieur) en forme de puzzle dont le spectateur doit assembler les fragments.

*Citizen Kane* dit l'impossibilité de pénétrer le secret intime de la vie d'un homme, tandis que *Rashomon* constitue une démonstration assez caustique de la relativité de la vérité et du peu de crédit qu'il faut accorder à l'objectivité des témoins divers d'un fait identique. *La Vie en rose* avait étudié, dans une perspective analogue, un cas de mythomanie caractérisée : le pion racontait des réussites sentimentales dont il finissait par avouer la fausseté ; on revoyait alors les événements tels qu'ils s'étaient déroulés en réalité, l'objectivité du récit étant cette fois prouvée par la présence dans tous les plans de l'enfant témoin des mésaventures du malheureux pion. De façon analogue, *Manèges* était construit sur une série de flashbacks justifiés par un double point de vue : les souvenirs du mari bafoué et le récit de la belle-mère ; ce qui amenait même à montrer certains événements à trois reprises, tel le départ de la jeune femme le jour de la vente du manège, événement vu dans le souvenir du mari, dans le récit de la belle-mère et enfin *objectivement.*

D'autre part, et ceci pourrait constituer l'exemple d'un troisième type de retour en arrière d'ordre psychologique, on se souvient comment Cayatte a construit *Avant le déluge* sur une série de flashbacks démarrant sur le visage des parents des divers inculpés : le réalisateur a voulu signifier par là que le drame se joue d'abord dans la conscience des parents, puisque c'est eux qu'il rend principalement responsables des errements criminels de leurs enfants.

Enfin, il faut souligner la magistrale réussite d'*Hiroshima mon amour* où Resnais est parvenu, sur le plan du récit visuel, à une fusion parfaite du passé et du présent entremêlés dans la conscience de l'héroïne ; le procédé n'est pas nouveau et il est relativement moins audacieux que celui de *Mademoiselle Julie :* mais il est utilisé avec une maîtrise remarquable et parce qu'il repose uniquement sur les changements de plans par coupure franche, il ne rompt absolument pas (en particulier grâce à l'enchaînement par les travellings avant et au commentaire subjectif *au présent*) la continuité du récit, laquelle évoque avec force le *courant de conscience* bergsonien ou la durée proustienne.

4. Des raisons *sociales,* enfin, peuvent justifier un retour en arrière. *Le Crime de M. Lange* commence à l'arrivée du héros et de la blanchisseuse à la frontière belge : la jeune femme apprend qu'ils sont tous deux recherchés pour meurtre et elle prend le parti de raconter leur histoire aux clients du cabaret qui les ont reconnus, afin qu'ils jugent eux-mêmes s'ils doivent les dénoncer ou les laisser passer la frontière ; ce préambule, inutile en fait, est bien entendu une précaution d'ordre social destinée à désarmer la censure qui devait être peu encline à voir d'un bon œil un film où un mauvais patron était abattu par l'animateur d'une coopérative ouvrière, geste qui se charge aujourd'hui d'un sens encore plus précis lorsqu'on sait que Renoir avait alors des opinions d'extrême-gauche et que le film sortit sur les écrans parisiens en janvier 1936, c'est-à-dire peu de mois avant la victoire du Front Populaire aux élections ; en même temps l'épisode final, où l'on voit les gens du peuple absoudre moralement le meurtrier, était une suggestion au public : il est certain en effet que le spectateur s'identifie aux gens

du cabaret et qu'il est amené à prendre à son compte le jugement qu'ils portent sur cette affaire.

« Précaution » analogue, mais bien inutile et bien maladroite cette fois, dans *Et mourir de plaisir* : le préambule et la conclusion du film se déroulent dans un avion où a pris place le narrateur ; il s'agit sans doute d'atténuer aux yeux du spectateur la violence du film en présentant cette histoire de vampires comme un *récit*, donc comme une réalité au second degré. Il y a là une involontaire et naïve démonstration de la croyance générale à la puissance de persuasion de l'image cinématographique.

## PASSÉ ET FUTUR

Le *flashback (ou retour en arrière)* est donc devenu un procédé d'écriture tout à fait courant.

Précisons ici que le passé introduit par le flashback peut être : soit un passé *objectif* présenté comme tel, soit un passé *subjectif*, souvenir vrai (l'image de l'Allemand mort dans *Hiroshima mon amour*) ou faux (voir l'exemple de *L'Homme à la cicatrice* cité plus haut) ou imaginé sans intention de tromperie : sur son lit de mort, l'héroïne de *Back Street* se voit rencontrant effectivement dans sa jeunesse l'homme qu'elle aimait alors qu'en réalité cette rencontre n'eut pas lieu par suite d'un hasard malheureux.

Les *procédés techniques* d'introduction du flashback sont peu nombreux car ils sont conditionnés par leur nécessaire lisibilité ; le passage à une autre temporalité doit en effet être compris par le spectateur et c'est pour cette raison que l'introduction du flashback repose essentiellement sur deux procédés : le *travelling avant*, que j'ai défini plus haut comme indiquant le passage à l'intériorité et donc à la durée subjectivement vécue — et le *fondu-enchaîné*, qui constitue matériellement et donc suggère psychologiquement une sorte de fusion entre deux plans de réalité, comme si le passé envahissait peu à peu le présent de la conscience en y devenant présent à son tour. La caméra s'avancera donc pour s'arrêter face au visage en gros plan (*Brève rencontre*) ou se détournera ensuite légèrement face à un fond neutre et indécis comme le souvenir (*Le Poison*) ; puis le passé sera introduit par un fondu-enchaîné, plus rarement par un bref fondu au noir ou (au temps du muet) par une ouverture à l'iris.

La plupart des procédés de transition sont des fondus-enchaînés proprement dits ou des dérivés ; ainsi le passage se fait par l'intermédiaire d'un miroir (*Le Diable au corps* : François regarde dans une glace, puis un fondu-enchaîné combiné à la distorsion de la bande sonore introduit l'image de Marthe en train de se promener — *Monika :* le miroir devant lequel se trouve le garçon devient noir, puis Monika apparaît, nue, se préparant à la baignade), ou d'un portrait (*Mademoiselle Julie*) ou d'un objet chargé de souvenirs et qui sert de catalyseur (une broche dans *Le Jour se lève*), ou encore d'une gravure ou d'une photographie qui s'anime peu à peu (*Citizen Kane*), ou enfin d'un objet quelconque sans rôle dramatique et qui sert simplement de dénominateur commun aux deux plans reliés par le fondu-enchaîné.

La transition visuelle est soulignée par la bande sonore de façons diverses : transition réaliste la plupart du temps par simple substitution de sons (fondu sonore) ; intervention de la musique soulignant le passage par un thème assez insinuant et lyrique auquel le spectateur a appris à reconnaître l'introduction d'une autre temporalité (*Le Jour se lève*) ; ou encore distorsion du son qui explique la plongée douloureuse dans le passé (*Le Diable au corps*) ; il faut citer le flashback des souvenirs de jeunesse du savant au lit de mort de sa femme (*Mitchourine*) : le passé est introduit sans aucune transition visuelle (par coupure franche), mais la promenade dans les prés, qui constitue le retour en arrière, s'accompagne d'un motif musical joyeux et de couleurs éclatantes en contraste avec la tristesse de la chambre mortuaire ; enfin, dans *Sou-*

*dain l'été dernier,* le passé est introduit par surimpression sous la forme d'une apparition d'abord intermittente (sortes de pulsations) puis continue, tandis que le visage de la narratrice reste visible dans un coin de l'écran, son récit faisant la liaison présent-passé.

Il faut encore rappeler un effet (déjà cité) qui est en marge du fondu-enchaîné et qui consiste à introduire le passé par une transformation insensible de l'éclairage du décor : ainsi, dans *La Maison des étrangers,* lorsque le héros retrouve la maison où il a vécu heureux naguère et monte le grand escalier, le décor s'éclaire peu à peu et quand l'homme atteint le palier il débouche dans le passé — lorsque le protagoniste de *Mort d'un commis voyageur* songe à ses fils en train d'astiquer naguère la vieille Ford, la cuisine se remplit soudain de soleil et il sort dans le jardin quinze ans plus tôt. Enfin on se souvient que l'appel d'un personnage par son nom peut également introduire le passé (voir l'exemple des *Pêcheurs de crabes* ou d'*Un cottage à Dartmoor*) et qu'un simple mouvement d'appareil peut nous faire passer d'un espace-présent à un espace-passé : ainsi, dans *Les Nuits blanches,* on passe, par un panoramique, de Nathalie (au présent, racontant son passé) à l'image de l'homme qu'elle aime la première fois qu'il lui apparut.

Mais le passé peut également être introduit par un simple raccord franc, comme entre deux plans qui seraient au même niveau de réalité, le dialogue ou le commentaire faisant alors la liaison : dans *Okasan,* au moment où les parents évoquent le passé, vient s'intercaler un plan qui les montre jeunes mariés encore avec deux enfants en bas âge ; dans *Monsieur Ripois,* le démarrage du flashback est annoncé par le commentaire *off* du héros mais le passé intervient d'abord sous la forme d'un plan très bref (puis retour au présent) avant l'installation du passé.

Beaucoup plus audacieusement, Resnais introduit dans le présent des plans *passés* et ceci par simple raccord franc et sans aucune transition verbale : ainsi, dans *Hiroshima mon amour,* la première image du bras de l'Allemand mort est vraiment une intrusion absolue d'un autre espace-temps dont les coordonnées sont à cet instant totalement ignorées du spectateur, ainsi, bien entendu, que sa signification [1] ; dans *L'Année dernière à Marienbad,* l'intrusion d'*un* passé (réel, imaginé ?) se fait par une série de flashbacks d'abord très brefs puis de plus en plus longs, le dernier finissant par imposer la présence d'une autre temporalité [2].

Ces *images mentales* très brèves (flashes) ne sont pas toujours données comme des rappels du passé mais simplement comme des surgissements du subconscient (*Eldorado, Profession reporter*) ou même comme des *images subliminales* : flashes presque imperceptibles de l'épouse défunte (*Contes fantastiques de Yotsuya*), de l'enfance du héros (*La course du lièvre à travers les champs*).

Plus complexes, sinon plus subtils, sont les exemples de *flashbacks au second degré,* c'est-à-dire l'évocation d'événements qui sont passés par rapport à un premier passé. Dans l'exemple, déjè cité, de *Mort d'un commis voyageur,* la scène avec la prostituée qui rit est un flashback par rapport à celle de la cuisine avec l'épouse, scène qui est elle-même un flashback (évocation d'un souvenir du protagoniste) par rapport au présent du film. Même procédé dans *Raccrochez, c'est une erreur* où le médecin raconte à l'héroïne (présent) les visites que lui fit son mari (premier passé) pour lui décrire ses crises à elle (second passé) ; dans *L'Affaire Maurizius,* le procureur lit dans un dossier (présent) le compte rendu de l'interrogatoire de l'accusé retra-

1. Le spectateur ignore (à cet instant) la raison d'être de ce plan, mais il comprend qu'il s'agit de la représentation d'un souvenir de l'héroïne : d'ailleurs cette interprétation est facilitée par le fait que le flash en question est encadré par deux premiers plans du visage d'Emmanuelle Riva obsédée par ce souvenir.

2. Ce film est un véritable *puzzle temporel* ; l'enchevêtrement des diverses temporalités y devient indéchiffrable : l'action se passe à la fois dans le présent (ou plutôt : *un* présent) et dans divers passés (et aussi, sans doute, dans les souvenirs de ces passés) ainsi que dans un futur imaginé. L'espace y est, lui aussi, purement conceptuel.

çant (premier passé) les circonstances dans lesquelles il a connu la victime (second passé) ; dans *La Comtesse aux pieds nus,* le metteur en scène assistant à l'enterrement de la jeune femme (présent) se remémore une visite qu'elle lui fit un soir (premier passé) pour lui raconter sa nuit de noces (second passé) ; procédé ancien puisqu'utilisé dès 1920 (*L'éveil du printemps*).

Mais si le passé s'intègre parfaitement dans le présent de notre conscience, il n'en peut être toujours de même du *futur* puisque celui-ci nous est en principe inconnu. Pourtant des réalisateurs ont tenté, et parfois réussi cette intrusion.

Il peut s'agir tout d'abord d'un futur réel et objectif (historique) : ainsi, dans son film de montage *La France libérée,* Youtkevitch intercale dans la fameuse scène du pas de danse esquissé par Hitler à Compiègne le jour de l'armistice de 1940[1], une brève et terrifiante séquence de la bataille de Stalingrad ; cette audacieuse évocation du futur crée une puissante impression de fatalité qui écrase le triomphateur d'un moment.

Mais il peut s'agir également d'un futur imaginé (redouté ou espéré) par un personnage : ainsi dans l'un des exemples de *Mademoiselle Julie* cité plus haut ou encore, dans *Les Nuits de Chicago,* la séquence de l'évasion imaginée et dans *La Guerre est finie* les flashes des événements imaginés par le protagoniste.

En général, ce futur anticipé est démenti par l'événement, pour des raisons dramatiques. Mais il peut au contraire être confirmé par la suite de l'action et passer de l'imaginaire projectif à la réalité en acte : ainsi le projet de noyade de son encombrante maîtresse que le jeune arriviste étudie sur la carte fait place (par fondu-enchaîné) à la véritable situation où il va commettre son crime (*Une Tragédie américaine*) ; de même le plan d'attaque d'une banque esquissé sur la buée d'une vitre se transforme (également par fondu-

1. On sait que cette scène fameuse est un faux, résultat d'un truquage réalisé pendant la guerre par le documentariste anglais John Grierson pour ridiculiser Hitler dans un film de propagande (Voir *Cinéma 61,* n° 53, p. 47).

enchaîné) en un hold up authentique (*Le Gaucher*). Plus réaliste (*La rivière rouge*) : un homme annonce « Dans dix ans, j'aurai dix mille têtes de bétail » (voix off sur l'image d'un troupeau) puis, à la fin de son commentaire (sans rupture), on comprend que le futur est devenu présent, comme l'atteste la transformation d'un adolescent en adulte (le personnage incarné à partir de cet instant par Montgomery Clift).

Enfin voici beaucoup plus audacieux : ce qu'on peut appeler par analogie le *flash-forward*, c'est-à-dire la projection, dans une séquence au présent, d'un futur réel, dramatiquement parlant, et donc inconnu des personnages. Dans *Le Château de verre*, les deux amants, Evelyne et Rémy, réunis dans une chambre d'hôtel, laissent passer l'heure à laquelle la jeune femme aurait dû normalement partir pour aller prendre son train. René Clément avait alors placé à cet endroit (après un fondu-enchaîné de la montre de Rémy à une horloge) un plan de chapelle ardente avec le corps d'Evelyne et un plan du mari apprenant la tragique nouvelle. Puis, après cette intrusion du destin, on revenait dans la chambre : les amants s'apercevaient de l'heure tardive, cherchaient en vain à atteindre la gare avant le départ du train de Berne : Evelyne décidait alors de prendre l'avion et le film se terminait sur les adieux des protagonistes, ignorant que l'avion allait s'écraser au sol. Comme devant la tragédie antique, le spectateur était mis dans le secret d'un dénouement où le destin allait broyer le bonheur des hommes. Cet audacieux montage devait donner un singulier choc dramatique au spectateur ou bien... rester incompris de lui : c'est ce qui arriva, semble-t-il, puisque nombre de gens, même habitués aux subtilités du langage filmique, ne saisirent pas la raison de la présence de ce plan à ce moment ; après quelques jours d'exclusivité, le plan de la chapelle ardente fut replacé à la fin du film. Beau sujet de méditation sur la genèse du langage filmique : comment et pourquoi un procédé d'expression est-il lisible ou non par le spectateur ? Je pense que la loi que j'ai définie plus haut (page 188) donne une réponse à cette question. Le montage de Clément reste difficilement compréhensible (du moins à l'instant même où nous le percevons) parce que nous ne pouvons pas connaître l'avenir ; nous ne pouvons que l'imaginer ; la projection brutale d'un futur réel dans le présent ne correspond à aucune expérience psychologique de l'être humain et sa représentation reste incompréhensible, au moins jusqu'à ce qu'il ait appris à en lire le sens.

Fermons cette parenthèse consacrée au futur et constatons que le flashback est donc un procédé d'expression extrêmement commode, et ceci à plusieurs égards : il autorise une grande souplesse et une grande liberté de récit en permettant de bouleverser la chronologie, il facilite la sauvegarde des trois unités traditionnelles (ou du moins de la plus importante d'entre elles, celle de temps) en centrant le film sur le dénouement du drame représenté comme *présent-ici* d'une conscience et en faisant des autres époques et des autres lieux des annexes subordonnées et intimement englobées dans l'action principale ; le *passé* devient en effet un *présent*, et les *ailleurs* des *ici*, de la conscience. La suite des événements n'est plus alors directement temporelle mais *causale*, c'est-à-dire que le montage est fondé sur le passage au passé par l'exposé des causes des faits présents : la succession des événements selon leur causalité logique est donc respectée, mais la chronologie stricte est bouleversée et restructurée en fonction d'un point de vue en général subjectif ; c'est en tout cas un point de vue subjectif qui commande le récit dans les utilisations les plus originales et les plus fécondes du procédé. Le flashback crée donc une temporalité *autonome, intérieure, malléable, densifiée* et *dramatisée,* qui donne à l'action un surcroît d'unité de ton et qui permet tout naturellement l'introduction du récit subjectif à la première personne dont on a vu le prestige et la richesse des domaines psychologiques qu'il ouvre [1].

Il avait déjà été beaucoup question du temps dans le chapitre consacré à l'espace, étant donné la liaison dialectique de l'un et de l'autre dans la continuité espace-durée.

Mais la primauté de la durée sur l'espace — et donc l'affirmation que le cinéma est un art de la durée — apparaît comme indiscutable. La première est dynamique, le second passif, elle est structure, il est simple cadre. Il intervient au niveau de l'image comme un de ses constituants parmi d'autres alors qu'elle agit au niveau du récit et détermine la totalité du film. L'espace est dans la durée alors que la durée organise l'espace ; celui-ci est disloqué, désintégré, nié en tant que continu au profit de la durée.

On a vu que certains effets suggérant une durée indéfinie en train d'être vécue *(Citizen Kane,* etc.) correspondent assez bien à ce que l'*imparfait* tend à exprimer dans le roman. Le *présent* est le temps le plus courant dans le film mais il n'existe que dans notre conscience car ce que nous percevons comme tel n'est jamais que ce qui correspond à notre perception actuelle. Le *futur* est encore plus insaisissable et nous ne l'identifions que s'il nous est clairement indiqué comme tel. Le flashback au second degré peut être considéré comme un équivalent du *plus que parfait.* Quant au *conditionnel,* j'en ai trouvé un exemple dans un film japonais muet où un intertitre annonce : « Si le maître avait eu pitié... » et se trouve suivi d'une autre version de la séquence précédente montrant ce qui aurait pu se passer si... Mais ce conditionnel reste purement conceptuel car nous ne percevons que du présent filmique (*Ames sur la route*).

S'il est vrai que toute construction de l'esprit, toute

1. Pourtant le flashback est aujourd'hui un procédé démodé et il a été abandonné par le néo-réalisme et par le cinéma qui se veut moderne.
On pourrait appliquer à l'évocation du passé dans le cinéma la formule de Laurence Durrell : « Non pas un temps retrouvé, mais un temps délivré » (*Cléa*).

œuvre d'art, vit d'abord dans la durée (et accessoirement dans l'espace), il est évident aussi que toute prise de conscience d'une œuvre se fait dans la durée, dans notre durée intime : voilà pourquoi le film, qui est avant tout durée, s'intègre si parfaitement à notre perception qui, elle aussi, agit avant tout dans la durée.

De même que la perspective est la clé de notre rationalisation de l'espace, le temps social (avec son échelle de points de repère) est l'instrument de notre rationalisation de la durée : mais le cinéma nous permet de rejeter cette rationalisation en laissant à la durée la liberté absolue dont elle jouit dans le courant de notre conscience profonde.

Cette analyse est loin d'avoir épuisé le problème des rapports entre le temps réel de la projection et le sentiment subjectif de sa durée, problème qui est sans doute le plus fondamental et le plus difficilement analysable parmi ceux que pose la psychologie du cinéma. Sur l'écran, on le sait, toute action paraît, à temps égal, plus longue que dans la réalité : d'où la nécessité du *découpage* qui élide (en général) les temps considérés comme faibles et produit une densification temporelle qui conditionne normalement notre perception du récit filmique[1].

Mais il est difficile de dire si l'impression de durée que le spectateur retire du *montage* est automatiquement plus courte que la durée réelle de la projection. Ainsi, dans la version muette du *Potemkine*, la séquence de la fusillade sur les escaliers dure 5 minutes 30 secondes (huit minutes dans la version sonore) et dans *Ben Hur* (version Wyler) la course de chars dure onze minutes : seule une enquête permettrait de dire quelle impression de durée le spectateur en retire mais je crois pouvoir dire, à partir de mon expérience personnelle, que la durée intuitivement ressentie est sensi-

1. Il en est de même de tous les arts fondés sur le récit temporel : ainsi, dans *Pelléas et Mélisande* de Debussy, le récitatif annonce : « Dans une heure, on ferme les portes » et le sourd fracas des portes fermées, dans la partition, intervient exactement sept minutes plus tard.

blement plus longue que la durée réelle, et cela du fait de l'extrême densité (*suspense*) de ces deux actions.

François Truffaut a parlé dans une interview de « la lutte des cinéastes avec la durée. » Dans *La Peau douce*, il a procédé à un « trucage » temporel qui est en quelque sorte l'inverse de l'arrêt sur image : la scène de la rencontre des deux protagonistes dans l'ascenseur dure dans son film une minute alors que la course réelle de l'ascenseur ne prend que vingt secondes (c'est la durée de la redescente de la cabine) parce que le cinéaste a voulu faire ressentir la violence du coup de foudre par cette dilatation de la durée. Il est presque certain que le spectateur ne perçoit pas cette différence de durée objective car sa perception à cet instant dépend directement de l'intensité de son implication psychologique dans l'action.

Je me risque donc à conclure que l'intuition de la durée est fonction de la manière dont le spectateur est concerné par la tonalité dramatique de l'action : au cours d'une action très violente ou très rapide, il semble que *le temps passe vite*, mais si le spectateur s'interroge par la suite sur sa propre impression il a tendance à penser (par réaction) que l'action réelle est plus longue que celle qu'il a perçue. Mais il est indispensable de préciser que la tonalité dramatique d'une action est moins affaire de *quantité* (nombre d'événements) que de *qualité* (densité et intensité des faits représentés), ce qui explique que des films relativement courts puissent paraître longs alors que les très longs films qui se sont multipliés depuis une dizaine d'années (comme ceux d'Angelopoulos ou Wenders) ne donnent pas au spectateur le sentiment d'abuser de son attention ou de sa patience parce qu'ils ne cessent pas un instant d'exercer un véritable pouvoir de fascination en sublimant le temps de la perception en intuition de la durée.

# CONCLUSION

Au terme de cette étude, il apparaît clairement que le cinéma dispose d'un langage à la fois subtil et complexe, capable de transcrire avec souplesse et précision les événements et les comportements mais aussi les sentiments et les idées. Pourtant, l'expression du contenu mental pose de délicats problèmes : alors que l'écrivain peut consacrer des pages à l'analyse la plus intime et la plus minutieuse d'un instant de la vie psychique d'un individu, le cinéma, condamné à une esthétique phénoménologique, contraint de décrire de l'extérieur les effets objectifs des comportement subjectifs, doit s'efforcer de suggérer plus ou moins symboliquement les contenus mentaux les plus secrets et les attitudes psychologiques les plus subtiles. C'est pourquoi il n'a jamais pu se passer de la parole (même à l'époque du muet, sous forme d'intertitres) et a toujours dû recourir à des équivalences expressives pour faire pénétrer le spectateur dans l'intériorité des personnages.

Mais on a vu comment le cinéma a évolué depuis sa naissance, comment le langage cinématographique s'est peu à peu élaboré, de Griffith à Eisenstein, puis a progressivement conquis, de Renoir à Rossellini et d'Antonioni à Wenders, une simplicité et une liberté nouvelles. On peut constater en effet que la plupart des grands réalisateurs de l'après-guerre ont pratiquement abandonné tout l'arsenal grammatical et stylistique qui vient d'être analysé. Dans un film d'Antonioni ou de Wenders, par exemple, seuls le montage (très lent) et l'expression de la durée (sa résultante) et de l'espace (son corollaire) peuvent faire l'objet d'une analyse esthétique : tous les autres composants de l'écriture, tels que j'ai tenté de les définir ici, ont été pratiquement ignorés, sublimés pourrait-on dire.

## DU LANGAGE AU STYLE

Cette évolution du langage cinématographique a été bien mise en relief naguère par André Bazin : « Faire du cinéma aujourd'hui, écrivait-il, c'est raconter une histoire dans une langue claire et parfaitement transparente. Peu de mouvements d'appareil qui rendent sensible la présence de la caméra, peu de gros plans qui ne correspondent pas à la perception normale de notre œil. Le découpage décompose l'action en plans de préférence "américains" parce qu'ils s'avèrent plus réalistes. Tout l'art se réduit donc à ce découpage dont les règles optimales sont maintenant bien connues et indiscutées. L'originalité de l'expression est désormais parfaitement libre : elle répond à un choix délibéré en fonction de l'intention artistique. Ce n'est plus l'efficacité toute neuve d'une nouvelle propriété de la caméra ou de la pellicule qui détermine, de l'extérieur, la forme de l'œuvre, ce sont enfin les exigences internes du sujet, telles que les ressent l'auteur, qui appellent telle ou telle technique particulière. (...) Pour la première fois depuis les origines du cinéma, les metteurs en scène travaillent, quant à la technique, dans les conditions normales de l'artiste. (...) Le style du metteur en scène moderne se crée à partir de moyens d'expression parfaitement possédés et rendus aussi dociles que le stylo[1]. »

1. *L'Écran français*, n° 60, 21 août 1946.

On aurait pu à bon droit chicaner Bazin sur sa vision quelque peu idyllique de la création filmique : bien d'autres déterminations y interviennent que la simple technique (la couleur, par exemple, comme on l'a vu). Mais, dans le principe, il avait raison et c'est vraisemblablement sa métaphore finale qui a inspiré à Alexandre Astruc son célèbre article « Naissance d'une nouvelle avant-garde : la *caméra stylo* ». Il y remarquait : « Le cinéma est en train tout simplement de devenir un moyen d'expression. (...) Après avoir été successivement une attraction foraine, un divertissement analogue au théâtre de boulevard, ou un moyen de conserver les images de l'époque, il devient peu à peu un langage (...) c'est-à-dire une forme dans laquelle et par laquelle un artiste peut exprimer sa pensée, aussi abstraite soit-elle, ou traduire ses obsessions exactement comme il en est aujourd'hui de l'essai ou du roman. C'est pourquoi j'appelle ce nouvel âge celui de la *caméra stylo*. Cette image a un sens bien précis. Elle veut dire que le cinéma s'arrachera peu à peu à cette tyrannie du visuel, de l'image pour l'image, de l'anecdote immédiate, du concret, pour devenir un moyen d'écriture aussi souple et aussi subtil que celui du langage écrit. (...) Le cinéma jusqu'ici n'a été qu'un spectacle. (...) Il est en train de trouver une forme où il devient un langage si rigoureux que la pensée pourra s'écrire directement sur la pellicule[1]. »

Dans son article, Astruc cite quelques films à l'appui de sa démonstration mais il ne fait aucune allusion à la « révolution » alors en cours, celle du néoréalisme. Les titres qu'il mentionne (*Espoir, La Règle du jeu, Les Dames du bois de Boulogne* et les films de Welles) n'ont guère en commun qu'une certaine modernité qui justifie leur nouveauté et leur importance et concrétise la tentative d'autonomie esthétique du cinéma par rapport aux autres moyens d'expression (« en particulier la peinture et le roman »,

1. *L'Écran français*, n° 144, 30 mars 1948.

dit Astruc) qui l'ont marqué dès ses origines et dont il a eu toujours du mal à se démarquer : l'expression *caméra stylo* souligne donc la possibilité et la nécessité pour le cinéma de s'affranchir des influences littéraires (la narrativité) et figuratives (l'« impression de réalité ») qui ont jusqu'alors entravé une approche nouvelle du monde extérieur et une conception neuve de l'écriture filmique. Cet article était prophétique mais ce sont plutôt des films à venir qui lui ont donné raison : *Le Silence de la mer* de Melville, les films de Bresson à partir d'*Un condamné à mort s'est échappé* et ceux de Resnais ; lui-même a œuvré dans cette direction avec *Le Rideau cramoisi.* Ces films appartiennent à un courant qu'on a parfois qualifié d'intellectuel ou de littéraire parce qu'il refuse le « spectacle » et le « langage » traditionnels.

Appliqué au cinéma, le concept de *langage* est, on l'a vu, assez ambigu. Si l'on y voit l'arsenal grammatical et stylistique des moyens d'expression filmiques, essentiellement liés à la technique, on constate que ce n'est pas dans ce sens qu'Astruc l'emploie mais dans celui de « forme dans laquelle et par laquelle un artiste peut exprimer sa pensée ». Il faudrait donc, pour éviter toute ambiguïté, préférer au concept de langage celui de *style.* Bresson a écrit fort justement que le style est « tout ce qui n'est pas la technique[1] ». Le langage, commun à tous les cinéastes, est le point de rencontre de la technique et de l'esthétique ; le style, spécifique de chacun, est la sublimation de la technique dans l'esthétique. Certains réalisateurs accèdent directement au style (Chaplin, Flaherty, Murnau, Renoir, Buñuel, Ozu, Mizoguchi, Antonioni, Rossellini, Wenders) sans passer par l'étape du langage compris dans son acception restrictive : ils n'ont pas recours à cette sorte de truquage de la réalité que sont nombre des procédés d'expression étudiés précédemment.

« Le cinéma jusqu'ici n'a été qu'un spectacle » affir-

1. *Op. cit.*, p. 60.

mait Astruc. Peut-être, mais c'est tout de même oublier un peu vite l'apport décisif d'Eisenstein dont on ne saurait sans injustice omettre qu'il a été véritablement l'inventeur d'un langage qui instaurait un style. Mais on peut être d'accord avec Astruc si l'on entend « spectacle » dans un sens non connoté péjorativement. Car même lorsqu'il se refuse au spectaculaire, le film obéit le plus souvent aux règles dramatiques forgées par deux mille ans de tradition théâtrale : il raconte une histoire comportant une progression jalonnée de nœuds dramatiques (et éventuellement de coups de théâtre) vers un dénouement qui apporte une solution et une moralité ; et, secondairement, les unités de temps, de lieu et d'action restent souvent considérées comme des contraintes souhaitables pour la bonne tenue de l'œuvre.

Dans cette perspective, on peut dire que le cinéma contemporain le plus avancé a cessé d'être langage (et spectacle) pour devenir *style*. Le cinéaste d'aujourd'hui dispose d'une « forme » d'expression aussi souple et aussi subtile que le langage écrit, bien qu'elle soit débarrassée de la quasi-totalité des procédés traditionnellement considérés comme les équivalents filmiques de ceux du langage écrit. Les personnages d'Antonioni ou de Resnais jouissent d'une psychologie dont la profondeur et la finesse n'ont sans doute plus rien à envier à celle des héros de Proust et de Joyce et, de ce point de vue, le cinéma n'a plus à faire de complexe d'infériorité par rapport à la littérature. Le cas de Marguerite Duras est typique à cet égard : entre ses livres, ses pièces et ses films, il n'y a pas de différences fondamentales ; les derniers ne sont pas des « adaptations » ou des « illustrations » des premiers, mais leurs stricts équivalents dans un autre registre d'expression et, en mettant sur le même plan le langage filmique et le langage filmé, ils marquent l'apothéose d'un cinéma *littéraire* qui est pourtant spécifiquement filmique et ne justifie en aucun cas la connotation péjorative attachée au qualificatif de « littéraire » par les contempteurs de ce nouveau cinéma.

D'autre part, la notion de « spectacle », corollaire de cette « mise en scène », devient inadéquate du fait que le nouveau cinéma réintroduit l'objectivité du cinéaste et la liberté du spectateur. Ce qui apparaît sur l'écran redevient semblable à ce qui a été filmé, l'« impression de réalité » ne naît plus d'un truquage stylistique de cette réalité mais de l'authenticité avec laquelle la réalité est montrée sur l'écran. Car découpage et montage jouent de moins en moins leur rôle habituel d'analyse et de reconstruction du réel : au contraire, la profondeur de champ et le plan séquence, en réintroduisant la durée et l'espace réels, ainsi que le statisme de la caméra, en cessant de faire d'elle « un personnage du drame », tendent à donner des événements et de leur environnement physique une image de plus en plus objective et réaliste. C'est pourquoi il faudrait remplacer la vieille notion de *mise en scène* (trop ambiguë parce qu'elle évoque irrésistiblement la création théâtrale et ses artifices) par celle de *mise en présence*. Nous sommes en effet mis en présence du monde réel et l'instauration esthétique de ce monde, son passage de l'existence matérielle à l'existence artistique, s'effectuent sans le recours à l'arsenal des procédés linguistiques traditionnels : le langage s'interpose de moins en moins entre le public et l'univers plastique de l'écran, la surface de la toile blanche faisant de moins en moins écran entre le spectateur et le monde.

## DE LA FASCINATION A LA LIBERTÉ

Il n'est plus question de « labourer le psychisme » du spectateur, selon l'expression d'Eisenstein, de le captiver mais aussi de le capturer par un ensemble de moyens d'expression conceptualisés et répertoriés comme véhicules de sensations et de significations. Le spectateur se trouve en quelque sorte devant une fenêtre ouverte par laquelle il assiste à des événements qui ont toutes les apparences de l'objectivité et dont l'existence paraît indépendante de la sienne en même temps que leur signification n'est plus dépendante de sa propre perception. Il n'est plus prisonnier du découpage et du montage mais a l'impression d'assister à des événements en train de se produire sous ses yeux avec leurs temps morts, leurs longueurs, leurs détours, leurs ambiguïtés, leurs obscurités : le réalisme et l'intensité de la vision qu'on lui propose l'induisent à un état psychologique qui relève de la contemplation plus que de la fascination dans la mesure où il est à la fois concerné par l'action mais libre par rapport à elle en vertu de l'objectivité de la vision offerte. Son autonomie de spectateur étant ainsi respectée, sa participation en est à la fois plus délibérée (c'est à lui de faire l'effort de pénétrer dans l'univers présenté) et plus difficile (car le monde de l'écran ne lui est plus offert tout assimilé comme il l'était au temps du montage roi).

On a assisté, depuis les années 50, à un progressif dépassement du langage, à ce qu'on peut appeler une sublimation de l'écriture. Il en a été de même en littérature où le « nouveau roman » a rejeté les règles traditionnelles pour faire de l'écriture non plus un moyen, un véhicule de sentiments et d'idées, mais une fin en soi : ainsi l'écriture est-elle devenue l'objet premier de la création littéraire. Semblablement, il est devenu de plus en plus dificile d'appliquer aux films qui se placent à l'avant-garde de la recherche stylistique les vieux schémas de l'« explication de textes » habituelle : la distinction scolastique entre la forme et le fond est devenue impossible et absurde et on a assisté à cette sublimation du langage dans l'être filmique dont j'ai dit au début de ce livre qu'elle était indispensable à l'instauration esthétique du film[1].

---

1. Cas extrême, mais exemplaire : *L'année dernière à Marienbad*

Cette évolution s'est cependant faite dans deux voies assez différentes. Il y a d'abord ce qu'on pourrait appeler, au risque d'« européocentrisme », la « tendance Antonioni », à laquelle on peut rattacher un précurseur comme Ozu ainsi que Rossellini, Bresson, Angelopoulos et Wenders : sa caractéristique fondamentale est la *dédramatisation*, c'est-à-dire le refus du spectacle, la « déthéâtralisation ». D'autre part, on peut définir une « tendance cinéma direct », qui s'est d'abord manifestée dans les films de Jean Rouch puis s'est épanouie dans ce qu'on a appelé *cinéma vérité* selon la fameuse formule de Dziga Vertov qui se proposait de « prendre la vie sur le vif » : ici les caractéristiques sont le tournage en direct, le style de reportage, la forme improvisée (du moins en apparence), le rejet des structures dramatiques traditionnelles.

Le commun dénominateur de ces deux tendances, qui paraissent fort éloignées, c'est la liberté, celle du spectateur et celle du « spectacle », plus exactement de l'événement filmé. Dans l'un et l'autre cas, le spectateur se trouve devant une action qui semble prendre forme sous ses yeux et à laquelle il se sent libre de participer, d'adhérer — ou non (de là les violentes condamnations de ces deux genres par les tenants de la dramaturgie aristotélicienne). Cette double impression de liberté tient avant tout, répétons-le, au rejet des structures dramatiques et du découpage-montage habituels dont le résultat, sinon le but, est de prendre le spectateur au piège d'une mécanique qui facilite sa besogne perceptive mais favorise sa paresse intellectuelle. Dans l'un et l'autre cas, le cinéaste et la caméra redeviennent objectifs : le cinéaste ne pratique plus le découpage-montage permettant de conduire un récit unilinéaire et univoque ni les mouvements d'appareil dirigeant l'attention du spectateur, et la caméra ne s'attache plus à nous donner sur l'événement le point

---

où la forme (le style) *est* le fond (le sujet) puisqu'elle matérialise en quelque sorte l'errance des personnages dans les arcanes de leur mémoire.

de vue d'un témoin privilégié. Il y a ce qu'André S. Labarthe a appelé un *passage au relatif* en ce sens que la caméra ne recherche plus « l'angle idéal, absolu de prise de vue, quitte à supprimer un mur du décor[1] » : ainsi se trouve abandonnée la stupide et déplorable convention qui consistait à placer la caméra dans une armoire ou un frigidaire ou à la place du miroir d'un lavabo pour filmer le personnage de face.

On pourrait situer le carrefour des deux tendances définies plus haut en 1953 dans *L'Amour à la ville* (unique numéro de ce qui devait être, selon Zavattini son initiateur, une sorte de journal filmé) et plus précisément dans l'épisode réalisé justement par Antonioni, *Tentato suicidio,* où le style de reportage du néoréalisme est nuancé par l'écriture très personnelle de ce cinéaste. Car il y a entre ces deux tendances une différence essentielle. Dans le cinéma direct, la double liberté est naturelle car la part de l'improvisation peut être réelle dans le tournage même si le réalisateur intervient ensuite par le montage : on pourrait dire que le tournage a lieu avant le découpage tandis que dans l'autre tendance le découpage préexiste normalement au tournage, la liberté « antonionienne » étant profondément concertée et ne nous donnant le sentiment d'être libres devant un événement libre qu'au prix d'une rigoureuse élaboration.

Dans les films modernes, selon l'expression de Truffaut, « le cinéma de scénaristes fait place au cinéma de cinéastes ». Le cinéma ne consiste plus à raconter avant tout une histoire au moyen d'images, comme d'autres le font avec des mots ou des notes de musique : il réside dans la nécessité irremplaçable de l'image, dans la souveraineté absolue de la spécificité audiovisuelle du film sur son rôle de véhicule intellectuel. Dorénavant, le spectateur n'a plus l'impression d'assister à un spectacle tout préparé mais d'être reçu

---

1. A.S. LABARTHE, *Essai sur le jeune cinéma français,* p. 16.

dans l'intimité du cinéaste et de se voir donner la possibilité de participer avec lui à la création : devant ces visages offerts, ces personnages disponibles, ces événements en train de se faire, ces points d'interrogation dramatiques, il connaît lui aussi l'angoisse créatrice.

## DE L'IMAGE A LA RÉALITÉ

Pour synthétiser l'évolution du langage cinématographique depuis les origines, il est possible, en schématisant quelque peu, de distinguer chez les réalisateurs deux approches fondamentales du monde. L'une plutôt cérébrale et conceptuelle (Eisenstein, Dreyer, Gance, Welles, Bergman, Visconti, Bresson, Resnais, Godard, Tarkovski, Duras), l'autre plutôt sensorielle et intuitive (Griffith, Chaplin, Dovjenko, Flaherty, Murnau, Ozu, Mizoguchi, Renoir, Buñuel, Rossellini, Fellini, Antonioni, Angelopoulos, Wenders). Les metteurs en scène du premier groupe ont tendance à reconstruire le monde en fonction de leur vision personnelle et pour cela mettent l'accent sur l'image comme moyen essentiel de conceptualiser leur univers filmique. Les seconds, au contraire, ont plutôt tendance à s'effacer devant la réalité, à faire surgir de sa directe et objective représentation la signification qu'ils veulent en tirer : c'est pourquoi le travail d'élaboration de l'image a pour eux moins d'importance que sa fonction naturelle de figuration du réel ; pour eux la fascination n'est pas synonyme de confiscation du spectateur, dont ils respectent la liberté, et leur vision se caractérise moins par son caractère insolite que par l'intensité de sa représentation de la réalité. Et l'on peut dire, en schématisant encore, que la période où le langage (image, montage) avait un rôle prédominant a correspondu au triomphe des « cérébraux », tandis que le progressif abandon du langage traditionnel a marqué la prépondérance des « sensoriels » et de leur vision plastique débarrassée de l'obsession de la conceptualisation.

André Bazin a formulé cette dualité de manière exemplaire quand il a distingué dans le cinéma de 1920 à 1940 (mais sa remarque est valable au-delà de cette période) « deux grandes tendances opposées : les metteurs en scène qui croient à l'image et ceux qui croient à la réalité. Par "image", j'entends très généralement tout ce que peut ajouter à la chose représentée sa *représentation* sur l'écran. Cet apport est complexe, mais on peut le ramener essentiellement à deux groupes de faits : la plastique de l'image et les ressources du montage. (...) Au temps du muet, le montage *évoquait* ce que le réalisateur voulait dire, en 1938 le découpage *décrivait*, aujourd'hui enfin, on peut dire que le metteur en scène *écrit* directement en cinéma ». D'autre part, dans le texte enthousiaste qu'il a consacré à *Umberto D.*, il écrit : « Il s'agit sans doute pour De Sica et Zavattini de faire du cinéma l'asymptote de la réalité. Mais pour qu'à la limite ce soit la vie elle-même qui se mue en spectacle, pour qu'elle nous soit enfin, dans ce pur miroir, donnée à voir comme poésie. Telle qu'en elle-même, enfin, le cinéma la change[1]. »

Ces remarquables formules décrivent de la manière la plus juste et la plus profonde le mystère et le miracle de la représentation cinématographique : ce qui s'« ajoute » à la chose représentée, une « asymptote de la réalité ». Comme le dit Bresson, « le réel brut ne donnera pas à lui seul du vrai[2] » : seule sa représentation filmique peut lui conférer la vérité, ou du moins la vraisemblance. Car les films qui donnent à voir du *vrai* filmique sont fort peu nombreux et même de moins en moins nombreux, paradoxalement, à notre époque où la production commerciale s'acharne à

1. *Op. cit.*, tome I, pp. 132 et 148, tome IV, p. 96.
2. *Op. cit.*, p. 110.

fournir au public toujours plus de « réalité ». J'ai dit le désastre artistique que constitue la standardisation des couleurs prétendument naturelles et qui, par leur aspect décoratif, ne font le plus souvent que souligner la superficialité de regard du cinéaste[1] ; on peut faire la même constatation affligeante à propos des procédés de son stéréophonique qui créent un environnement sonore complètement artificiel. C'est pourquoi, au lieu d'une représentation du réel (recréation, reconstruction spécifiques), la plupart des films n'en donnent qu'une plate et débile photocopie qui n'ajoute rien de spécifique à son image, sinon des éléments quantitatifs bien impuissants à lui faire faire un progrès qualitatif dans l'instauration esthétique. C'est ce que Godard constatait quand il a lancé sa fameuse formule : « Plutôt qu'une image juste, juste une image. »

Au terme de cette étude du langage cinématographique, faudrait-il donc constater que l'expérimentation des ressources de ce langage n'aurait été pour le cinéma qu'une période de balbutiements et que le septième art aurait enfin atteint son âge adulte ? Non, sans doute, car on constate que son évolution de l'image à la réalité n'est ni chronologique ni homogène : d'une part, elle ne concerne qu'une petit nombre de films, la production majoritaire commerciale ne s'étant jamais souciée d'autre chose que de la réalité (sous la forme de la sacro-sainte « impression de réalité »), d'autre part, l'image reste la préoccupation majeure de bien des grands cinéastes tout au long de leur carrière (on peut citer Bresson, Godard, Resnais, Tarkovski). En paraphrasant une formule à la mode, on dira que le cinéma du réel ne doit pas exclure le réel du cinéma ; d'ailleurs, si la théorie de la transparence filmique condamne l'image comme signe ou symbole conceptuels, elle n'implique pas pour autant

1. « La couleur donne la force à tes images. Elle est un moyen de rendre plus vrai le réel. Mais pour peu que ce réel ne le soit pas tout à fait (réel), elle accuse son invraisemblance (son inexistence). » Robert Bresson, *op. cit.*, p. 113.

que l'image ne remplisse pas sa fonction naturelle de dévoilement du sens de la réalité. André Bazin a parlé de « pur miroir » à propos de cette image où la réalité se sublime en poésie et l'on peut rappeler ici la définition stendhalienne du roman : « un miroir qu'on promène le long d'une grande route », définition qui s'applique parfaitement à la narrativité linéaire et dédramatisée du « nouveau cinéma » ainsi qu'à sa valorisation de la durée et de l'espace. Alors : *caméra stylo* ou *caméra miroir* ?

En conclusion, on peut se demander où va le cinéma. André Malraux a écrit naguère : « Par ailleurs, le cinéma est une industrie. » Devrons-nous bientôt dire : « Par ailleurs, il est un art » ? Du fait du développement rapide et gigantesque des médias, le cinéma est en train de devenir la peau de chagrin du domaine de l'image. Or, ces médias, plus encore que le cinéma, sont dominés par ce qu'on appelle les « industries de l'audiovisuel » par suite de l'importance des investissements nécessaires à la production et de la haute technicité des instruments de diffusion. Et on peut leur appliquer ces réflexions de Christian Metz : « L'institution cinématographique, ce n'est pas seulement l'industrie du cinéma (qui fonctionne pour remplir les salles), c'est aussi la machinerie mentale — autre industrie — que les spectateurs « habitués au cinéma » ont historiquement intériorisée et qui les rend aptes à consommer les films. (...) Dès sa naissance, le cinéma a été comme happé par la tradition occidentale et aristotélicienne des arts de fiction et de représentation, de la *diégésis* et de la *mimésis*, à laquelle les spectateurs étaient préparés — préparés en esprit, mais aussi pulsionnellement — par l'expérience du roman, du théâtre, de la peinture figurative, et qui était donc la plus rentable pour l'industrie du cinéma. » A ces constatations, Félix Guattari ajoute celles du psychanaliste : « Le cinéma est devenu une gigantesque machine à modeler la libido sociale. (...) Au cinéma, on n'a plus la parole ; ça parle à votre place ; on vous tient le discours que l'industrie cinématographique imagine que vous aimeriez entendre ; une machine vous traite comme une machine, et l'essentiel n'est pas ce qu'elle vous dit, mais cette sorte de vertige d'abolition que vous procure le fait d'être ainsi machiné. (...) La modélisation qui résulte de ce vertige à bon marché n'est pas sans laisser de traces : l'inconscient se retrouve peuplé d'indiens, de cow-boys, de flics, de gangsters, de belmondos, de marylin monroes[1] ».

La multiplication des chaînes de télévision est en train de développer considérablement la diffusion de cette drogue et les marchés où elle est disponible. En même temps, elle a commencé à marginaliser le cinéma en tant qu'institution et en tant qu'art : d'une part la fréquentation des salles ne va pas cesser de diminuer, d'autre part le cinéma est de plus en plus profondément contaminé par l'écriture télévisuelle, qui n'est qu'une simple photocopie de la réalité, comme en témoigne la généralisation des films anonymes et insipides, phénomène encore aggravé par le système des coproductions qui conduit au nivellement des caractéristiques culturelles et à l'affadissement des spécificités artistiques. C'est ce dont nous menace, après l'impérialisme hollywoodien, l'« espace audiovisuel européen » qu'on parle d'instaurer et que les auteurs de films espèrent et redoutent à la fois, doublement inquiets qu'ils sont pour leur survie en tant que fabricants d'images et leur sauvegarde en tant que créateurs de formes esthétiques personnelles. Et comme les distributeurs-diffuseurs sont en train de devenir les maîtres du système et qu'ils n'ont d'autre souci que de répondre à la prétendue demande d'un public de plus en plus conditionné par l'uniformisation du « spectacle » audiovisuel qui lui est proposé, le plus parfait cercle vicieux est ainsi bouclé.

1. In *Psychanalyse et cinéma*, Communication n° 23, 1975, pp. 6, 28, 96 et 101.

La situation est donc critique, mais peut-être pas désespérée, pour le cinéma : il suffira toujours de quelques expérimentateurs, de quelques explorateurs des voies nouvelles pour que son avenir soit assuré.

ANNEXE I

# NOMENCLATURE DES PROCÉDÉS NARRATIFS ET EXPRESSIFS

## *IMAGE*

1. Le son réel utilisé de façon réaliste :

   *a)* les paroles : cas normal (les dialogues habituels) ; cas pathologique (le monologue extériorisé — *Le Trésor de la Sierra Madre*) ;

   *b)* la musique (orchestre, appareil radio) : peut prendre une valeur de contrepoint symbolique par rapport à la situation ou aux paroles (l'ouverture d'*Egmont* dans *Les Portes de la nuit*) ;

   *c)* les bruits : même remarque que pour la musique ;

   *d)* le silence (symbole d'angoisse, de solitude, de mort).

2. Le son off :

   *a)* les paroles : celles d'un personnage visible sur l'écran (monologue intérieur — *Brève rencontre*) ;

   celles d'un commentateur invisible appartenant ou non à l'action (récit subjectif ou objectif) ;

   celles d'un personnage invisible (expression du souvenir, du remords — *Le Sel de la terre*) ;

   *b)* la musique : musique commentaire en général (expression de la joie, de la tristesse, etc.) ;

thème leitmotiv : expression d'un contenu mental précis (l'obsession de l'alcool — *Le Poison*, du meurtre — *Psychose*) ;

*c)* les bruits : réels (le cri de la sirène qui symbolise la peur de la femme — *Les Bas-Fonds de Frisco*) ;

non-réels (les applaudissements à quoi rêve l'actrice — *Comicos*) ;

3. Le rapprochement (en contrepoint ou en contraste) de la parole, d'une part et, d'autre part, du geste (Charlie tordant nerveusement un morceau de papier — *L'Ombre d'un doute*) ou de l'expression du visage (le chanteur terrorisé — *Le Long Voyage*) ;

4. La présence d'un objet ayant valeur symbolique (le lait qui déborde — *Quai des Orfèvres*) ;

5. La présence d'un jeu de scène ayant valeur dramatique (et éventuellement symbolique) : effet réaliste (la bande molletière défaite — *Tempête sur l'Asie*) ou non réaliste (les fenêtres qui se ferment seules — *Le Baiser*) ;

6. Les éclairages : rôles dramatique et psychologique (*Forfaiture* et transformation symbolique des lumières (la mort — *Kean*) ;

7. La couleur :

   *a)* combinaison (permanente ou non) avec le noir et blanc (*Nuit et Brouillard, Nostalghia*) ;

   *b)* introduction momentanée (*Rusty James*) ou transformation (*Zazie dans le métro*) ;

   *c)* traitements spéciaux (virages, etc. : *La Traversée de Paris*) ;

8. Le dessin animé : expression du contenu mental (*Le Cirque, Zéro de conduite, Jeux d'été*) ;

9. Les truquages :

   *a)* surimpression (personnage, objet, scène, inscription) ;

   *b)* flou (subjectif ou objectif) ;

   *c)* filage ;

*d)* distorsion de l'image ou du son ;

*e)* fondu-enchaîné ;

*f)* apparitions et disparitions instantanées ;

10. La matérialisation objective d'un contenu mental précis (une chauve-souris — *Le Poison* ; les parents et amis du prisonnier — *Le fantôme qui ne revient pas*) ;

### *CAMÉRA*

11. La grosseur des plans : plan général, gros plan, détail, insert ;
12. Les angles de prises de vues : plongée (écrasante), contre-plongée (exaltante) ;
13. Les cadrages spéciaux symboliques : par nature (cadrage penché — *Brève rencontre*) ou par composition (barre du lit devant le front — *Folies de femmes*) ;
14. Les mouvements de caméra expressifs (réels ou optiques) : travellings avant, arrière, vertical ; panoramiques ; trajectoires ;
15. La modification du mouvement accéléré, ralenti, inversion, arrêt ;

### *MONTAGE*

16. Le montage rythmique :

*a)* montage rapide (joie, colère, violence, affolement, etc.) ;

*b)* montage lent (ennui, désœuvrement, désespoir, etc.) ;

*c)* plan anormalement long (suspense) ;

17. Le montage idéologique : rapprochement symbolique par parallélisme (les ouvriers fusillés, les animaux égorgés — *La Grève*) ;

18. Le montage narratif : plan (ou séquence) intercalé exprimant :

*a)* rêve ou rêverie ;

*b)* hallucination ;

*c)* futur objectif (*La France libérée*) ;

*d)* futur imaginé (l'évasion — *Les Nuits de Chicago*) ;

*e)* souvenir objectif (passé réel : les asticots — *Potemkine*) ;

*f)* souvenir subjectif (personnel : le bras de l'Allemand mort — *Hiroshima mon amour*) ou extériorisé (récit à une tierce personne) ;

19. L'ellipse : suppression de plans ayant de l'importance par leur contenu dramatique (suspense) ;

20. Le passage d'un plan de réalité à un autre (*Une tragédie américaine*).

ANNEXE II

# APERÇU DE SÉMIOLOGIE

Sémiologie : « Science qui étudie la vie des signes au sein de la vie sociale » (Ferdinand de Saussure). Science étudiant les systèmes de signes (Petit Robert) :

## Langue et langage

« La langue est à la fois un produit social de la faculté de langage et un ensemble de conventions nécessaires. Pris dans son tout, le langage est multiforme et hétéroclite (Saussure). »

« Le fait de la langue est multiple par définition : il existe un grand nombre de langues différentes. Il n'existe pas de langage cinématographique propre à une communauté culturelle (A). »

« Une des grandes différences entre le langage cinématographique et la langue tient en ce que, au sein du premier nommé, les diverses unités significatives minimales n'ont pas de signifié stable et universel. Les "figures" cinématographiques ont un sens ; ce sont des unités significatives minimales : on ne peut pas couper en deux ou en trois un *flou,* un *arrêt sur l'image.* Ces "figures" acquièrent un signifié précis dans chaque contexte, mais, prises en elles-mêmes, elles n'ont pas de valeur fixe ; si on les considère intrinsèquement, on ne peut rien dire de leur sens. Les codes cinématographiques généraux sont des systèmes de signifiants sans signifiés (M). » Par ex. le signifiant *travelling avant* peut véhiculer des signifiés divers.

« Le langage cinématographique présente un degré d'hétérogénéité particulièrement important puisqu'il combine cinq matières différentes : la bande image comprend les images mouvantes et accessoirement des notations graphiques (intertitres, sous-titres, inscriptions diverses) ; la bande sonore comprend le son phonique (dialogue), le son musical et le son analogique (bruits). Une seule de ces matières est spécifique au langage cinématographique : l'image mouvante (A). »

**Signes**

« Il n'y a pas de signe cinématographique. Cette notion relève d'une classification naïve qui procède par unités matérielles (langage) et non par unités de pertinence (codes). Il n'existe pas au cinéma (ni ailleurs) de code souverain qui viendrait imposer ses unités minimales, toujours les mêmes, à toutes les parties de tous les films (M). »

« Parmi les diverses unités pertinentes, il en est certaines que l'on peut légitimement appeler des signes, si du moins l'on prend ce terme dans un sens dénoté et technique (le plus petit élément commutable ayant encore un sens en propre). Il n'y a pas d'inconvénient à considérer un mouvement d'appareil comme un signe puisque ce mouvement d'appareil a toujours un sens, et puisque, dans le code des mouvements d'appareil, il est le plus petit élément qui en ait un (M). »

**Codes et sous-codes**

« Un code est conçu en sémiologie comme un champ de communications, un domaine au sein duquel des variations du signifiant correspondent à des variations du signifié. Les seuls codes exclusivement cinématographiques (et télévisuels, mais les deux langages sont largement communs) sont liés à la mouvance de l'image : codes des mouvements de caméra, codes des raccords dynamiques (A). »

**Le langage cinématographique est un ensemble de codes et de sous-codes. Les codes (spécifiques ou généraux) sont des « systèmes de différentialités » (M), de « configurations signifiantes » (A) : ex. le code des mouvements de caméra, qui est spécifique au cinéma. Les sous-codes (non spécifiques ou particuliers) englobent « certains procédés dépourvus de signifié stable au niveau des codes » (A) : ex. le sous-code des échelles de plans, qui concerne également la photo fixe.**

« **La pluralité des codes correspond à l'intrinsèque com**plexité des problèmes proprement cinématographiques, qui sont eux-mêmes multiples : montage, mouvements d'appareil, etc. La pluralité des sous-codes tient à ce que les solutions apportées à ces problèmes sont à leur tour très diverses : elle reflète *l'historicité* du "cinématographique", ses variations d'une époque à une autre, d'un pays à un autre, d'une école à une autre, etc. La somme idéale des sous-codes (et non celles des codes), le jeu de leur concurrence et de leurs évincements successifs, constitue l'*histoire du cinéma* dans ce qu'elle a de vraiment cinématographique (M). »

**Textes et messages**

« Le seul principe de pertinence susceptible de définir actuellement la sémiologie du film est la volonté de traiter les films comme des *textes*, comme des unités de discours. Si l'on déclare que la sémiologie étudie la *forme* des films, ce doit être sans oublier que la forme n'est pas ce qui s'oppose au contenu, et qu'il existe une forme du contenu, tout aussi importante que la forme du signifiant (M). »

« Le film — le *message* — est un objet "concret" parce que ses frontières coïncident avec celles d'un discours qui préexiste à l'intervention de l'analyste ». (Par ex.) « Chaque mouvement d'appareil est un message (un des nombreux messages) du code des mouvements d'appareil (M). » Un film est susceptible d'offrir « plusieurs systèmes d'interprétation, d'admettre plusieurs *niveaux de lecture* ».

**Langage et écriture**

« Le cinéma n'est pas une écriture, il est ce qui permet une écriture ; c'est pourquoi nous l'avons défini comme un langage qui permet de construire des textes. (Il faut établir) une claire distinction entre *l'ensemble des codes et souscodes* (le langage cinématographique) et l'ensemble des systèmes textuels (l'écriture filmique) (M). »

« Le cinéma (est) un langage ouvert aux mille aspects sensibles du monde, mais aussi un langage forgé dans l'acte même de l'invention d'art singulière. L'entreprise filmosémiologique (doit) prendre conscience de ce qu'il y a de foisonnant dans un langage si différent d'une langue, si immédiatement soumis aux innovations de l'art comme aux apparences perceptives des objets représentés. C'est au-delà de ce constat premier que les problèmes d'analyse commencent à se poser (M). »

**Le sémiologue et le spectateur**

« Le parcours du sémiologue est parallèle (idéalement) à celui du *spectateur* de film ; c'est le parcours d'une "lecture". Mais le sémiologue s'efforce d'expliquer ce parcours dans toutes ses parties, alors que le spectateur le franchit d'un trait et dans l'implicite, voulant avant tout "comprendre le film" ; le sémiologue voudrait en outre comprendre comment le film est compris. La lecture du sémiologue est une méta-lecture, une lecture analytique, face à la lecture "naïve" (en fait : à la lecture *culturelle*) du spectateur (M). »

* Les citations référenciées (M) sont empruntées à Christian Metz, *Langage et cinéma ;* celles marquées (A) à Jacques Aumont, etc, *Esthétique du film.* Elles ont parfois été adaptées pour la cohérence de l'exposé.

# BIBLIOGRAPHIE ESSENTIELLE


ADORNO Theodor W., EISLER Hanns : *Musique de cinéma*, L'Arche, Paris, 1972.

AGEL Henri : *Le cinéma*, Casterman, Paris, 1954.

AMENGUAL Barthélemy : *Clefs pour le cinéma*, Seghers, Paris, 1971.

ARISTARCO Guido : *Storia delle teoriche del film*, Einaudi, Turin, 1960.

ARNHEIM Rudolf : *Film as Art*, University of California Press, 1957.

AUMONT Jacques, BERGALA Alain, MARIE Michel, VERNET Marc : *Esthétique du film*, Nathan, Paris, 1983.

BAECHLIN Peter : *Histoire économique du cinéma*, La Nouvelle Édition, Paris, 1947.

BALAZS Bela : *L'esprit du cinéma*, Payot, Paris, 1977.

BALAZS Bela : *Le cinéma*, Payot, Paris, 1979.

BAZIN André : *Qu'est-ce que le cinéma ?* (4 vol.), Éd. du Cerf, Paris, 1958-1962.

BETTON Gérard : *Esthétique du cinéma*, P.U.F., Paris, 1983.

BONNELL René : *Le cinéma exploité*, Éd. du Seuil, Paris, 1978.

BURCH Noël : *Praxis du cinéma*, Gallimard, Paris, 1969.

CHION Michel : *Le son au cinéma*, Cahiers du Cinéma/Éd. de l'Étoile, Paris, 1985.

COHEN-SEAT Gilbert : *Essai sur les principes d'une philosophie du cinéma*, P.U.F., Paris, 1958.

COLPI Henri, *Défense et illustration de la musique dans le film*, Serdoc, Lyon, 1963.

DELEUZE Gilles : *L'image-mouvement*, Éd. de Minuit, Paris, 1983.

EISENSTEIN S.M. : *Réflexions d'un cinéaste*, Éd. du Progrès, Moscou, 1958.

EISENSTEIN S.M. : *Au-delà des étoiles*, U.G.E., Paris, 1974.

EISENSTEIN S.M. : *Le film : sa forme/son sens*, Ch. Bourgois, Paris, 1976.

EISNER Lotte H. : *L'écran démoniaque,* Le Terrain vague, Paris, 1965.
EPSTEIN Jean : *Intelligence d'une machine,* Jacques Melot, Paris, 1946.
EPSTEIN Jean : *Le cinéma du diable,* Jacques Melot, Paris, 1947.
FLICHY Patrice : *Les industries de l'imaginaire,* Presses Universitaires de Grenoble, 1980.
GAUTHIER Guy : *Vingt leçons sur l'image et le sens,* Edilig, Paris, 1982.
KOULECHOV Lev : *Tratado de la realizacion cinematografica,* Éd. Futuro, Buenos Aires, 1947.
KRACAUER Siegfried : *Theory of Film,* Oxford University Press, 1960.
LEBEL Jean-Patrick : *Cinéma et idéologie,* Éd. sociales, Paris, 1971.
LHERMINIER Pierre (sous la direction de) : *L'art du cinéma,* Seghers, Paris, 1960.
LINDGREN Ernest : *The Art of the Film,* Allen and Unwin, Londres, 1963.
LOTMAN Iouri : *Esthétique et sémiotique du cinéma,* Éd. sociales, Paris, 1977.
MAGNY Joël (sous la direction de) : *Théories du cinéma,* CinémAction n° 20, Éd. L'Harmattan, Paris, 1982.
MALRAUX André : *Esquisse d'une psychologie du cinéma,* Gallimard, Paris, 1946.
METZ Christian : *Langage et cinéma,* Larousse, Paris, 1971.
MITRY Jean : *Esthétique et psychologie du cinéma* (2 vol.), Éd. Universitaires, Paris, 1963-1965.
MORIN Edgar : *Le cinéma ou l'homme imaginaire,* Éd. de Minuit, Paris, 1956.
MOUSSINAC Léon : *Naissance du cinéma,* Éd. Français Réunis, Paris, 1967.
POUDOVKINE Vsevolod : *Film Technique and Film Acting,* Grove Press, New York, 1970.
SADOUL Georges : *Histoire du cinéma mondial* (9e édition), Flammarion, Paris, 1972.
SADOUL Georges : *Histoire générale du cinéma* (5 vol.), Denoël, Paris, 1948-1960.
SOURIAU Étienne (sous la direction de) : *L'univers filmique,* Flammarion, Paris, 1953.
VERTOV Dziga : *Articles, journaux, projets,* U.G.E., Paris, 1972.

## COMMENTAIRE DES PHOTOGRAPHIES

Photo de couverture : Marilyn Monroe dans *Comment épouser un millionnaire.*

**A. L'échelle des plans :**

1. Le *plan général* valorise le paysage comme cadre physique et suggère une communion psychologique entre les personnages et la nature.
2. Le *plan moyen* inscrit les individus dans leur cadre de vie et instaure un équilibre dramatique entre l'action et le décor.
3. Le *plan américain* met l'accent sur les personnages dans leur proximité physique et l'intensité de leur présence morale.
4. Le *gros plan* met en relief un élément de l'action en lui conférant une valeur psychologique et dramatique déterminante.

**B. Les effets psychologiques :**

5. La *surimpression* matérialise un contenu mental : le joueur imagine la présence de la vieille dame dont il a causé la mort.
6. Elle peut suggérer aussi un état d'âme : la mer symbolise la plénitude de la passion des amants.
7. Elle peut enfin exprimer la dominante psychologique de l'action : la folie brouille la vision objective des personnages.

8. Le découpage de l'image en neuf fragments simultanés, multipliant les points de vue, rend sensible le tumulte de l'action.

**C. Les angles de prise de vues :**

9. La *plongée* valorise l'espace tout en suggérant l'envoûtement des personnages par l'érotisme du robot à forme humaine.
10. Elle rend sensible l'impuissance des membres du gouvernement bourgeois face à la révolution triomphante.
11. La *contre-plongée* exalte la joie des marins insurgés dont le reste de la flotte vient de se montrer solidaire.
12. Elle auréole du nuée dans leur agonie les trois péons victimes de la vengeance du propriétaire qu'ils ont défié.

**D. Les cadrages** (composition plastique) :

13. La géométrisation de l'image, soulignée par des ombres rapportées, correspond à l'atmosphère onirique du film.
14. La forêt des lances, inspirée de certains tableaux de batailles du Quattrocento, suggère la puissance par la verticalité.
15. Le quadrillage de la porte vitrée structure l'image en inscrivant très fortement le personnage dans le décor.
16. Le découpage de l'espace combine des verticales puissantes et le raccourci d'une audacieuse perspective.

**E. Les cadrages** (composition dynamique) :

17. La masse grouillante des personnages est structurée par le jet d'eau qui les bouscule.
18. La perspective souligne la course irrésistible de la voiture qui va venir s'écraser contre le canon.
19. L'immobilité du personnage en premier plan met en valeur la violence de la ruée de son antagoniste sur lui.

20. Le dynamisme des attitudes individuelles renforce la vivacité du mouvement d'ensemble.

**F. Les cadrages** (composition dramatique) :

21. Le cadrage, intensifié par la plongée, suggère le harcèlement psychologique de la prisonnière par ses gardiens.
22. L'arrière-plan massif et sombre écrase le personnage voué à la mort et contraste avec la blancheur cruelle des draps.
23. La position des personnages, soulignée par les ombres et les lumières, contribue à dramatiser la scène.
24. Le meurtrier, laissé symboliquement dans une ombre menaçante, domine physiquement et psychologiquement sa victime.

**G. La profondeur de champ :**

25. Elle valorise l'espace physique mais souligne aussi la distance qui sépare le peuple du tout-puissant tsar.
26. Elle instaure une relation dramatique entre deux groupes de personnages à l'intérieur d'un espace unique.
27. Elle substitue au découpage une continuité spatio-temporelle engendrant un suspense particulièrement efficace.

**H. Le décor de studio :**

28. Le décor babylonien situe le cadre et l'époque de l'action en même temps qu'il suggère son ampleur épique.
29. La machine dévoreuse d'hommes symbolise la puissance maléfique des exploiteurs du prolétariat.
30. Le décor expressionniste traduit par son total refus du réalisme la folie du personnage par les yeux de qui est vu le drame.
31. Le décor du Kammerspiel, minutieusement réaliste, crée l'atmosphère des menues péripéties de la vie quotidienne.

**I. Le décor naturel :**

32. Atmosphère impressionniste : l'amour en tête dans la nature en fête, le chatoiement de la lumière et de l'ombre.
33. Le jeu dramatisé de l'obscurité et de la lumière instaure un climat fantastique justifié par le cadre de la scène.
34. La flamme des bougies, modelant les visages dans la pénombre ambiante, rappelle l'éclairage expressionniste.
35. Les ombres chinoises, savamment orchestrées dans un environnement lumineux, interviennent comme des fantasmes.

**J. Le plan séquence :**

36. Combiné au plan fixe, il suggère la pesanteur et l'uniformité de la durée dédramatisée.
37. Il permet une dramatisation interne de l'image tout en valorisant la continuité temporelle de l'action.

**K. L'espace-temps subjectif :**

38. Bouleversée par le proche départ de l'homme qu'elle aime, l'héroïne ne prête plus attention aux commérages de l'intruse.
39. Le vieil homme se remémore des souvenirs de jeunesse à côté de personnages réels mais qui n'existent que dans son imagination.

**Dos de couverture** : *Mort d'un commis-voyageur* (montage) :

(1) Linda dit à Willy : « Tu es l'homme le plus élégant du monde » et elle rit ; le rire d'une autre femme, plus fort et plus vulgaire, vient se superposer au sien.

(2) Willy se retourne et marche vers Linda ; le vestibule qu'on voyait à l'arrière-plan s'est changé en une chambre d'hôtel : une femme est en train de s'y rhabiller en riant.

(3) Willy s'avance vers l'autre femme tout en disant à la sienne : « Il y a tant de choses que je vou-

drais faire pour toi ! » C'est l'autre qui répond à sa remarque : « Pour moi, chéri ? »

(4) Willy a pénétré dans la chambre d'hôtel : « Je suis heureuse de t'avoir connu », dit la femme et elle l'embrasse ; Willy revient alors dans la cuisine et reprend avec Linda la conversation interrompue là où ils l'avaient laissée.

## INDEX DES FILMS

Les *articles définis* placés en tête du titre n'interviennent pas dans l'ordre alphabétique.

Le *titre original* des films étrangers est donné lorsque le titre français n'en est pas la traduction littérale.

# TABLE DES MATIÈRES

# *Collection « Septième Art »*

1. **J. Queval** : *Marcel Carné*★.
2. **H. Agel** : *Le cinéma a-t-il une âme ? (13e mille)*★.
3. **G. Charensol** : *René Clair et les Belles-de-Nuit*★.
4. **H. Agel, Jean-Pierre Barrot, André Bazin, Jacques Doniol-Valcroze, Denis Marion, Jean Queval, Jean-Louis Tallenay** : *Sept Ans de cinéma français (1945-1952)*★.
5. **J.-L. Rieupeyrout et André Bazin** : *Le Western ou le cinéma américain par excellence*★.
6. **H. Agel et A. Ayfre** : *Le Cinéma et le Sacré.*
7. **A. Bazin, J. Doniol-Valcroze, G. Lambert, C. Marker, J. Queval, J.-L. Tallenay** : *Cinéma 53 à travers le monde*★.
8. **P. Leprohon** : *Cinquante Ans de cinéma français* (1895-1945)★.
9. **J. Leirens** : *Le Cinéma et le Temps*★.
10. **G. Agel** : *Hulot parmi nous*★.
11. **P. Vandromme** : *Le Cinéma et l'Enfance*★.
12. **M. Martin** : *Le Langage cinématographique*★.
13. **H. Lemaître** : *Beaux-Arts et Cinéma*★.
14. **M. et Sh. Giuglaris** : *Le Cinéma japonais* (1896-1955)★.
15. **A. Cauliez** : *Le Film criminel et le film policier*★.
16. **J. Siclier** : *Le Mythe de la femme dans le cinéma américain*★.
17. **G. Agel et D. Delouche** : *Les Chemins de Fellini,* suivi du *Journal d'un bidoniste*★.
18. **C. Mauriac** : *Petite Littérature du cinéma*★.
19. **R. Briot** : *Robert Bresson*★.
20. **J. Siclier** : *La Femme dans le cinéma français*★.
21. **M. Field** : *Cinéma pour enfants*★.
22. **H. Agel** : *Miroirs de l'insolite dans le cinéma français*★.
23. **J. Siclier et A. S. Labarthe** : *Images de la science-fiction*★.
24. **A. Bazin** : *Qu'est-ce que le cinéma ?*, T.I, Ontologie et langage★.
25. **A. Bazin** : *Qu'est-ce que le cinéma ?*, T.II, Le cinéma et les autres arts★.
26. **P. Hovald** : *Le Néo-Réalisme italien et ses créateurs*★.
27. **J. Leirins** : *Le Cinéma et la crise de notre temps*★.
28. **J.-R. Debrix** : *Les Fondements de l'art cinématographique*★, T.I, Art et réalité au cinéma★.
29. **A. Bazin** : *Qu'est-ce que le cinéma ?*, T.III, Cinéma et sociologie★.

30. J. **Siclier** : *Nouvelle Vague*★ ?
31. P. **Leprohon** : *Histoire du cinéma*★, T.I, Vie et mort du cinématographe (1895-1930).
32. M. **Martin** : *Le Langage cinématographique*★.
33. A. **Bazin** . *Qu'est-ce que le cinéma* ?, T.IV, Une esthétique de la Réalité : le néo-réalisme★.
34. P. **Leprohon** . *Histoire du cinéma,* T.II, l'étape du film parlant★.
35. H. **Agel** : *Romance américaine*★.
36. J. **Deslandes** : *Le Boulevard du cinéma à l'époque de Georges Méliès.*
37. F. **ars** : *Le Gag*★.
38. É. **Fuzelier** : *Cinéma et Littérature.*
39. A. **Ayfre** : *Conversion aux images ?*
40. J.-L. **Rieupeyrout** : *La Grande Aventure du western* (1894-1964)★.
41. L. **Escoube** : *Gary Cooper, le cavalier de l'Ouest.*
42. F. **Porcile** : *Défense du court métrage français.*
43. H. **Agel** : *Les grands cinéastes que je propose.*
44. A. **Ayfre** : *Le Cinéma et sa vérité.*
45. A. **Ayfre** : *Cinéma et Mystère.*
46. F. **Poulle** : *Renoir 1938, ou Renoir pour rien ?*
47. N. **Simsolo** : *Le Monde de Jerry Lewis.*
48. Ph. **Parrain** : *Regards sur le cinéma indien.*
49. F. **Porcile** : *Présence de la musique à l'écran.*
50. P. **Kané** : *Roman Polanski*★.
51. G. **Lenne** : *Le Cinéma « fantastique » et ses mythologies*★.
52. Y.R. **Baticle** : *Le Professeur à l'écran.*
53. G. **Lenne** : *La Mort du cinéma.*
54. D. **Fanne** : *L'Univers de François Truffaut*★.
55. J. **Collet** : *Le Cinéma en question : Rozier, Chabrol, Rivette, Truffaut, Demy, Rohmer.*
56. A. **Bazin** : *Orson Welles*★.
57. A. **Bazin** et E. **Rohmer** : *Charlie Chaplin.*
58. M. **Mardore** : *Pour une critique-fiction.*
59. G. **Hennebelle** : *Quinze ans de cinéma mondial* (1960-1975)★.
60. A. **Bazin** : *Qu'est-ce que le cinéma* ? (éd. définitive).
61. J. **Roy** : *Pour John Ford.*
62. J.-A. **Gili** : *Francesco Rosi : cinéma et pouvoir.*
63. G. **Lenne** : *La mort à voir.*
64. M. **Drouzy** : *Carl Th. Dreyer, né Nilsson.*
65. D. **Serceau** : *Mizoguchi : de la révolte aux songes.*
66. J.-L. **Douin** : *La Nouvelle Vague 25 ans après.*
67. R. **Prédal** : *Le Cinéma français contemporain.*
68. C. **Zimmer** : *Le Retour de la fiction.*
69. M. **Estève** : *Le Pouvoir en question.*

70. **F. Garçon** : *De Blum à Pétain, cinéma et société française.*
71. **M. Oms** : *Don Luis Buñuel.*
72. **R. Prédal** : *La Photo de cinéma.*
73. **G. Bedouelle** : *Du spirituel dans le cinéma.*
74. **M. Martin** : *Le Langage cinématographique.*

★ Les titres suivis d'un astérisque sont épuisés ou en réimpression.

Achevé d'imprimer
par Corlet, Imprimeur, S.A.
14110 Condé-sur-Noireau

N° d'Imprimeur : 5844
Dépôt légal : septembre 1985
*Imprimé en France*